新《公司法》规制下
企业股权架构设计与事业合伙制
股权激励

高慧 / 编著

企业管理出版社
ENTERPRISE MANAGEMENT PUBLISHING HOUSE

图书在版编目（CIP）数据

新《公司法》规制下企业股权架构设计与事业合伙制股权激励 / 高慧编著. -- 北京 : 企业管理出版社, 2024. 9. -- ISBN 978-7-5164-3132-0

Ⅰ．F279.246

中国国家版本馆CIP数据核字第2024KZ7008号

书　　　名：新《公司法》规制下企业股权架构设计与事业合伙制股权激励
书　　　号：ISBN 978-7-5164-3132-0
作　　　者：高　慧
策　　　划：蒋舒娟
责任编辑：刘玉双
出版发行：企业管理出版社
经　　　销：新华书店
地　　　址：北京市海淀区紫竹院南路17号　　邮　　编：100048
网　　　址：http://www.emph.cn　　电子信箱：metcl@126.com
电　　　话：编辑部（010）68701661　发行部（010）68417763 / 68414644
印　　　刷：北京亿友数字印刷有限公司
版　　　次：2024年9月第1版
印　　　次：2024年9月第1次印刷
开　　　本：710毫米×1000毫米　1/16
印　　　张：17.5印张
字　　　数：276千字
定　　　价：78.00元

版权所有　翻印必究　·　印装有误　负责调换

PREFACE 序

统一大市场时代，需要一部激发企业家精神和市场活力的《中华人民共和国公司法》（以下简称《公司法》）。《公司法》的修订为培育企业家精神和孕育百年基业企业创造了环境。企业的数字化转型、双碳转型、ESG转型，迫切需要企业构建好平台生态系统。合规是企业的生命线，合伙亦是企业基业长青的生命线。数字经济时代，公司的发展离不开数字化和平台化，更离不开企业家与团队的力量。事业合伙制不仅颠覆了传统的股权激励模式，也颠覆了公司的股权架构，重新定义了公司在商业中的制度设计，同时，这种变化还颠覆了企业家在商战中所摸索出的商业规律和管理经验。

对于很多民营企业来说，公司的传承已经不像企业家过去创业的时代那么简单，如何建立背靠背的信任，如何搭建一个新老融合的班子，是其需要解决的一个方向性问题。

阿里巴巴和万科的事业合伙制为很多面临转型升级和新老传承的民营企业带来了新的思路。

建立平台和事业合伙制是民营企业转型升级和新老传承的一个战略出路。但是，对于企业如何转型，平台如何搭建，事业合伙制这条路怎么走，企业家往往并不清楚。如何将事业合伙制落地？企业控制权会不会旁落？公司治理会不会陷入僵局？管理层持股后如果出现理念不合怎么办？人才流动后股权怎么处理？……这些都是企业在建立事业合伙制平台的时候需要考虑的问题。

因此，任何企业要建立事业合伙制平台，首先都要熟悉事业合伙制的基本商业逻辑和法律规范。基于中国的商业环境和企业借助于资本市场做大做强的动力，如何建立一个可以打造一流企业团队的事业合伙制平台，同时借助于事业合伙制平台快速地进入资本市场，这是每一个企业和企业家需要考虑的战略问题。

当我们认识到事业合伙制重新定义了公司，成为数字经济时代、互联网时代股权激励的风口，事业合伙制落地的问题就不仅是人才战略的问题，还是战略转型升级的问题，是非常现实的融资并购问题，也是借助于资本市场做大做强的问题。

基于以上的思考，我编著本书，从法律制度角度帮助企业家构建适合企业发展的事业合伙制。

本书的写作灵感和材料均来源于优秀企业家的实践，我不过是把实践的经验系统地梳理出来，希望更多的企业可以借鉴和落地执行。

"纸上得来终觉浅，绝知此事要躬行。"希望这本书能够对想要了解和构建事业合伙制的创业者和企业有所帮助。

高　慧

二〇二四年元月于上海

引言一：创业者和企业家如何用好新《公司法》的二十七条规则

新《公司法》[①]自2024年7月1日起正式实施。《孙子兵法》曰："将者，智、信、仁、勇、严也。"新《公司法》是公司的"大宪章"，每一位即将或者已经在路上的创业者、企业家都需要读懂、读透、用好新《公司法》。

法律保护的企业家精神是什么？经济学家熊彼特的研究结论是——创新。创新意味着风险巨大，也意味着责任巨大。运用好新《公司法》赋予的现代企业制度管控好风险并治理好公司，既是对创业者和企业家自己负责，也是对社会、环境和可持续发展负责。

一、关于一人有限/股份公司

新《公司法》有如下规定。

① 有限责任公司由一个以上五十个以下股东出资设立。

② 设立股份有限公司，应当有一人以上二百人以下为发起人，其中应当有半数以上的发起人在中华人民共和国境内有住所。

新《公司法》取消了关于一人有限公司设立和转投资的限制。原《公司法》对于一人有限公司设立和转投资的限制，旨在防范自然人通过设立一人公司逃避债务，但实践中，此项限制不仅极易被规避，而且抑制了市场主体

[①] 《公司法》于2023年12月29日经第十四届全国人民代表大会常务委员会第七次会议第二次修订，本书将本次修订的《公司法》称为"新《公司法》"。

的投资热情。本次修订后，一个自然人可以设立多个一人公司，该一人公司也可以继续设立多个一人公司，这有利于鼓励市场主体进行投资，激发市场活力。

二、关于公司的名称权受法律保护

新《公司法》增加了关于公司名称权的规定，公司名称应当符合国家有关规定，公司的名称权受法律保护。

结合《企业名称登记管理规定实施办法》《中华人民共和国反不正当竞争法》等法律法规的相关规定，公司的名称权具体体现在如下方面。

① 跨省、自治区、直辖市经营的企业，其名称可以不含行政区划名称；跨行业综合经营的企业，其名称可以不含行业或者经营特点。

② 在全国范围内有一定影响的企业名称（包括简称、字号等）被他人擅自使用，误导公众，可以将该企业名称纳入企业名称禁限用管理。

③ 将他人注册商标中相同的文字作为企业名称中的字号使用在类似商品上，致使相关公众对商品或者服务的来源产生混淆，虽不突出使用，仍构成不正当竞争行为。

④ 将与他人驰名商标、企业名称中具有较高知名度的字号相同的文字组合登记为企业名称中的字号进行商业使用，属于不正当竞争行为。

⑤ 经营者作为同业竞争者擅自在企业名称中使用与他人注册商标相同字样的文字，客观上会产生混淆或误认的，构成不正当竞争行为。

⑥ 同业经营者将他人有一定影响力的注册商标登记为企业字号足以导致相关公众产生混淆的，构成不正当竞争。

⑦ 在他人注册商标、字号后附加描述性标志作为企业字号使用，并具有攀附他人商誉的主观故意，违反了商业道德和诚信原则，构成不正当竞争。

⑧ 将他人注册商标作为企业名称中的字号使用非出于主观恶意且不违反诚实信用原则，不构成不正当竞争。

新《公司法》关于公司名称权的规定聚焦于作为营利法人的公司,从构建完善法律体系的角度而言,这有助于完善公司依法成立及登记注册的制度。

三、关于股东会、单层董事(会)治理

新《公司法》有如下规定。

① 有限公司、股份公司的最高权力机构为股东会。

② 规模较小或者股东人数较少的有限责任公司,可以不设董事会,设一名董事,行使董事会的职权。

③ 规模较小或者股东人数较少的有限责任公司,可以不设监事会,设一名监事;经全体股东一致同意,也可以不设监事。

④ 规模较小或者股东人数较少的有限责任公司认定标准参照工业和信息化部、国家统计局、国家发展和改革委员会、财政部《关于印发中小企业划型标准规定的通知》(工信部联企业〔2011〕300号)。

⑤ 有限责任公司可以按照公司章程的规定在董事会中设置由董事组成的审计委员会,行使监事会的职权,不设监事会或者监事。

⑥ 股份有限公司可以按照公司章程的规定在董事会中设置由董事组成的审计委员会,行使监事会的职权,不设监事会或者监事。

新《公司法》中首先明确了董事会的权限可以直接适用于执行董事,并且明确了监事会及监事设立的任意性,有利于中小企业的灵活发展。相关规定一方面体现了对于公司自治的尊重,有利于实现灵活、低成本的公司治理;另一方面,监事的设立以全体股东一致同意为条件,也有利于保护少数股东的利益。

对于设立董事会并下设审计委员会的企业,新《公司法》明确,可以由其行使监事会职权,意在加强公司的财务监督机制。实践中不乏财务监管不力致使公司财产损失无法及时被发现与追回的情形,在董事会中设置由董事组成的审计委员会,有利于董事对公司财务的实际监督,进一步避免部分大股东利用控制地位转移公司财产,侵犯公司与小股东的利益。

四、关于职工董事

新《公司法》规定，职工人数三百人以上的有限责任公司，除依法设监事会并有公司职工代表的外，其董事会成员中应当有公司职工代表。董事会中的职工代表由公司职工通过职工代表大会、职工大会或者其他形式民主选举产生。

新《公司法》将设置职工代表董事的强制要求的适用范围从国有独资公司和两个以上的国有企业或者两个以上的其他国有投资主体投资设立的有限责任公司扩大到了三百人以上的全部有限责任公司。该规定强化了职工等利益相关者的利益，同时对大中型民营企业的董事人选增加要求。

五、关于法定代表人辞任

合伙创立公司，法定代表人一般由最大的股东或实际控制人来担任，这是创业公司治理结构的最佳实践，对内避免出现公司治理僵局，对外公示创始人的责任担当。对于创业企业来说，未来充满不确定性，何况中途可能有合伙人选择"下车"，甚至有合伙人想要夺取控制权，因此，很有必要在创业之前把最重要的公司治理结构安排好，写进投资协议，写进公司章程。一个创业公司必须有一个人最终说了算，而这个人就是大股东、实际控制人或者说掌舵者，这种权力同样应该延伸到公司的法定代表人。

根据新《公司法》的规定，建议在以下几个层面用好法定代表人制度。

1. 有限责任公司章程应当载明公司法定代表人的产生和变更办法

一般地，法定代表人由大股东或者实际控制人担任。因此，公司章程应当明确法定代表人由代表公司执行公司事务的董事或者经理担任，而执行公司事务的董事或者经理应当由持股比例最大的股东提名。同时应当建立保护其他股东利益的机制，如法定代表人存在违法违规或者损害公司及其他股东利益情形的罢免程序，为其他小股东维护合法权利提供救济的规则。

2.关于法定代表人辞任

担任法定代表人的董事或者经理辞任的,视为同时辞去法定代表人。法定代表人辞任的,公司应当在法定代表人辞任之日起三十日内确定新的法定代表人。

这一规定意在防止出现部分董事已经卸任但还以该公司法定代表人的身份对外行使权利给公司造成损害;同时打破法定代表人迟迟无法确立的僵局,避免造成原法定代表人不愿卸任,新的法定代表人无法选出而造成公司治理的混乱。

3.公司章程或者股东会对法定代表人职权的限制不得对抗善意相对人

法定代表人代表公司执行事务可能对公司及股东产生重大影响或者或有风险,由最大股东担任法定代表人本身就是权力越大、责任越大的市场规则,避免无利益相关人士担任法定代表人(如职业经理人可能带来的内部治理人问题等)。同时,建议公司章程对法定代表人的职权进行限制,如对外担保、对外投资、对外借款、对外签订重大合同等职权。

4.关于法定代表人因执行职务给他人造成损害的情况

法定代表人因执行职务给他人造成损害,由公司承担民事责任。公司承担民事责任后,依照法律或者公司章程的规定,可以向有过错的法定代表人追偿。

建议公司章程对法定代表人执行公司事务作出明确的约定,并确定法定代表人违反法律法规、公司章程执行职务造成损失的追偿机制,在公司启动追偿机制后法定代表人不予认可的,应当先启动罢免程序,再启动司法追责程序。

六、关于有限认缴出资

新《公司法》明确规定全体股东认缴的出资额由股东按照公司章程的规定自公司成立之日起五年内缴足;同时规定公司对非登记事项进行公示的义务,包括有限公司股东认缴和实缴的出资额、出资方式和出资日期等事项。

创业公司注册资本如何设置才符合公司经营和市场规则？这与行业、赛道、融资到位时间相关。一般情况下，创始人需要将公司注册好，将公司的股权架构搭建好，之后再启动融资。因此，创业的第一桶金需要以"真金白银"实缴，在资金有限的情况下建议初始注册资本以 100 万元为宜，且全体合伙人应当实缴。创始人如果资金充裕可以根据各自实力逐步增加，测算以一年半左右的时间周期为宜，后续可以采用同比例增资的方式解决公司运营所需资金问题，不建议为了展示实力而盲目认缴没有实缴能力的注册资本。如果股东认缴注册资本过高，有悖客观常识和所在行业特点，明显不具备实缴能力，反而降低公司的公信力，且如果出现公司经营困境，债权人可以利用加速到期规则。虽然新《公司法》允许设置最长 5 年的认缴出资期限，但是对于创业者来说，不确定性因素太多，注册资本较高的认缴方式本身会给创业者带来更多或有风险，应当尽量避免这种风险涉及创业者的家庭资产。

七、关于财产出资

1. 新《公司法》关于股东出资的财产所明确的主要规则

① 股东可以用货币出资，也可以用实物、知识产权、土地使用权、股权、债权等可以用货币估价并可以依法转让的非货币财产作价出资；但是，法律、行政法规规定不得作为出资的财产除外。

② 对作为出资的非货币财产应当评估作价，核实财产，不得高估或者低估作价。法律、行政法规对评估作价有规定的，从其规定。

③ 股东以货币出资的，应当将货币出资足额存入有限责任公司在银行开设的账户；以非货币财产出资的，应当依法办理其财产权的转移手续。

2. 关于是否能作为非货币财产出资的主要规则

① 依据《中华人民共和国市场主体登记管理条例》，公司股东不得以劳务、信用、自然人姓名、商誉、特许经营权或者设定担保的财产等作价出资。

② 知识产权作为法律规定可以出资的客体，具体为《中华人民共和国民

法典》(以下简称《民法典》)规定的知识产权客体,包括:作品;发明、实用新型、外观设计;商标;地理标志;商业秘密;集成电路布图设计;植物新品种;法律规定的其他客体。知识产权客体衍生的使用权不能作为财产出资。

③ 依据《企业数据资源相关会计处理暂行规定》,数据资产作为法律规定可以入表的资产,可以评估作价出资。

④ 依据《中华人民共和国市场主体登记管理条例实施细则》,依法以境内公司股权或者债权出资的,应当权属清楚、权能完整,依法可以评估、转让,符合公司章程规定。

八、关于股东逾期出资失权

新《公司法》规定,股东未按照公司章程规定的出资日期缴纳出资,公司依照规定发出书面催缴书催缴出资的,可以载明缴纳出资的宽限期;宽限期自公司发出催缴书之日起,不得少于六十日。宽限期届满,股东仍未履行出资义务的,公司经董事会决议可以向该股东发出失权通知,通知应当以书面形式发出。自通知发出之日起,该股东丧失其未缴纳出资的股权。依照规定丧失的股权应当依法转让,或者相应减少注册资本并注销该股权。

从公司契约理论的角度来看,股东与公司之间存在以缴纳出资与接受出资为内容的合同关系,不依法履行出资义务会危及公司资本充实及正常经营,公司通过组织章程形成解除合同的意思表示并遵循合同解除规则的程序性要件便可"解除合同",使股东丧失未缴纳出资部分的股权。对于怠于履行出资义务的股东,使其丧失相应股权是公平原则的体现。

九、关于股东出资加速到期

新《公司法》规定,公司不能清偿到期债务的,公司或者已到期债权的债权人有权要求已认缴出资但未届出资期限的股东提前缴纳出资。

在注册资本认缴制下，实践中存在着公司股东设定较长的出资期限，以致公司的注册资本与实收资本长期差异巨大的现象。加速到期规则是对股东非理性的认缴数额和认缴期限的约束。

十、关于股东未尽出资义务的连带责任

新《公司法》规定，有限责任公司设立时，股东未按照公司章程规定实际缴纳出资，或者实际出资的非货币财产的实际价额显著低于所认缴的出资额的，设立时的其他股东与该股东在出资不足的范围内承担连带责任。

因设立期间未按章程规定足额缴纳的问题可能影响公司的成立基础，增加相应的规定可以有效保证公司在成立期间注册资本的实有性和充实性。但是在新《公司法》明确规定有限公司最长可以设置 5 年出资期限的情况下，作为一起创业的股东，仍然要基于各自缴纳出资的实力和可能出现的或有风险，而评估认缴出资注册资本的规模以及可能需要承担连带责任的后果。

十一、关于股东转让认缴股权的补充责任规则和转让瑕疵股权的连带责任

① 股东转让已认缴出资但未届出资期限的股权的，由受让人承担缴纳该出资的义务；受让人未按期足额缴纳出资的，转让人对受让人未按期缴纳的出资承担补充责任。

当且仅当主债务人无财产和无支付能力的情况下由次债务人承担补充责任。

② 未按照公司章程规定的出资日期缴纳出资或者作为出资的非货币财产的实际价额显著低于所认缴的出资额的股东转让股权的，转让人与受让人在出资不足的范围内承担连带责任；受让人不知道且不应当知道存在上述情形的，由转让人承担责任。

新《公司法》进一步规定，转让未届出资期限股权的，应由受让人承担出

资义务，转让人需对受让人未按期缴纳出资的部分承担补充责任。这种责任配置将促使转让股东谨慎选择受让股东，进而督促股东诚实履行出资义务；同时这也解决了因上述事项发生争议后不同法院作出不同裁判的问题，为良好解决此类纠纷提供了明确的法律依据。

十二、关于董事催缴出资义务

新《公司法》规定，有限责任公司成立后，董事会应当对股东的出资情况进行核查，发现股东未按期足额缴纳公司章程规定的出资的，应当由公司向该股东发出书面催缴书，催缴出资。

未及时履行此义务，给公司造成损失的，负有责任的董事应当承担赔偿责任。

董事催缴出资义务规则与新《公司法》修订中增强董事会在公司治理中决策权相契合，赋予董事会催缴职权可以增强董事会对公司的资本话语权。董事会由董事组成，具体由执行事务的董事履行相关职责，因此建议在董事会制度中明确催缴的具体程序和办法。

十三、关于股权转让的股东优先购买权

新《公司法》有如下规定。

① 有限责任公司的股东之间可以相互转让其全部或者部分股权。

② 股东向股东以外的人转让股权的，应当将股权转让的数量、价格、支付方式和期限等事项书面通知其他股东，其他股东在同等条件下有优先购买权。股东自接到书面通知之日起三十日内未答复的，视为放弃优先购买权。两个以上股东行使优先购买权的，协商确定各自的购买比例；协商不成的，按照转让时各自的出资比例行使优先购买权。

③ 公司章程对股权转让另有规定的，从其规定。

新《公司法》明确规定，转让股东应当履行对其他股东的通知义务，创业企业要善于利用"公司章程另有约定"条款。创业企业既要保持控制权的稳定性，也要避免公司治理僵局影响企业融资，因此，大股东对于合伙人的选择至关重要。一般情况下，创业企业都会在公司章程中约定小股东退出机制，若部分合伙人选择退出公司，公司大股东、实际控制人有权按照一定的定价机制优先购买退出合伙人的股权，并约定基本的定价机制，如退出股东原始出资额乘以一定的年化收益率，或者按照经审计的净资产价格，或者按照最近一次融资时的估值乘以一定的折扣。

十四、关于人民法院强制执行的股东优先权

新《公司法》规定，人民法院依照法律规定的强制执行程序转让股东的股权时，应当通知公司及全体股东，其他股东在同等条件下有优先购买权。其他股东自人民法院通知之日起满二十日不行使优先购买权的，视为放弃优先购买权。

建议公司在章程中约定，当人民法院强制执行股东股权，由公司大股东行使优先购买权，确保公司控制权的稳定性。

十五、关于控股股东滥用控制权的股东回购权

新《公司法》规定，公司的控股股东滥用股东权利，严重损害公司或者其他股东利益的，其他股东有权请求公司按照合理的价格收购其股权。

本次《公司法》修订的一大亮点就是新增了异议股东回购请求权的情形。在有限公司中，由于缺乏公开转让股权的市场，中小股东退出公司的渠道十分狭窄，为了避免控股股东滥用控制权损害小股东利益，法律赋予小股东要求大股东回购其股权的权利。控股股东滥用股东权利，主要有通过关联交易损害其他股东利益、非法占用公司资产、违规担保、违规出借公司资金，等等。关于

本条规定中"合理的价格",一般按照第三方评估的价格确定。

十六、关于自然人股东死亡的股权处置

新《公司法》规定,自然人股东死亡后,其合法继承人可以继承股东资格;但是,公司章程另有规定的除外。

创业企业如何在章程中进行另行约定?一般情况下,对于创业企业来说,基于合伙人创业的人合性考虑,建议在公司章程中明确,如果出现创始人之一的自然人股东死亡,继承人不得继承其股份,但是应当约定回购机制,即由大股东按照合理的价格回购该股份,回购的价格以第三方评估价格、经审计的净资产价格,或者一定比例的年化收益为参考。

十七、关于定向减资

新《公司法》新增了公司减资中的同比减资要求,即公司减少注册资本,应当按照股东出资或者持有股份的比例相应减少出资额或者股份,法律另有规定、有限责任公司全体股东另有约定或者股份有限公司章程另有规定的除外。

允许对定向减资进行另行约定,给公司自治留下了充分的空间。创业企业在融资过程中涉及与投资人对赌或者小股东退出事项的,可以采用定向减资的方式,但是有限公司定向减资必须有全体股东的协议约定。

十八、关于股东知情权

新《公司法》对股东知情权作出如下规定:

"股东有权查阅、复制公司章程、股东名册、股东会会议记录、董事会会议决议、监事会会议决议和财务会计报告。

"股东可以要求查阅公司会计账簿、会计凭证。股东要求查阅公司会计账

簿、会计凭证的，应当向公司提出书面请求，说明目的。公司有合理根据认为股东查阅会计账簿、会计凭证有不正当目的，可能损害公司合法利益的，可以拒绝提供查阅，并应当自股东提出书面请求之日起十五日内书面答复股东并说明理由。公司拒绝提供查阅的，股东可以向人民法院提起诉讼。

"股东查阅前款规定的材料，可以委托会计师事务所、律师事务所等中介机构进行。

"股东及其委托的会计师事务所、律师事务所等中介机构查阅、复制有关材料，应当遵守有关保护国家秘密、商业秘密、个人隐私、个人信息等法律、行政法规的规定。

"股东要求查阅、复制公司全资子公司相关材料的，适用前四款的规定。"

关于股东查阅权的对象，本次修订新增了股东名册与会计凭证。股东名册记载有关股东及其股权状况的信息；而会计凭证作为记录经济业务发生或者完成情况的书面证明，直接反映企业的经济业务。在查阅方法上，股东可以委托第三方中介机构。一般而言，股东要求查阅会计账簿、会计凭证，是为了查明公司是否存在违法违规或者损害股东利益的情形，需要聘请会计师事务所和律师事务所提供专业的查阅意见，这种知情权在多数情况下处于冲突或者对抗之中，如果会计账簿、会计凭证涉及客户名单、重要客户重大合同金额等重大商业机密，公司可以拒绝查询，但是需要说明合理的理由。

十九、关于公司对外投资、为他人提供担保

新《公司法》增加了公司对外投资的路径，原则上允许公司对外投资并成为对所投资企业的债务承担连带责任的出资人。根据该规定，公司可以投资合伙企业，并成为该合伙企业的普通合伙人。

新《公司法》规定，公司向其他企业投资或者为他人提供担保，按照公司章程的规定，由董事会或者股东会决议；公司章程对投资或者担保的总额及单项投资或者担保的数额有限额规定的，不得超过规定的限额。

在司法实践中，实际控制人、法定代表人控制公章或者董事会违规对外担保给公司及其他股东造成利益损害，在第三方善意情形下，裁决公司承担二分之一的责任。因此，建议创业公司在公司章程中约定公司不得对外提供担保；即便确实需要对外担保，应当设置最高限额，且须经过董事会和股东会共同决议通过。创业公司应当严格制定公章使用的审批程序，避免出现违规担保事项。

二十、关于公司法人纵向、横向人格否认

新《公司法》规定，公司股东滥用公司法人独立地位和股东有限责任，逃避债务，严重损害公司债权人利益的，应当对公司债务承担连带责任。

股东利用其控制的两个以上公司实施上述行为的，各公司应当对任一公司的债务承担连带责任。

在实践中，存在控股股东滥用公司股东有限责任，逃避债务，利用关联关系转移资产，利用破产制度逃避债务的情形。新《公司法》以横向及纵向人格否认制度回应实务中的股东逃避债务行为，为债权人提供救济途径。

二十一、关于双重股东代表诉讼

新《公司法》第一百八十八条规定："董事、监事、高级管理人员执行职务违反法律、行政法规或者公司章程的规定，给公司造成损失的，应当承担赔偿责任。"

新《公司法》第一百八十九条规定：

"董事、高级管理人员有前述规定的情形的，有限责任公司的股东、股份有限公司连续一百八十日以上单独或者合计持有公司百分之一以上股份的股东，可以书面请求监事会向人民法院提起诉讼；监事有前述规定的情形的，前述股东可以书面请求董事会向人民法院提起诉讼。

"监事会或者董事会收到前款规定的股东书面请求后拒绝提起诉讼，或者

自收到请求之日起三十日内未提起诉讼，或者情况紧急、不立即提起诉讼将会使公司利益受到难以弥补的损害的，前款规定的股东有权为公司利益以自己的名义直接向人民法院提起诉讼。

"他人侵犯公司合法权益，给公司造成损失的，前述规定的股东可以依照前两款的规定向人民法院提起诉讼。

"公司全资子公司的董事、监事、高级管理人员有前述规定情形，或者他人侵犯公司全资子公司合法权益造成损失的，有限责任公司的股东、股份有限公司连续一百八十日以上单独或者合计持有公司百分之一以上股份的股东，可以依照规定书面请求全资子公司的监事会、董事会向人民法院提起诉讼或者以自己的名义直接向人民法院提起诉讼。"

本次《公司法》修订将股东代表诉讼的被告范围扩大至全资子公司的董事、高级管理人员，以此构建双重股东代表诉讼制度。引入该规则的主要目的在于解决公司股东与管理者之间以及公司控股股东与小股东之间的利益冲突，同时解决内部人控制以及控股股东对公司实际控制的问题。该规则作为股东代表诉讼的延伸，处理企业集团内部不同主体之间的矛盾，维护母公司中小股东的利益。

二十二、关于简易注销

新《公司法》第二百四十条规定：

"公司在存续期间未产生债务，或者已清偿全部债务的，经全体股东承诺，可以按照规定通过简易程序注销公司登记。

"通过简易程序注销公司登记，应当通过国家企业信用信息公示系统予以公告，公告期限不少于二十日。公告期限届满后，未有异议的，公司可以在二十日内向公司登记机关申请注销公司登记。

"公司通过简易程序注销公司登记，股东对本条第一款规定的内容承诺不实的，应当对注销登记前的债务承担连带责任。"

新《公司法》中对于简易注销的规定为新增条款，规定了简易注销的要件、程序和责任。该制度主要源于《关于全面推进企业简易注销登记改革的指导意见》《关于开展进一步完善企业简易注销登记改革试点工作的通知》《中华人民共和国市场主体登记管理条例》，有利于提升市场主体的退出效率，降低退出成本，减少僵尸企业数量，提高社会资源利用效率。

二十三、关于董监高[①]责任

（一）股东抽逃出资的董监高责任

新《公司法》第五十三条规定，公司成立后，股东不得抽逃出资。违反规定的，股东应当返还抽逃的出资；给公司造成损失的，负有责任的董事、监事、高级管理人员应当与该股东承担连带赔偿责任。

（二）违法财务资助的董监高责任

新《公司法》第一百六十三条规定，公司不得为他人取得本公司或者其母公司的股份提供赠与、借款、担保以及其他财务资助，公司实施员工持股计划的除外。

为公司利益，经股东会决议，或者董事会按照公司章程或者股东会的授权作出决议，公司可以为他人取得本公司或者其母公司的股份提供财务资助，但财务资助的累计总额不得超过已发行股本总额的百分之十。董事会作出决议应当经全体董事的三分之二以上通过。

违反上述规定，给公司造成损失的，负有责任的董事、监事、高级管理人员应当承担赔偿责任。

（三）违法分配利润的董监高责任

新《公司法》第二百一十一条规定："公司违反本法规定向股东分配利润的，股东应当将违反规定分配的利润退还公司；给公司造成损失的，股东及负有责任的董事、监事、高级管理人员应当承担赔偿责任。"

[①] 即董事、监事、高级管理人员。

（四）违法减资的董监高责任

新《公司法》第二百二十六条规定："违反本法规定减少注册资本的，股东应当退还其收到的资金，减免股东出资的应当恢复原状；给公司造成损失的，股东及负有责任的董事、监事、高级管理人员应当承担赔偿责任。"

（五）董事清算义务责任

新《公司法》规定，董事为公司清算义务人，应当在解散事由出现之日起十五日内组成清算组进行清算。清算组由董事组成，但是公司章程另有规定或者股东会决议另选他人的除外。清算义务人未及时履行清算义务，给公司或者债权人造成损失的，应当承担赔偿责任。

（六）董监高的忠实义务和勤勉义务规则

新《公司法》第一百八十条第一款、第二款规定：

"董事、监事、高级管理人员对公司负有忠实义务，应当采取措施避免自身利益与公司利益冲突，不得利用职权牟取不正当利益。

"董事、监事、高级管理人员对公司负有勤勉义务，执行职务应当为公司的最大利益尽到管理者通常应有的合理注意。"

（七）影子董事责任规则

公司的控股股东、实际控制人不担任公司董事但实际执行公司事务的，适用有关董监高责任的规定。

（八）董监高关联交易规则

新《公司法》第一百八十二条规定：

"董事、监事、高级管理人员，直接或者间接与本公司订立合同或者进行交易，应当就与订立合同或者进行交易有关的事项向董事会或者股东会报告，并按照公司章程的规定经董事会或者股东会决议通过。

"董事、监事、高级管理人员的近亲属，董事、监事、高级管理人员或者其近亲属直接或者间接控制的企业，以及与董事、监事、高级管理人员有其他关联关系的关联人，与公司订立合同或者进行交易，适用前款规定。"

（九）董监高谋取公司商业机会保护及例外规则

新《公司法》第一百八十三条规定：

"董事、监事、高级管理人员，不得利用职务便利为自己或者他人谋取属于公司的商业机会。但是，有下列情形之一的除外：

"（一）向董事会或者股东会报告，并按照公司章程的规定经董事会或者股东会决议通过；

"（二）根据法律、行政法规或者公司章程的规定，公司不能利用该商业机会。"

（十）董监高竞业限制规则

新《公司法》第一百八十四条规定："董事、监事、高级管理人员未向董事会或者股东会报告，并按照公司章程的规定经董事会或者股东会决议通过，不得自营或者为他人经营与其任职公司同类的业务。"

（十一）董事、高管损害第三人利益的赔偿责任规则

新《公司法》第一百九十一条规定："董事、高级管理人员执行职务，给他人造成损害的，公司应当承担赔偿责任；董事、高级管理人员存在故意或者重大过失的，也应当承担赔偿责任。"

新《公司法》将相关责任主体从单一股东扩大到包括董事、监事、高级管理人员，同时规定赔偿责任与赔偿范围。这一方面更强调保护公司的财产，另一方面加强董监高对于公司合规运作的监督责任。

二十四、关于股份公司发行类别股

新《公司法》第一百四十四条规定：

"公司可以按照公司章程的规定发行下列与普通股权利不同的类别股：

"（一）优先或者劣后分配利润或者剩余财产的股份；

"（二）每一股的表决权数多于或者少于普通股的股份；

"（三）转让须经公司同意等转让受限的股份；

"（四）国务院规定的其他类别股。

"公开发行股份的公司不得发行前款第二项、第三项规定的类别股；公开发行前已发行的除外。

"公司发行本条第一款第二项规定的类别股的，对于监事或者审计委员会成员的选举和更换，类别股与普通股每一股的表决权数相同。"

当前，股东同质化的假设与实践中股东的多元需求样态严重不符，面对市场上日益多元的需求，普通股的"一股一权"及股东同质化假设无法满足现实需求。新《公司法》的相关规定吸收了2013年《关于开展优先股试点的指导意见》的相关规则，正式引入类别股的发行规则，明确规定股份公司可以发行财产分配型类别股、表决权型类别股、限制转让型类别股以及国务院规定的其他类别股，并限定公开发行股份的公司可发行的类别股种类；同时，进一步规定公司发行表决权型类别股时，享有此类股份的股东在监事和审计委员会的选任上无法行使其特权。但应注意的是，有限公司不得设置优先股制度及特别表决权制度，当且仅当为非上市股份公司时可以设置带特别优先表决权的股份以及转让受限制的股份。

二十五、关于禁止代持上市公司股份

新《公司法》规定，禁止违反法律、行政法规的规定代持上市公司股票。

本条为新增条款，属于效力性规定。新《公司法》并没有明确对有限公司股权代持作出禁止性规定，实践当中创业企业股权代持普遍存在。虽然在司法实践中，有限公司代持协议是有效的，但是代持拟上市公司股份，上市之后便存在巨大风险，一方面涉及虚假的信息披露，另一方面涉及因违反禁止代持规定而代持无效的风险。因此，即便在有限公司阶段代持股份，依然建议在上市前做好代持股份的全面清理。

二十六、关于禁止上市公司与其控股子公司交叉持股

新《公司法》规定，上市公司控股子公司不得取得该上市公司的股份。上市公司控股子公司因公司合并、质权行使等原因持有上市公司股份的，不得行使所持股份对应的表决权，并应当及时处分相关上市公司股份。

上述规定旨在规制上市公司经营管理层利用交叉持股架空公司股东权利导致内部绝对控制的行为，保障公司内外部有效治理。法律并没有禁止有限公司和非上市股份公司与控股子公司交叉持股的规定，实践中，大股东可能通过交叉持股增强其对公司的控制权，通过交叉持股虽然能做大注册资本，但是并未增强公司信用能力，同时形成复杂股权结构，使得股权结构不清晰，进而影响公司治理，并对公司融资和进入资本市场产生影响。

二十七、关于 ESG 披露

新《公司法》规定，公司从事经营活动，应当充分考虑公司职工、消费者等利益相关者的利益以及生态环境保护等社会公共利益，承担社会责任。国家鼓励公司参与社会公益活动，公布社会责任报告。

新《公司法》对于公司社会责任的重视，旨在引导和鼓励公司积极履行社会责任，使公司通过参与社会公益活动回馈社会，提升社会形象和声誉。这有助于推动公司在追求经济利益的同时兼顾社会效益，助推经济和社会的可持续发展。

基于全球范围内生态体系和供应链体系对可持续发展的关注，披露 ESG 报告将成为一个基本的公司治理要求。

《上海证券交易所上市公司自律监管指引第 14 号——可持续发展报告（试行）》《深圳证券交易所上市公司自律监管指引第 17 号——可持续发展报告（试行）》《北京证券交易所上市公司持续监管指引第 11 号——可持续发展报告（试行）》为上市公司披露可持续发展报告提供规范。

上市公司应当将可持续发展理念融入公司发展战略、经营管理活动中，持续加强生态环境保护，履行社会责任，健全公司治理，不断提高可持续发展水平，持续提升公司治理能力、竞争能力、创新能力、抗风险能力和回报能力，逐步强化对经济、社会、环境的正面影响。

引言二：
员工持股计划的溯源及其本质

一、秦国军功激励：国家层面"股权激励"的雏形

《史记·商君列传》记载："（商鞅变法）令既具，未布，恐民之不信，已乃立三丈之木于国都市南门，募民有能徙置北门者予十金。民怪之，莫敢徙。复曰：'能徙者予五十金。'有一人徙之，辄予五十金，以明不欺。"

"立木取信"的实质是一个国家层面激励方式变革的缩影，商鞅变法打破了贵族世袭机制，建立军功激励制度，最终使秦国在战国争霸中胜出。

二、晋商顶身股制度：封建时代先进的股权激励制度

晋商是中国商业文明史上的一颗璀璨明珠。从乔家大院走出来的乔致庸，怀揣着"汇通天下，货通天下"的梦想，从一个山西小县城商人成长为清末商界翘楚。

据说，在乔致庸准备大干一番事业的时候，他最看好的包头"复字号"店铺跑街马荀向他提出辞号，乔致庸找他进行了一次在后来看意义重大的谈话。乔致庸问："为什么要辞号？"马荀回答："别处给的酬劳更高。"在任何商业社会中，这都是一个再正常不过的理由，但是乔致庸又问："掌柜的为什么没人辞号？"马荀回答："因为掌柜的在商号生意里顶着一份身股，不但平日里拿酬劳，四年账期到了还可以领一份红利。"乔致庸这才明白，靠给更高的

酬劳招募能干的跑街，有人出更高的酬劳就可以轻易挖走，只有顶身股才能留住能干的人。他为了激励伙计们好好干活，给商号里所有学徒期满出师的伙计每人顶一厘的身股，并随着年限增加而增加。这样一来，每到年底，伙计就可以领几十两甚至几百两银子的红利。顶身股并不是所有的伙计都有，而是合格通过四年试用期后被正式录用的伙计才有，要根据伙计的品质、能力和绩效来决定其是否能拥有顶身股以及能够拥有几厘的股权。股权从一厘至十厘有十个等级，从一厘半至九厘半有九个等级，一共是十九个等级，划分严格，这对于已有身股和没有顶上身股的伙计来说都具有极大的吸引力，伙计为了多顶股份，个个都会努力工作。

顶身股是晋商在几百年的经商过程中摸索出并不断完善的一套卓有成效的股权激励方法。在封建社会的末期，晋商正是通过这套股权激励制度将其生意，尤其是票号生意推向全国，影响深远。

三、员工持股计划之父路易斯·凯尔索及其双因素经济学理论

员工持股计划（Employee Stock Ownership Plans，ESOP）是美国著名的公司律师、经济学家、投资银行家路易斯·凯尔索（Louis O. Kelso）在1958年提出的。

路易斯·凯尔索与哲学家莫迪默·艾德勒（Mortimer Adler）合著《资本主义宣言：如何用借来的钱让8000万工人变成资本家》（The Capitalist Manifesto: How to Turn 80 Million Workers into Capitalists with Borrowed Money），正式提出了建立员工持股计划的民主的资本主义理论架构。

路易斯·凯尔索研读《共产党宣言》，认为普通工人要推翻资本主义社会是因为普通工人只是一般劳动者，劳动者创造价值但不一定创造财富，只有把普通劳动者转化为资本工人，参与公司财富分配，与资本所有者共享劳动成果，才能真正解决资本主义社会的问题。实现民主的资本主义，要让劳动者有产权，愿意参与，可以优先享受资本利得。他认为生产要素只有两种：资本与

劳动。他宣称，员工持股是"民主的资本主义"，其研究结论要点有三。

① 路易斯·凯尔索分析了美国不同时期资本、劳动两项因素对社会产出的贡献比例及变化，通过观察社会不同阶层对科技进步成果占有的情况，研究得出，美国建国初期，资本贡献占大约10%，劳动贡献占大约90%；进入20世纪50年代，资本贡献占比上升到约40%，劳动贡献占比下降到约60%，社会财富急剧地集中到少数拥有大量资本的人手中。

② 劳动者不仅应当通过劳动获得收入，也应当通过资本获得收入，这是人的基本权利。

③ 基业长青的企业应当建立员工对企业的认同感。随着科技的进步，社会对产品质量的要求越来越高，产品和技术的更新换代越来越快，仅仅依靠对工人的监督和考核并不能提升工人的责任感和积极性，特别是在高科技领域。

1986年，路易斯·凯尔索和其夫人帕特里西亚 H. 凯尔萨（Patricia Hetter Kelso）合著了《民主与经济力量：通过双因素经济开展雇员持股计划革命》（*Democracy and Economic Power: Extending the ESOP Revolution Through Binary Economics*），正式提出了著名的双因素经济理论，并系统地阐述了其员工持股计划的理论基础和员工持股计划对美国社会经济的变革。

目 录

第一章　创业企业股权架构设计　// 1

第二章　关于事业合伙制的共识基础　// 6
  第一节　人才是合伙的源泉　// 7
  第二节　平台和创始股东是合伙的关键　// 9
  第三节　共享、共担、共赢是合伙的土壤　// 10
  第四节　信任是合伙的基石　// 12
  第五节　有限责任制是合伙的利剑　// 13
  第六节　遵守契约、敬畏责任、尊重贡献是选择合伙人的共识　// 14

第三章　事业合伙制股权激励制度设计　// 16
  第一节　合伙的有限责任制度　// 16
  第二节　创业合伙的股权分配及股东权力的制约　// 19

第四章　事业合伙制架构下的股权激励模式比较　// 22
  第一节　股票期权、限制性股票、虚拟股权、激励基金模式比较　// 22
  第二节　合伙人直接持股激励模式的弊端及案例　// 32

第三节 母公司作为持股平台的合伙人持股计划模式：
美的模式 // 33

第五章 事业合伙制股权激励典型案例 // 41

第一节 阿里巴巴的合伙人制度及架构 // 41

第二节 万科的事业合伙人制度及架构 // 52

第三节 小米弹性激励+动态激励模式 // 59

第四节 华为虚拟股+TUP激励模式 // 63

第五节 蚂蚁集团经济受益权激励计划及第二类限制性
股票计划 // 65

第六节 绿地集团的合伙人制度及架构 // 66

第六章 事业合伙制运作模式及架构设计 // 71

第一节 有限合伙持股的平台架构设计 // 71

第二节 有限合伙制度比较 // 74

第三节 子公司项目跟投机制的合伙人计划模式 // 76

第七章 事业合伙制股权激励的基本架构和方案要点 // 86

第一节 股权激励基本要素、原则、规模 // 86

第二节 激励对象的确定 // 88

第三节 定价机制 // 90

第四节 股份支付 // 92

第五节 绩效考核机制 // 93

第六节 激励方案 // 98

第八章　相关文件示例　// 100

　　第一节　奋斗者为中心的有限合伙协议　// 100

　　第二节　合伙份额转让协议　// 113

　　第三节　股权激励计划　// 122

　　第四节　股权激励计划实施考核管理办法　// 129

　　第五节　股权激励转让协议　// 133

　　第六节　虚拟股权激励协议　// 138

　　第七节　股票期权激励方案　// 148

　　第八节　期权授予协议　// 152

　　第九节　员工持股计划　// 155

　　第十节　员工持股计划合伙协议　// 166

　　第十一节　员工股权认购协议　// 177

　　第十二节　股权代持协议　// 182

附　录　// 187

　　附录一　陈某、深圳市 F 家居用品股份有限公司合同纠纷　// 187

　　附录二　中华人民共和国合伙企业法　// 192

　　附录三　上市公司股权激励管理办法　// 207

　　附录四　关于完善股权激励和技术入股有关所得税政策的通知　// 223

　　附录五　股权激励和技术入股个人所得税政策口径　// 229

　　附录六　关于国有控股混合所有制企业开展员工持股试点的意见　// 240

　　附录七　关于试点创新企业实施员工持股计划和期权激励的指引　// 246

第一章
创业企业股权架构设计

　　股权架构如何设计是每一个创业者筹划创业时首先要考虑的问题。但是，创业之路充满艰辛，而很多创业者又没有管理创业企业的经验。股权架构如何设计，合伙人怎么找，投资人怎么找，对创业者来说每一件事都需要从头开始学习。创业最怕的是刚刚起步团队就出现裂痕，在利益面前，人性是经不起考验的。

　　2013年6月1日，三位西安交通大学毕业的北漂IT人创立了一个肉夹馍中式餐饮品牌，也起了一个响亮且易于推广的名字，注册了商标。创始人股权架构为孟某43.6090%，罗某28.1955%，宋某28.1955%。三位创始人背景相似，有着相同的求学背景、相同的想法，但都没有管理过企业，也没有哪一位可以成为绝对的发起人或者领头人，这样就会出现相对分散的股权架构。

　　2014年4月，该品牌受到投资人青睐，三位创始人也因为经营理念问题第一次产生了分歧。这种情况对于正打算融资的创业企业来说是致命的，三位创始人不得不面对投资人提出的创始人股权稳定性问题，解决三个和尚没水喝的问题成为他们融资跨不过去的一道坎。这便是我们常见的公司僵局问题。公司刚刚成立就出现僵局，一般情况下很难通过谈判解决。

　　2014年7月22日，创始人孟某与罗某联合秦某、袁某、K控股股份有限公司、Y餐饮管理有限公司另立门户，成立T餐饮管理（北京）有限公司。2014年11月17日，宋某获得投资，成立了餐饮有限公司。一时间，北京出现了新、老两家相同肉夹馍品牌公司。2023年7月14日，宋某的餐饮有限公司被吊销营业执照，宣告了这场旷日持久的创始人股权纠纷最终落幕。

2013年2月28日，刘某在杭州创立了杭州W品牌管理有限公司（以下简称"W公司"），但是有着丰富的互联网从业经验和资源的刘某，低估了股权架构设计上可能出现的问题的严重性。

刘某创立的W公司和大多数典型的互联网创业者和科技企业创业者创立的公司没有太大区别，创始人设立了两个员工持股平台，这里简称"杭州WA"和"杭州WB"，通过系列融资后的股权结构如图1-1和图1-2所示。

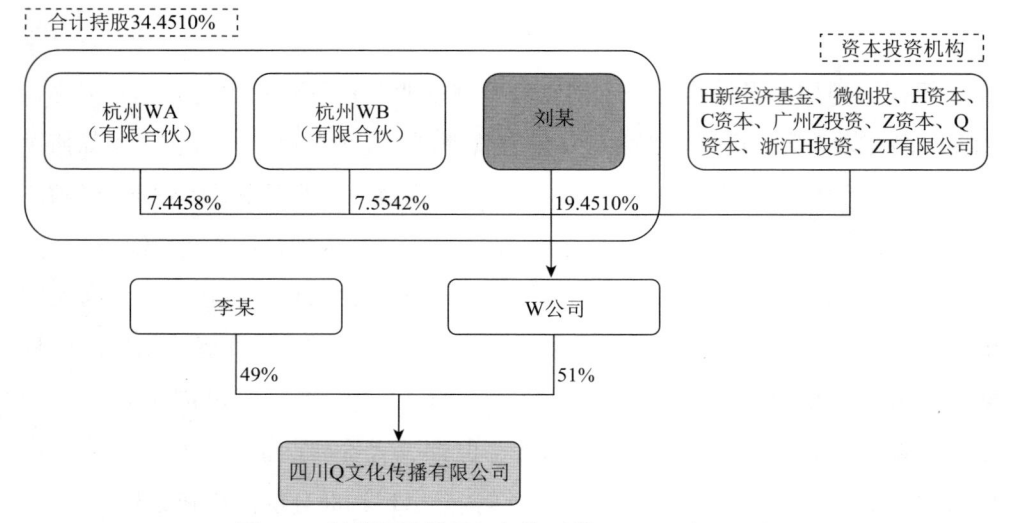

图1-1 刘某团队的股权架构（截至2021年7月）

美好的规划总是赶不上市场的变化，作为一家以孵化网络主播并从事主播带货的互联网科技公司，其并没有把孵化的网络主播作为顶层设计的员工持股平台的重要合伙人，而是通过共同设立子公司的方式运作，孵化成功后通过换股的方式让合作伙伴成为顶层的合伙人。但是，在巨大的利益面前，光靠画饼和讲故事是无法平衡双方利益的。

李某意外走红，刘某团队之前设计的股权架构显然无法满足其需求，谈判也无法解决双方之间的裂痕。

2016年8月29日，W公司向国家知识产权局商标局申请注册全类别以李某名字命名的×××商标；2017年7月20日，四川Q文化传播有限公司成

第一章 创业企业股权架构设计

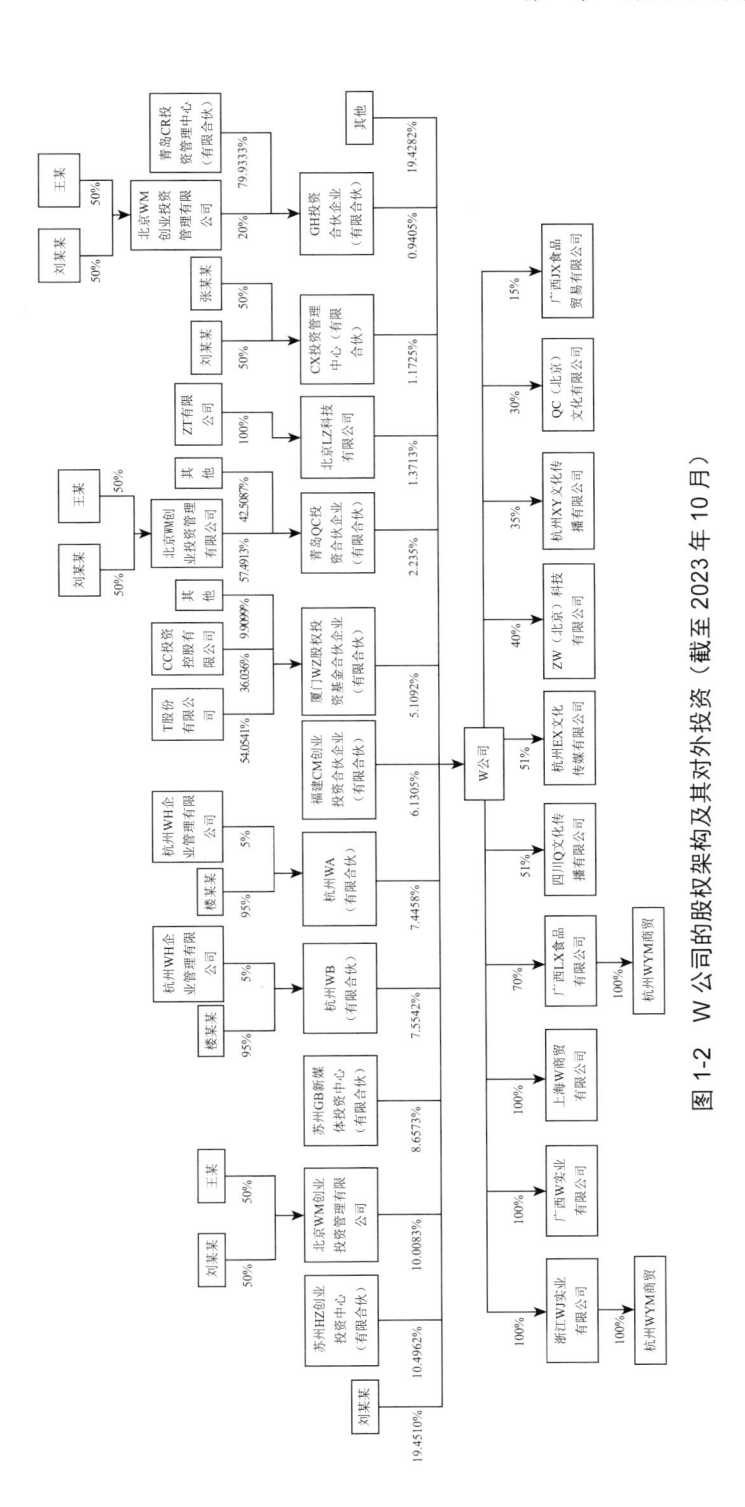

图 1-2 W 公司的股权架构及其对外投资（截至 2023 年 10 月）

立，W公司占股51%，李某占股49%；2021年6月17日，W公司将持有的全类别×××商标转让给其持股51%的四川Q文化传播有限公司；2021年11月15日，四川Q文化传播有限公司提起对刘某、W公司的诉讼；2022年3月10日，W公司对四川Q文化传播有限公司提起股东知情权诉讼。2023年1月31日，W公司彻底退出四川Q文化传播有限公司，这场旷日持久的股权之战得以结束。因为股权架构设计方面的原因，W公司和李某都是这场股权之争的受害人。

数字经济时代或者说硬科技时代，创业股权架构的搭建首先要考虑股权架构的稳定性，而保持股权架构稳定性的一个最重要的因素就是创始团队必须有一个领头人，其持股比例和可以控制的股权数量具有绝对优势。

连续创业者和天使投资人雷军是创业者的典范，他创业的第一步是找对合伙人搭建股权架构。雷军在一次分享会上说，小米团队是小米成功的核心原因。当初他决定组建超强的团队，前半年花了至少80%的时间找人，幸运地找到了7个合伙人，全部拥有技术背景，平均年龄42岁，经验极其丰富，既有本地人也有海归，来自金山、谷歌、微软、摩托罗拉等，土洋结合，充满创业热情。雷军深谙苹果创始人乔布斯的用人之道。乔布斯曾说过："我过去常常认为一个出色的人能顶两名平庸的员工，现在我认为能顶50名。我大约把四分之一的时间用于招募人才。"（图1-3所示为小米集团的股权架构及对外投资情况）

在数字经济时代，虽然夫妻档的创业者越来越少，但是创始人婚姻关系的稳定性亦会影响创始团队的股权架构。

2010年11月，TD网准备在美国上市时，其创始人王某的前妻杨某提起诉讼，要求分割创始人王某持有的TD网76%的股份，随后王某持有的TD网38%的股份被冻结并禁止转让。为了解决上市障碍，TD网创始人王某与杨某在2011年6月达成和解，王某向前妻杨某支付700万美元现金补偿，以获得完全股份控制权，其中430万美元在TD网上市成功后兑现。

一般情况下，为了防止创始人婚姻变动对公司治理结构的影响，创始人配偶须签订"夫妻财产约定协议"，创始人婚姻变动，配偶不得对公司股权进行分割，直至投资人退出或者公司上市，成为一家公众公司。

第一章 创业企业股权架构设计

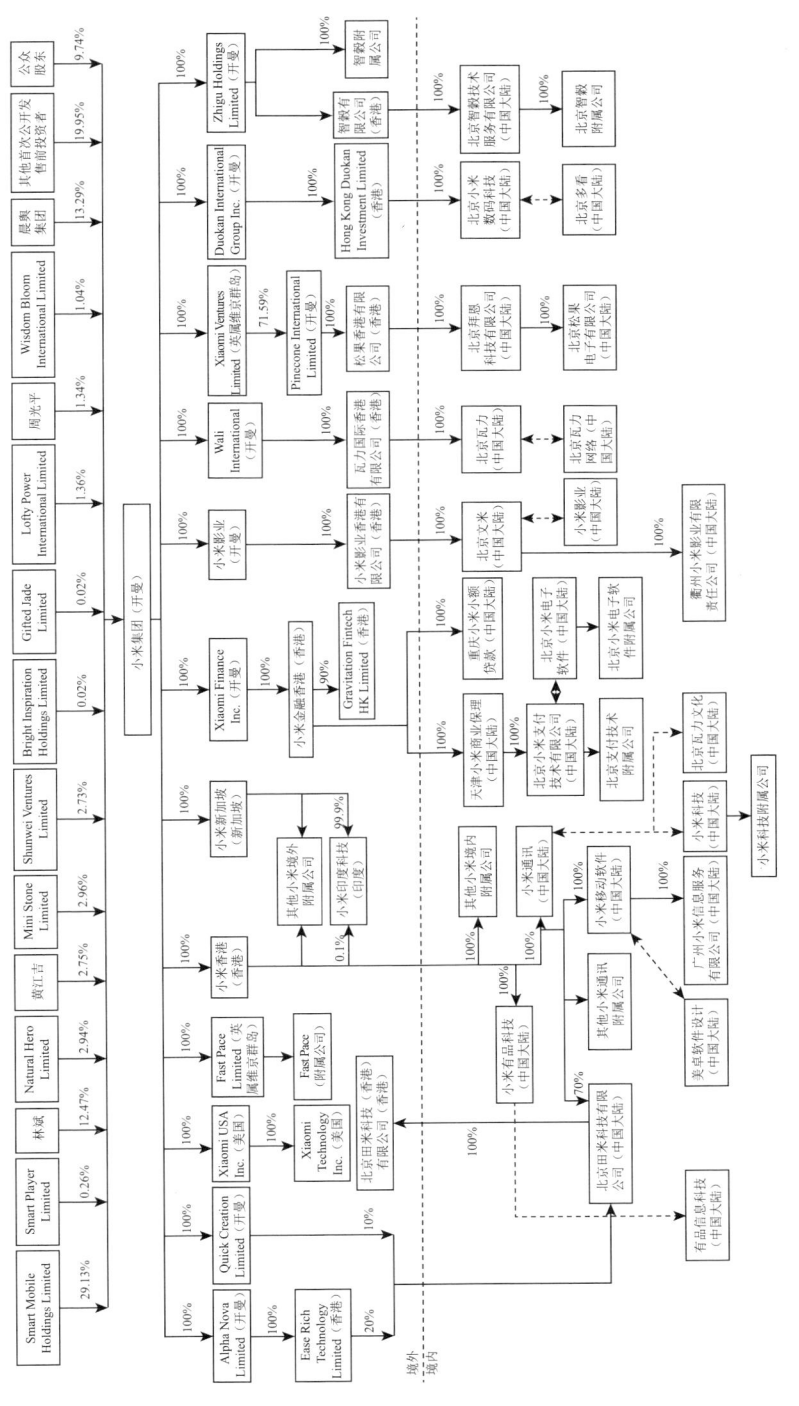

图 1-3 小米集团的股权架构及对外投资（截至 2023 年 10 月）

第二章
关于事业合伙制的共识基础

阿里巴巴上市、宝万之争,让我们近距离地观察到了阿里巴巴和万科的合伙人制度的优越性,也使得我们真正开始思考,优秀企业如何搭建百年基业的管理架构,如何激励优秀的人才进行自我管理,持续地为企业发展努力奋斗和为股东创造利润。

因此,合伙制成为创业企业和成长型企业转型升级以及家族财富管理的一种重要的战略选择。但是,每家企业又具有其独特的企业文化和发展路径,事业合伙制需要在特定的法律规则下落地,这往往又成为企业家选择事业合伙制股权激励的制度障碍和执行障碍。

现代企业制度,其主要形式是公司制企业治理架构,公司的有限责任制和合伙企业的普通合伙人与有限合伙人自由约定机制为公司加合伙制股权激励机制创造了一种新型的企业家与团队创业的合伙模式。

但是,推行事业合伙制最大的障碍在于企业家本身。对于企业家来说,企业是自己的孩子,也是平台,舍得和分享的心态很重要。企业家要有勇于接受新事物的魄力,事业合伙制是一个新事物,但是许许多多卓越的企业实践证明,它是互联网时代企业转型升级和抓住风口的一个卓越创新。

在中国法律框架下,合伙制必须建立在以下共识的基础上。

第一节　人才是合伙的源泉

电影《天下无贼》里有一句经典台词："21 世纪什么最贵？人才！"

没有人才战略的企业，做不到基业长青。企业家都要有爱才的修养和眼力。很多有匠心精神的企业家，他们不爱管人事，认为这个应该交给专业的人去做，但是他们不知道，企业家才是一个公司最大的人事决策者。众所周知，微软、苹果、GE、万科、华为在选择接班人这件事上都需要经过数年甚至数十年的培养和观察。

科技的进步、世界的一体化、互联网的发展，改变了人才的价值观，有限的薪酬或者说有竞争力的薪酬不再是吸引人才最重要的因素。文化、团队、平台是互联网时代人才选择事业最重要的考量因素。在数字化、资产证券化时代，资产证券化本身改变了薪酬结构。在一个企业发展，有没有股权成为一个员工是不是团队核心的重要考量维度。因此，股权激励和合伙制成为聚才的重要方式。

过去，好的企业就是一个大平台，筑巢引凤，事半功倍；现在，光有好的平台远远不够，股东和员工的关系发生了变化，既是领导与被领导的关系，也是合作伙伴的关系。因此，股权对于改变这种雇佣关系就显得特别重要。

人才贵是共识，识别人才更是关键，需要智慧、经验、科学的评判体系，更需要时间的检验。因此，人才问题限制了合伙人制度的发展。我们必须知道人才往哪里集聚，企业布局的风口在哪。

人才聚集的大城市效应是社会发展成熟的一个标志，研究人口与城市化进程的经济学家陆铭教授在《大国大城》[①]中为企业寻找人才提供了科学的思路，人才是和大城市的发展紧密联系的。他在书中讲了三个"故事"，非常值

---

① 陆铭. 大国大城 [M]. 上海：上海人民出版社，2016：179.

得深思：

第一个是密度与工资的"故事"。在中国，与世界其他地方一样，人口密度越大的城市职工工资水平越高。读者可能会说，那当然了，大城市生活成本高，当然需要工资高了。可是，请你想想，如果只是因为生活成本高，而没有更高的劳动生产率，企业为什么要付给职工更高的工资呢？企业付高工资的原因一定是员工创造的价值比企业付的工资还要多，否则，企业就不会愿意继续留在工资高的城市。

第二个是人往高处走的"故事"。在城市里，如果周围人的受教育水平提高，那么，我们自己也能够享受到人力资本外部性。于是，一个城市的平均受教育水平越高，这个城市的工资水平就越高。正因如此，大城市更能够留得住大学生。在中国，1982年人口普查时大学生比重较高的城市，到了2010年，大学生人口比重提高的百分点数也更大。这和美国出现的大学生扎堆儿式地向大学生比重高的城市集聚的现象如出一辙。在大学生集聚的同时，低技能劳动者也到大城市去找服务业的工作，于是，初始年份大学生比例高的大城市也出现了更高的城市人口增长速度。

第三个是港口与工资的"故事"。在全球化的时代，港口非常重要，港口附近的国际贸易运输成本较低，于是企业向港口附近集聚，而集聚又导致更高的劳动生产率。在中国，到上海、香港、天津这三大港口的距离显著地影响了劳动生产率（用工资度量）。在到大港口500千米的范围之内，离大港口越远，工资越低；相比于大港口附近，500千米之外的地方工资大约低50%。离大港口500千米以上，工资水平就和到大港口的距离没什么明显的关系了。

通过陆铭教授的研究，我们发现，如果一个企业想要构建事业合伙制的平台，就必须想明白这两个问题：人才到底在什么地方？企业的风口在什么地方？合伙人制度的顶层设计一定要和人才战略相结合，而人才的挖掘和企业的发展战略，和大城市的发展进程又是密不可分的，逃离大城市的发展战略显然与企业人才战略是相悖的。

因此，企业的战略平台，或者管理平台、营销平台、研发平台，一定要建立在大城市人才集中的地方。任何合伙制的股权激励，其优越性一定要和人才聚集地相匹配，否则，企业会陷入总是找不到优秀人才的发展悖论。其实，这种平台战略在本质上类似于跨国企业的总部中心战略。

第二节　平台和创始股东是合伙的关键

一个企业能走多远，最重要的因素是平台和创始股东。根据经验和观察，创始股东的战略、格局、所倡导的文化在团队建设和企业发展中起着关键性的作用。一般地，在一个企业中：创始股东的战略就是企业的战略，创始股东的格局就是企业的格局，创始股东所倡导的文化就是企业的文化。

那些成功的、优秀的企业都被贴上了创始股东的标签，如微软的比尔·盖茨、苹果的乔布斯、Facebook的扎克伯格、特斯拉的马斯克、华为的任正非、小米的雷军。

因此，一个平台再好，如果没有一个作为灵魂人物的创始股东，就是一盘散沙；如果没有能够推进企业制度、文化、战略建设的创始股东，是不可能建立起合伙制、公司制的事业平台的。

战略是基于未来的，是给团队吃的定心丸。如果创始股东都不知道自己能走多远，如何指望团队为企业奋斗呢？格局是基于团队合作的，有好的格局，才会有好的团队。文化是团队行为的方式和内在修养与外在展示，郭广昌所称的复星的坦荡文化，王石、任正非所称的万科、华为的狼性文化，都是创始股东战略、格局、所倡导的文化的烙印。

合伙创业需要大股东，因此合伙创业的第一件事就涉及合伙人的股权分配。股权分配中，应当有一个具有支配地位的股东起领导作用。股权分散就意味着决策分散，创业的动力分散，权利责任分散，不利于企业快速应对市场的变局。股权分配并没有一个可以用数字量化的标准。每一个股东受教育程度有差异，家庭背景有差异，资源、经历、专长有差异，唯有考量权利义务的匹配和投入产出的匹配，考量资源整合的贡献大小，从制度上构建股权结构，才能够避免公司在创业过程中因成员理念不合出现公司治理僵局。一个公司如果有控股股东或者大股东，在创业的时候即便出现分歧，也更容易做到进退自如。

所以，公司的合伙架构应当有利于决策的制定。一个创业的公司应当有大股东，而且大股东应当有绝对话语权。一般情况下大股东的股权比例在初创的时候应不低于50%，并在后续融资及引进合伙人时予以充分的预留和考虑。

大股东为什么应当拿这么多股权？因为他担的风险最大，承受的痛苦最多；他始终要比别人快一步，要比别人有更宽广的胸怀。

实践中，创业往往是各种资源的聚合。在理念高度一致的情况下，基于平台的需要，股权分配会相对分散，这也是创业中常见的一种情形。但是为了避免出现理念不合的现象，一般情况下，第一大股东和第二大股东或者第一大股东和第三大股东合计持股比例超过50%，第二大股东和第三大股东合计持股比例不超过50%，以便于后续融资稀释后有相对大股东，且通过一致行动可以实际控制公司。在这种架构下，对于后续引进的管理层团队，需要持股的，最好通过期权或者限制性股票激励，且通过有限合伙平台进行，避免团队在发展过程中因为理念不合、进进出出产生公司治理僵局。

第三节　共享、共担、共赢是合伙的土壤

有百年基业的企业讲共享，用未来定义未来的企业讲共担，成功的企业讲共赢。

共享是企业基业长青的动力。在企业发展中，坦诚共享是为了弱化"拥有权"，强调"使用权"。有舍有得不仅仅是对待客户、供应商的态度，更应该是对待合伙人以及员工的态度。如果我们对待自己的员工如同对待自己的客户一

样，那将打造一种什么样的团队呢？正如互联网上常出现的一句话，"我们团结起来连我们自己都害怕"，这便是团队的力量。

共享的前提是信任，和一个人建立信任或许不难，难就难在能够建立始终如一的信任，可见信任有多么重要。

共担，是员工与股东共同承担投资风险，这是事业合伙人与职业经理人最大的区别。

如果一个企业没有担当，一个企业的员工没有担当，那么这个企业不可能基业长青。想让一个成员有担当，除了契约精神的培养外，就是使其与团队利益一致，即构建合伙制，让他成为股东。

共赢，是将股东的利益、企业的利益和员工的利益合为一体。企业利益的最大化离不开股东的支持，离不开员工的努力。股东和企业的利益往往是一体的，但是要将员工的利益和股东的利益、企业的利益合为一体，就只能将员工变为股东，建立合伙制。

员工不仅需要一份可以成就自己事业的工作，也需要一个成为股东的机会，一个可以实现财富自由的机会。

如果一个企业里面只有实际控制人的声音，就不可能建立一个生机勃勃的合伙团队。因此，无论阿里巴巴、万科、华为干得有多好，很多企业总是学不来，因为它们没有合伙的土壤。

每一个出类拔萃的企业，都有一个你可能认为他来自外星的领袖，他捕捉到了常人无法想象的商业先机，巴菲特、杰克·韦尔奇、乔布斯、扎克伯格、马斯克、任正非皆如此。但是他们共同的特点是——在企业中创立了共享、共担、共赢的土壤。

但是，即便是伟大的企业，有合伙制度这样的顶层设计，优秀人才的流动、合伙人的离开也是非常正常的事。今天，我们依然可以听到或看到很多优秀公司的创始人来自新东方、华为、万科、复星等成功实践合伙制度的企业。

因此，伟大的制度同样需要伟大的企业家，只有伟大的企业家才能将伟大的制度发挥到极致。

华为没有上市，其创造了一个足够大的闭环，在这个闭环内实现了资产证券化（奋斗者协议、虚拟股权激励）。当然，工会持股不是当下可以借鉴的一种模式，这只是历史的产物，在法律上工会只是一个非法人组织。未来，华为最有可能的发展路径是按照绿地的模式设立若干有限合伙企业，由管理层担任管理合伙人代替工会持股。

反观那些曾经成功的合伙人，如新东方的"三驾马车"、复星的"四剑客"，为什么最终选择离开，根源应在于共享的根基不够牢固。

因此，任何好的制度，如现在流行的事业合伙制股权激励，其施行的前提是企业股东能够给管理层、员工提供共享、共担、共赢的平台和企业文化。如果一个企业家没有长远的战略眼光和宽广胸怀，如果企业没有良好的企业文化，任何好的制度在执行上都会大打折扣。

第四节 信任是合伙的基石

信任是一个人在社会交往中获得的财富或者资本。哈佛大学政治学博士弗朗西斯·福山认为，信任是社会资本，人们自发组织社群并互惠互利的天性和争取被认可的本性形成信任。

美国现代哲学家、作家博克认为："信任是一种社会财富，应该像我们呼吸的空气或饮用的水一样得到保护。当信任受到破坏，作为整体的社会也会受到破坏；信任被毁后，社会也就瓦解了。"

1969年，美国心理学家安德森绘制了一张表，列出了550个描写人的形容词。他让大学生们指出他们最喜欢的品质和最不喜欢的品质。调查结果表明，在人际关系中，最受欢迎的十项人格特质依次是：诚恳、诚实、理解、忠心、可信、可依赖、聪明、关怀细心、体谅、热忱。最不受欢迎的十项人格特质是：欺诈、精灵古怪、恶意、残忍、不诚实、不真实、做作、不可信赖、冷漠、贪得无厌。

因此，信任如此重要，需要我们建立一套法律规则进行保护。合伙人都是基于信任开始合作的，最后往往因为不再信任而各奔东西，甚至刀枪相见。有人总结，不要和朋友一起创业，因为有可能失去最好的朋友。但是，根本的原因是，不是所有的朋友都适合创业，适合做合作伙伴，因为创业除了信任，还需要很多其他条件。

信任的基础在于社会契约，一个重视法律风险的创业者，往往是一个值得信任的人。

但是，很多创业者往往缺乏对法律的认知或者敬仰。其实，对法律的不信任就是对商业规则的不信任，往往也伴随着对团队的不信任。

尊重规则，尊重法律，这是建立信任的前提，也是企业家推行事业合伙人制股权激励的前提。任何违背信任建立起来的合伙制都是画饼充饥，只会进一步伤害管理层和员工的心。

第五节　有限责任制是合伙的利剑

曾任哥伦比亚大学校长的尼古拉斯·默里·巴特勒说过："现代社会最伟大的发明就是有限责任公司！即使是蒸汽机和电气的发明也略逊一筹。"时至今天，历经几百年，我们看到人类社会的进步都是靠企业的创新推动的，因此，这个说法一点儿都不为过，如果没有公司这种组织结构，不可能产生微软、苹果、Facebook、阿里巴巴、华为这样伟大的公司。

公司正是因为有股东承担有限责任的制度，才能让股东和人才不断涌入，推进社会变革和技术进步，历经几百年，经久不衰，发挥着制度的优越性。

无论今天我们如何进行组织变革，但是在可以预见的将来，公司依然是社会的主要组织形式，依然是推动技术和社会进步的中坚力量。组织结构的扁平化和去中心化并不能取代公司这个伟大的发明，相反，公司加合伙这种古老的模式，将更好地发挥有限责任的优势。

公司的有限责任和合伙企业的有限合伙人的出现，正是基于创新和推动变革的组织需要。

创业阶段，公司的结构体系基本上由公司和合伙企业构成，基于公司的有限责任制，将出资人和经营管理层的权限和风险分开。股东作为公司的出资人以其出资为限（认缴或者实缴）承担有限责任，公司董事、监事、高管以《公司法》和公司章程为限承担勤勉尽责和忠实义务。

但是，事业合伙制的股权激励平台同样需要考虑激励对象的风险承受能力和人才流动对公司正常经营的影响，因此，有限合伙企业就承担起公司事业合伙制股权激励平台的重要功能。在有限合伙企业中，普通合伙人一般由实际控制人担任，其他激励对象为有限合伙人，普通合伙人实际承担合伙企业的运营和管理，有限合伙人仅以其出资承担有限责任。

这种有限责任的制度安排，为事业合伙人的股权激励提供必要的制度设计和实际操作的可行性，成为新经济时代最主要的公司治理模式。

第六节　遵守契约、敬畏责任、尊重贡献是选择合伙人的共识

对于创业合伙或者进行事业合伙的革新企业来说，合伙人之间非常有必要在遵守契约、敬畏责任、尊重贡献上达成共识，并应该身体力行。

一个不遵守契约的人，一个不敬畏法律的人，绝不是一个合适的合伙人，因此，合伙的时候，首先应当达成遵守契约的共识，"口说无凭，立字为证"，就是这个道理。实践中，创业的合伙人因为同学、同事、朋友的关系，以口头约定开始创业，不注重契约，造成利益纠葛进而拖垮企业的比比皆是。

一个不敬畏责任的人，只会拖垮团队；勇于担当的人，往往可以做成大事。创业、合伙是一种开弓没有回头箭、不能轻言放弃的团队行动。

"天下熙熙，皆为利来；天下攘攘，皆为利往。"只有尊重贡献，才能兼顾利益平衡，才能激励每一位合伙人发挥最大的潜能，为团队发展壮大贡献更多的力量。

因此，任何时候都应当把"遵守契约、敬畏责任、尊重贡献"作为选择合伙人的第一道门槛。所谓"磨刀不误砍柴工"，组建一个团队需要很多方面的专业人才，但是合伙人的品质更加重要。

很多人在寻找合伙人的时候相信机缘，其本质是找到能与自己达成共识的人，找到经历相似的人，找到具有正能量的人。所以观察一个人的命运或许有另外一种收获，幸福的家庭都是相似的，不幸的家庭各有各的不幸，道理与此相似。

复旦大学胡君辰教授认为，每一个人生来都有命和运两个属性，命相同而运不同。人的出生，会伴随很多方面的限制和机会，如家庭、遗传基因、出生地、周围环境（孟母择邻，其实是对孟子运的革新）。有人悲惨，有人优越，有人普通；有人跌宕起伏，有人一帆风顺，有人轰轰烈烈；有人只看到限制而没有看到机会，有人绕开限制，寻机突破，成功了。

但是人的命运有如一个可以不断膨胀的容器，这个容器由生命、限制、机会构成，人通过行为影响这个容器的大小，当一个人突破了自己的容器，就会出现危机。人的行为受自我谈话的思维方式影响，而人的思维又受个人经验和他人经验的影响，比如和自己容器差不多的人创业成功了，这是他人的经验，极有可能使你产生自我谈话——"既然他可以成功，我为什么不可以成功？"。

因此，我们可以通过一个人的命运经历迅速判断创业合伙人的容器大小，评价合伙人与自己的契合度。

第三章
事业合伙制股权激励制度设计

第一节 合伙的有限责任制度

电影《中国合伙人》在中国创业的热土上引起很多人的共鸣。同学、同事共同创业是合伙的典型范式和路径选择。俞敏洪、徐小平、王强被称为新东方的"三驾马车",他们富有激情和梦想,善于激发他人的潜力,胸怀大志,又有着相似的、精彩的人生轨迹。

新东方的"三驾马车"呈现给市场的是团队的力量,但每一个人都极富个性。最终徐小平、王强两位合伙人离开新东方选择重新创业。创业合伙需要合伙人一起出发,一起到达,但是,人生和市场总是多变的,不合适的合伙人终归会半路下车。

徐小平和王强合伙创立的真格基金如今已经投资了很多走在创业路上的合伙人,新东方也走过了不平凡的征程。在中国的南边,复星集团"四剑客"亦出现了裂痕,创始合伙人梁信军的离开让整个中国企业界唏嘘不已,这正印证了郭广昌所说的"聚则一把火,散则满天星"。

湖畔合伙人、事业合伙人、奋斗者合伙人正在以一种新的企业创业之道席卷中国的创业热土。

但是,又有多少人知道,合伙人制度的成功推行,背后是企业所沉淀的制度设计和文化底蕴。

合伙的开创,关键在于创始人的开悟或者说是胸怀。

合伙作为一种企业组织形态（法律上称之为"非法人组织"，与法人相区别）起源于欧洲，在公司还没有出现的中世纪，便有了由合伙人（Partner）组成的企业。1602年3月20日，世界上第一家公司荷兰东印度公司成立，标志着人类社会进入一个新的商业世界。公司，这种股东承担有限责任的组织形式，极大地提升了商人的积极性，通过制度设计，降低了创业的风险和交易成本。延续几百年，公司成为推动全球化的重要组织。20世纪90年代，美国颁布了《统一有限合伙法》（Limited Liability Partnership，LLP），给以公司为主要组织形式的企业增添了新的活力。这种有限合伙的方式迅速被世界各国所接受。

本书对合伙制的讨论，主要是通过探讨合伙案例及其合规性，为中国企业做一个顶层的制度设计。因此，我们并不考虑如律师、会计师、医生、建筑师、投资银行等的特殊的合伙制度，而是借鉴这些特殊行业合伙制度的实践，探讨在公司组织扁平化架构下的合伙人制度。我们会讨论创业时期公司股东的选择（这是一种事业意义上的合伙）和公司组织架构扁平化架构下的项目合伙制，而这样的合伙制需要在中国法律和契约的环境下探讨，因此本书会在《民法典》、《公司法》、《中华人民共和国合伙企业法》（以下简称《合伙企业法》）的框架下讨论这些问题，为企业驱动、人才汇聚提供一种更加符合商业逻辑和契约精神的合伙制度模式。

新东方、阿里巴巴、华为、万科、复星、绿地，凡成功的、受人尊敬的企业，背后都有合伙制的影子。

公司、合伙框架的搭建是商业组织保持基业长青的必然选择。

因此，我们也有必要知道中国法律框架下的合伙企业是怎么一回事。一般地，《合伙企业法》所指的合伙企业，是指自然人、法人和其他组织依照该法在中国境内设立的普通合伙企业和有限合伙企业。

普通合伙企业由普通合伙人组成，合伙人对合伙企业债务承担无限连带责任；有限合伙企业由普通合伙人和有限合伙人组成，普通合伙人对合伙企业债务承担无限连带责任，有限合伙人以其认缴的出资额为限对合伙企业债务承担责任。

因此，合伙企业是一种非法人组织。法人是依法独立享有民事权利和承担民事义务的组织，而非法人组织是不具有法人资格，但是能够依法以自己的名义从事民事活动的组织。

本书讨论的合伙制，指的是有限合伙这种模式。但是大家依然会有疑惑，如何应对有限合伙企业中普通合伙人的无限连带责任。一般地，创始股东或者核心管理层会先设立一家可以绝对控股的有限公司来担任有限合伙企业的普通合伙人，通过制度设计，使得有限合伙企业成为名副其实的承担有限责任的组织形态。

但是，我们依然认为，合伙企业不能替代公司制。虽然合伙企业有很多优势，但是，合伙企业属于非法人组织，其人合性和不能独立承担民事责任的法律属性，决定了它只有和公司这种伟大组织结合起来，才能担当推动革新和大众创业的历史重任。

基于有限公司股东不超过50人，股份有限公司股东不超过200人的法律限制，事业合伙制一般是采用合伙企业的方式间接成为公司的股东，同时考虑未来进入国内资本市场上市的需要，股东穿透计算后依然不能超过200人。因此，有限公司改制为股份有限公司，其股东最终穿透（法人股东、私募基金不进行穿透计算，员工持股平台穿透核算）后应当控制在200人范围内。

根据企业发展的不同阶段及进入资本市场的不同路径，事业合伙制的制度架构设计路径也不尽相同。

1. 第一种模式：合伙企业＋公司

初创企业的股权激励平台，在中国A股上市前的股权激励平台，采用事业合伙制的，基本上采用该种模式，完全遵循《合伙企业法》的约束。

2. 第二种模式：信托、资产管理计划＋合伙企业＋上市公司

采用信托计划和资产管理计划，主要是基于以下几个方面的考虑。

① 信托计划、资产管理计划退出收益是暂免征税的。

② 资产管理计划可以通过杠杆融资的方式解决员工入股资金问题。

③ 资产管理计划作为股权激励的平台一般通过私募的方式进行，因此，激励对象不能超过 200 人；采用信托计划，如果单笔委托金额在 300 万元以上，自然人投资者和合格的机构投资者数量不受限制。

此种模式演变出了上市公司层面的合伙制和项目公司的跟投机制，如万科、永辉超市、爱尔眼科等的制度。

3. 第三种模式：合伙人 + 合伙协议 + 公司章程 + 董事会 + 公司

运用此种模式的典型代表为阿里巴巴，主要是在境外上市的公司采用的一种模式。合伙人首先需要成为公司的股东，然后通过合伙协议约定事业合伙制的制度架构（其法律意义是在《民法典》的契约约束下），并将合伙人的意志通过公司章程、董事会制度最终转化为对公司的控制。

第二节　创业合伙的股权分配及股东权力的制约

合伙始于事业，事业的基础是股权。如何分配股权以及如何处理创业道路上可能随时出现的股权调整，决定了企业发展的路径。

那么，给合伙人的股权到底多少为好呢？这需要根据创业的实际情况和合伙人的背景、资源综合考虑。创始人不要认为股权很多，给多少都可以，一个不珍惜股权的创始人一定不是一个好的创业者。

Jensen 和 Meckling 调查研究发现，持有较少公司股权的管理者不能最大化股东的财富，因为他们有动机追求职位特权消费所带来的好处。[①]Morck、Shleifer 和 Vishny 调查研究发现，企业内部人的股权比例影响着公司价值。当企业内部人的持股比例在 5% 以内时，企业的盈利能力随着内部人持股比例的提高而上升；当内部人的持股比例在 5% ～ 25% 时，企业的盈利能力随内部人

---

① Jensen M, Meckling W. Theory of the Firm, Managerial Behavior, Agency Costs and Capital Structure [J]. Journal of Financial Economics, 1976, (3): 305-360.

持股比例的上升而下降；当内部人的持股比例超过25%时，企业的盈利能力又开始上升。[1]Stulz调查研究发现，经理人员拥有适度的持股权可以缓和经理人与股东之间的利益冲突。[2]Smith调查研究发现，持股权对企业绩效具有激励效应，在经理层收购（MBO）之后，公司绩效有了显著上升。[3]

因此，一般情况下，股权激励的比例控制在5%以内，而在创业合伙的情况下，关键的合伙团队持股比例应控制在5%～25%。

一般地，有限公司是创业团队合伙的基本模式。有限公司最大的特点在于人合性，区别于股份公司的资合性。在进入证券市场前，大多数公司要经历多轮股权融资。

对于创业公司来说，股权的多少对于创始人很重要，他们也非常想知道手中持有多少股权才有绝对话语权。在新《公司法》框架下，企业需要掌握几个关键性的持股比例。

1. 关于实际控制人

实际控制人，是指虽不是公司的股东，但通过投资关系、协议或者其他安排，能够实际支配公司行为的人。

只有一层架构就直接追溯至自然人股东的，直接按照持股比例认定实际控制人，一般情况下实际控制人和控股股东为同一个人。

存在控股平台及持股平台间接持股的，以及通过一致行动协议委托投票（VIE协议）或者委托持股的，需要穿透核查合并计算认定最终的投资人。

拟在境内上市的公司，基于股权清晰的法律要求，不得通过委托投票、委托持股的方式进行控制。

---

[1] Morck R, Shleifer A, Vishny R. Management Ownership and Market Valuation: An empirical analysis [J]. Journal of Financial Economics, 1988, (20): 293-315.

[2] Stulz R. Managerial Control of Voting Rights, Financial Polices and the Market for Corporate Control [J]. Journal of Financial Economics, 1988, (20): 25-54.

[3] Smith A J. Corporate Ownership Structure and Performance: The Case of Management Buyouts [J]. Journal of Financial Economics, 1990, (27): 143-164.

2. 控股权（持有50%以上股权，或重大影响）

控股股东是指：

① 出资额占有限责任公司资本总额50%以上，或者其持有的股份占股份有限公司股本总额50%以上的股东；

② 出资额或者持有股份的比例虽然不足50%，但依其出资额或者持有的股份所享有的表决权已足以对股东会或股东大会的决议产生重大影响的股东。

持股比例（包括直接或者间接合计持有）超过50%的股东为控股股东。在股权结构分析中，第一大股东虽然持股比例不到50%，一般不低于30%，且任何其他两个股东合计持股不超过第一大股东，公司董事会、管理层主要由第一大股东提名，一般认定第一大股东对公司股东会或股东大会具有重大影响，为公司的控股股东。

拥有一家公司的控股权，关键的权力在哪里呢？就是除了新《公司法》规定的代表三分之二以上表决权的股东通过外，除非公司章程另有约定，一般情形下公司的主要经营决策都是持有表决权过半数股东通过即可执行。

因此，一般的情况下，创业公司在中国A股上市前，大股东或者核心团队（一致行动人）持股比例不应当低于50%，公开发行25%的股票后，实际控制人或一致行动人的持股比例应保持在30%以上。

3. 绝对控股权（持有三分之二以上股权）

根据新《公司法》的规定，股东会作出修改公司章程、增加或者减少注册资本的决议，以及公司合并、分立、解散或者变更公司形式的决议，必须经代表三分之二以上表决权的股东通过。

拥有公司三分之二以上表决权的股东可以决定公司章程的修改和增资等对公司发展具有重大影响的事项。

因此，绝对控股权可以解决公司治理出现的僵局。

第四章
事业合伙制架构下的股权激励模式比较

第一节 股票期权、限制性股票、虚拟股权、激励基金模式比较

股权激励是在公司治理的实践中形成的一种有效制约内部管理人的公司治理模式,合伙加股权激励是当下公司治理创新的一种趋势。实践中常见的股权激励模式[1]主要有以下四种。

一、股票期权

股票期权是授予公司激励对象的在未来一定期限内以预先确定的条件购买本公司一定数量股份的权利。

股票期权起源于美国,是目前最普遍也最受公众公司欢迎的一种股权激励方式。其主要以满足一定业绩指标作为行权条件,激励时间一般为3～10

---

[1] 上市公司的股权激励,法定模式主要有期权和限制性股票,有限公司阶段我们一般称之为"股权",上市公司阶段我们一般称之为"股票"。《上市公司股权激励管理办法》规定股权激励为长期激励,但不超过10年,即1年以上10年以下,不得实施短期激励;上市公司全部在有效期内的激励计划所涉及的标的股票总数累计不得超过公司股本总额的10%;非经股东大会特别决议批准,任何一名激励对象通过全部在有效期内的股权激励计划获授的本公司股票,累计不得超过公司股本总额的1%。上市公司股票期权授权日与获授股票期权首次可行权日之间的间隔不得少于12个月。

年。股票期权不可以转让、用于担保或偿还债务。

业绩指标一般包括公司业绩指标和激励对象个人绩效指标。

① 股票的来源：向激励对象发行股份（多数公众公司采用这种方式）；回购本公司股份。

② 股票的数量：一般不超过公司总股本的10%，可以同时实行多期股权激励计划；一般一名激励对象通过全部在有效期内的股权激励计划获授的本公司股票累计不超过公司股本总额的1%。

③ 激励对象：公司董事、高级管理人员、核心技术人员或者核心业务人员，以及公司认为应当激励的其他员工，但不应当包括独立董事和监事。

【案例】G产业集团股份有限公司股票期权激励计划（上市前制定，上市后实施）

① 行权安排。股票期权授予满24个月后分三批行权，每批可行权比例分别为授予股票期权总量的1/3、1/3、1/3。每批次生效期权行权有效期为12个月，后一行权期的起算日不得早于前一行权期的届满日。

② 行权价格。激励计划的行权价格依据最近一次投资者增资G产业集团的交易价格确定，并且不低于按照国有资产评估管理规定经有关部门、机构核准或者备案的每股评估价格。

③ 授予股票期权总量。该公司经批准的股票期权激励计划拟授予激励对象不超过1.296亿股的股票期权，股权激励计划的有效期为5年，自股东会批准该计划并确定授予日之日起计算。公司上市后，不得再依据本计划向激励对象授予股票期权。本计划实际授予激励对象的股票期权数量为不超过公司股本总额的5.87%，即不超过9,506.34万股。

④ 等待期。自股票期权授予日起的24个月为等待期；在等待期内，激励对象根据本计划获授的股票期权不得行权。

⑤ 锁定承诺。股票期权行权时点为公司上市后，激励对象在公司上市后因行权所获股票自行权日起3年内不得减持；上述禁售期限届满后，激励对象应比照公司董事、监事及高级管理人员的相关减持规定执行。

⑥ 股票期权授予信息（见表 4-1）。

表 4-1　G 产业集团股份有限公司股票期权授予信息

序号	姓名	授予的股票期权数量/股	占授予的股票期权比例	职位
1	李某忠	3,948,000	4.15%	总裁
2	李某	3,768,000	3.96%	执行副总裁、董事会秘书、核心技术人员
3	梁某龙	2,051,000	2.16%	执行副总裁、财务负责人
4	Wang Qingyu	3,234,000	3.40%	执行副总裁、核心技术人员
5	Kai Seikku	3,768,000	3.96%	执行副总裁
6	Atte Haapalinna	1,081,200	1.14%	核心技术人员
7	其他发行人及其子公司员工	77,213,200	81.22%	其他员工
	合计	95,063,400	100.00%	

［注］由于计算中的四舍五入，一类数据相加之和可能与合计数据略有不同。

二、限制性股票

限制性股票是指激励对象按照股权激励计划规定的条件，获得的转让等部分权利受到限制的本公司股票。只有工作年限或业绩符合股权激励计划规定的条件，激励对象才可以处置该股权。

① 激励对象按照股权激励计划规定的条件，获得的转让等部分权利受到限制的本公司股票，即第一类限制性股票。

② 符合股权激励计划授予条件的激励对象，在满足相应获益条件后分次获得并登记的本公司股票，即第二类限制性股票。

限制性股票激励对象满足获益条件后，上市公司将股票登记至激励对象账户。此外，限制性股票激励对象满足获益条件后，获授股票完成登记的日期必须为交易日。

设置限制性股票主要是基于两个方面的考量，一是对创业团队或者陪伴公司成长的关键性员工的奖励，二是继续激励关键性员工与公司共同成长。限制性股票的本质是给予激励对象股票，但是对其售出有一定的限制，在没有达到业绩指标或者一定的工作时限时，不得出售。

限制性股票授予价格原则上不低于股权激励计划草案公布前 1 个交易日的公司股票交易均价的 50%，不低于股权激励计划草案公布前 20 个交易日、60 个交易日或者 120 个交易日的公司股票交易均价之一的 50%。

在限制性股票有效期内，公司应当规定分期解除限售，每期时限一般不少于 1 年，各期解除限售的比例不超过激励对象获授限制性股票总额的 50%。

当期解除限售的条件未成就的，限制性股票不得解除限售或递延至下期解除限售。

限制性股票授予日与首次解除限售日之间的间隔不少于 1 年。限制性股票在解除限售前不得转让、用于担保或偿还债务。

【案例】LQ 科技股份有限公司限制性股票激励计划（第二类限制性股票）

1. 限制性股票制度安排

① 股东大会作为公司的最高权力机构，负责审议批准本激励计划的实施、变更和终止。股东大会可以在其权限内将与本激励计划相关的部分事宜授权给董事会处理。

② 董事会是本激励计划的执行管理机构，负责本激励计划的实施。董事会下设薪酬与考核委员会，负责拟订和修订本激励计划并报董事会审议，董事会审议通过后，报股东大会审议。董事会可以在股东大会授权范围内处理本激励计划的其他相关事宜。

③ 监事会及独立董事是本激励计划的监督机构，应当就本激励计划是否有利于公司的持续发展，是否存在明显损害公司及全体股东利益的情形发表意见。监事会对本激励计划的实施是否符合相关法律法规、规范性文件和证券交易所业务规则进行监督，并且负责审核激励对象的名单。独立董事将就本激励计划向所有股东征集委托投票权。

④ 公司在股东大会审议通过股权激励方案之前对其进行变更的，独立董

事、监事会应当就变更后的方案是否有利于公司的持续发展，是否存在明显损害公司及全体股东利益的情形发表独立意见。

⑤ 公司在向激励对象授出权益前，独立董事、监事会应当就股权激励计划设定的激励对象获授权益的条件发表明确意见。若公司向激励对象授出权益与本激励计划安排存在差异，独立董事、监事会（当激励对象发生变化时）应当同时发表明确意见。

⑥ 激励对象获授的限制性股票在归属前，独立董事、监事会应当就股权激励计划设定的激励对象归属条件是否成就发表明确意见。

2. 授出限制性股票的对象和数量

激励计划首次授予涉及的激励对象共计306人，占公司员工总数316人的96.84%。拟向激励对象授予1650万股限制性股票，占本激励计划草案公告时公司股本总额112,981.3889万股的1.46%。其中，首次授予1350万股，占本激励计划公布时公司股本总额的1.19%，首次授予占本次授予权益总额的81.82%；预留300万股，占本激励计划公布时公司股本总额的0.27%，预留部分占本次授予权益总额的18.18%。

3. 有效期

自限制性股票首次授予之日起至激励对象获授的限制性股票全部归属或作废失效之日止，最长不超过72个月。

4. 授予日

在本激励计划经公司股东大会审议通过后由董事会确定。

5. 授予价格

本激励计划限制性股票的定价方法为不低于公司首次公开发行的发行价，并确定为25元/股。本激励计划草案公布前1个交易日交易均价为58.64元/股，本次授予价格为前1个交易日交易均价的42.64%；本激励计划草案公布前20个交易日交易均价为66.89元/股，本次授予价格为前20个交易日交易均价的37.38%；本激励计划草案公布前60个交易日交易均价为75.48元/股，本次授予价格为前60个交易日交易均价的33.12%；截至目前，公司上市尚未满

120个交易日。

6. 满足公司层面业绩考核要求

考核年度为2019—2023年五个会计年度，分年度对公司净利润（A）、研发项目产业化累计销售额（B）进行考核，根据上述两个指标分别对应的完成程度核算归属比例。

7. 激励对象个人情况发生变化的处理措施

① 激励对象发生职务变更，但仍在公司或在公司下属子公司内任职的，其获授的限制性股票将按照职务变更前本激励计划规定的程序办理归属；但是，激励对象因不能胜任岗位工作、触犯法律、违反执业道德、泄露公司机密、失职或渎职、严重违反公司制度等行为损害公司利益或声誉而发生职务变更，或因前列原因导致公司或其子公司解除与激励对象劳动关系或聘用关系的，激励对象已获授予但尚未归属的限制性股票不得归属，并作废。

② 激励对象离职的（包括主动辞职、因公司裁员而离职、劳动合同/聘用协议到期不再续约、因个人过错被公司解聘、协商解除劳动合同或聘用协议等），自离职之日起，已获授予但尚未归属的限制性股票不得归属，并作废。激励对象离职前需要向公司支付完毕已归属限制性股票所涉及的个人所得税。个人过错包括但不限于以下行为：违反了与公司或其关联公司签订的雇佣合同、保密协议、竞业禁止协议或任何其他类似协议的约定；违反了居住国家的法律，导致刑事犯罪或其他影响履职的恶劣情况等。

③ 激励对象按照国家法规及公司规定正常退休（含退休后返聘到公司任职或以其他形式继续为公司提供劳动服务），遵守保密义务且未出现任何损害公司利益行为，其获授的限制性股票继续有效并仍按照本激励计划规定的程序办理归属。

8. 激励对象因丧失劳动能力而离职的处理措施

① 当激励对象因执行职务丧失劳动能力而离职时，其获授的限制性股票可按照丧失劳动能力前本激励计划规定的程序办理归属，且公司董事会可以决定其个人绩效考核条件不再纳入归属条件，其他归属条件仍然有效。激励对象离

职前需要向公司支付完毕已归属限制性股票所涉及的个人所得税,并应在其后每次办理归属时先行支付当期将归属的限制性股票所涉及的个人所得税。

② 当激励对象非因执行职务丧失劳动能力而离职时,其已获授予但尚未归属的限制性股票不得归属。激励对象离职前需要向公司支付完毕已归属限制性股票所涉及的个人所得税。

9. 激励对象身故的处理措施

① 激励对象若因工伤身故,其获授的限制性股票将由其指定的财产继承人或法定继承人继承,并按照激励对象身故前本计划规定的程序办理归属;公司董事会可以决定其个人绩效考核条件不再纳入归属条件,继承人在继承前应向公司支付已归属限制性股票所涉及的个人所得税,并应在其后每次办理归属时先行支付当期归属的限制性股票所涉及的个人所得税。

② 激励对象非因工伤身故,在情况发生之日,激励对象已获授予但尚未归属的限制性股票不得归属。公司有权要求激励对象继承人以激励对象遗产支付完毕已归属限制性股票所涉及的个人所得税。

10. 激励对象职务、数量、比例、归属、考核指标

在新《公司法》的框架下,股权激励作为一种有效的企业管理与员工激励机制,其设计和实施应遵循法律法规的具体要求。股权激励的对象通常是对公司发展具有关键影响的核心员工,包括高级管理人员、关键技术人员及其他重要岗位员工。这些激励对象的职务和贡献是确定其能否成为股权激励计划受益者的重要考量因素。与此同时,股权数量和比例应当与激励对象的职务、责任及贡献相匹配,确保激励的公平性和合理性。归属条件通常与激励对象的工作年限、业绩等相关联,旨在确保员工对公司的长期承诺与贡献。考核指标应明确、量化,以便于评估激励对象是否达到既定的业绩要求,从而确定其能否获得股权或行使相应的权利。综合而言,新《公司法》下股权激励的设计应当综合考虑激励对象的职务重要性、股权的数量与比例限制、归属期限的合理设定以及考核指标的科学制定,以实现激励与约束的平衡,促进公司长期稳定发展。

本激励计划首次授予的限制性股票的各批次归属比例安排如表 4-2 所示。

表 4-2　首次授予的限制性股票的各批次归属比例安排

归属安排	归属时间	归属权益数量占授予权益总量的比例
首次授予的限制性股票第一个归属期	自首次授予之日起 12 个月后的首个交易日至首次授予之日起 24 个月内的最后一个交易日	10%
首次授予的限制性股票第二个归属期	自首次授予之日起 24 个月后的首个交易日至首次授予之日起 36 个月内的最后一个交易日	20%
首次授予的限制性股票第三个归属期	自首次授予之日起 36 个月后的首个交易日至首次授予之日起 48 个月内的最后一个交易日	30%
首次授予的限制性股票第四个归属期	自首次授予之日起 48 个月后的首个交易日至首次授予之日起 60 个月内的最后一个交易日	40%

本激励计划预留授予的限制性股票的各批次归属比例安排如表 4-3 所示。

表 4-3　预留授予的限制性股票的各批次归属比例安排

归属安排	归属时间	归属权益数量占授予权益总量的比例
预留授予的限制性股票第一个归属期	自预留部分授予之日起 12 个月后的首个交易日至预留部分授予之日起 24 个月内的最后一个交易日	10%
预留授予的限制性股票第二个归属期	自预留部分授予之日起 24 个月后的首个交易日至预留部分授予之日起 36 个月内的最后一个交易日	20%
预留授予的限制性股票第三个归属期	自预留部分授予之日起 36 个月后的首个交易日至预留部分授予之日起 48 个月内的最后一个交易日	30%
预留授予的限制性股票第四个归属期	自预留部分授予之日起 48 个月后的首个交易日至预留部分授予之日起 60 个月内的最后一个交易日	40%

若预留部分在 2019 年授予完成，考核目标与上述首次授予部分一致；若预留部分在 2020 年授予，则各年度业绩考核目标如表 4-4 所示。

表 4-4　预留部分在 2020 年授予时各年度业绩考核目标

归属期 （首次授予）	对应考核年度	净利润（A）/亿元 目标值（Am）	净利润（A）/亿元 触发值（An）	研发项目产业化指标（B）目标值（Bm）
第一个归属期	2019	7.59	5.42	—
第二个归属期	2020	8.40	5.42	—
第三个归属期	2021	9.22	5.42	××产品研发及产业化，累计销售额不低于 1000 万元
第四个归属期	2022	10.03	5.42	第一代××产品内存接口芯片研发及产业化，累计销售额不低于 1000 万元

三、虚拟股权

虚拟股权（Phantom Stocks）是指公司授予激励对象的一种虚拟的股票，员工离职时不再享有虚拟股票权益；激励对象可以据此享受一定数量的分红权，但没有所有权，没有表决权，不能转让。

与其他股权激励方式类似的是，公司授予激励对象"虚拟"股票，在公司实现业绩目标的情况下，激励对象可以据此享受一定数量的分红权；区别在于，虚拟股票没有所有权和表决权，不能转让，也无须在工商部门或者中登公司登记。

虚拟股权激励是有条件地、中长期地跟踪公司价值，而非跟踪每股利润。虚拟股票避免以变化不定的股票价格为标准去衡量公司业绩和激励员工，尤其是在这些变化不是由于公司业绩变化形成，而是由投机或其他宏观变量等管理人员不可控因素引起时。

虚拟股权激励操作方便，只要拟定一个内部协议就可以了，不会影响股权结构，也无须考虑激励股票的来源问题；但由于企业用于激励的现金支出较大，会影响企业的现金流，毕竟不是所有企业都能保证持续的高增长和高利润。另外，难以考核参与虚拟股权激励计划的人员也是风险之一，实施虚拟股权激励的企业需要考虑的重要问题就是如何实现经营者报酬与其业绩挂钩。

四、激励基金

激励基金的方式一般指在年初确定一个经过财务预决算的业绩目标，如果激励对象到年末达到预定的目标，则公司授予其一定数量的激励基金。激励基金的实质是一种向公司管理层及关键人员以公示的方式发布的具有法律约束力的年终奖分配方案。

实践中，每一种股权激励模式都有其特定适用的土壤。合伙架构的搭建和股权激励的设计需要根据公司所处的发展阶段和所处行业、人才储备情况等综合考虑。为此，本书对各种股权激励方式和股权架构搭建模式进行简单的比较（见表4-5）。

表4-5 不同的股权激励方式／股权架构搭建模式对比

股权激励方式／股权架构搭建模式	关键特征						
	性质	分红权	增值权	决策权	出资	退出	适合情况
激励基金	业绩奖励，税前扣除	×	×	×	×	容易	适合成熟、有稳定利润的企业
虚拟股票	一种虚拟的股权	√	×	×	×	容易	适合成熟、有稳定利润的企业
股票期权	一种可以成为股东的权利	×	√	×	×	容易	适合前景好、发展空间大，暂时没有利润或现金流紧张的企业；员工经济基础较好，有行权的出资资金
限制性股票	有限售的真实股权	√	√	√	√	复杂	适合发展空间大、有利润的企业；员工经济基础较好，有出资资金
有限合伙持股	间接的有限售的真实股权	√	√	×	√	复杂	公司上市或挂牌前普遍采用的一种激励方式（约定服务期和限售条款及回购条款）
直接持股	真实股权	√	√	√	√	复杂	适用于处于创业初期的企业（关键时期）；适用于公司核心高管和跟随企业多年的员工，员工经济基础较好，有出资资金

［注］一般情况下，创业阶段的公司对于主要合伙人通过直接持股的方式进行股权激励，但是对于非核心、非关键的合伙人，成熟的企业、成长较快的企业多选择通过间接持股的方式进行股权激励。

第二节　合伙人直接持股激励模式的弊端及案例

公司申报 IPO 前需要很长一段时间的艰辛创业，股权激励是必不可少的。而大多数拟上市公司选择有限合伙持股的方式激励团队主要是基于风险共担的考虑，即在中国法律框架下，需要将股权激励和服务期限的约束机制有效地结合在一起。没有任何约束机制的股权激励是无法调动员工的创造性和吸引优秀人才加入团队的，也起不到激励的作用。

基于对人才流动性、公司股东僵局和公司治理的考虑，企业往往将应当激励的合伙人归集在一个有限合伙的平台上，本书在第二章已进行详细的论述。

上市公司深圳市 F 家居用品股份有限公司（以下简称"F 公司"）起诉 26 名核心骨干跳槽，并获得四千多万元赔偿的案例，给所有通过直接持股方式进行股权激励的公司，以及那些不遵守契约精神的职业经理人敲响了警钟（案件详情见本书附录）。

对于 F 公司股权激励纠纷案件，深圳市中级人民法院审理认为，《F 公司限制性股票激励计划（草案）》规定的面向激励对象发行的限制性股份是由激励对象（高级管理人员及主要业务骨干）自愿认购的、转让受到公司内部一定限制的普通股。这种激励计划有利于增强 F 公司经营团队的稳定性及工作积极性，有利于 F 公司与股东的利益，不违反法律强制性规定，是合法有效的。该股权激励计划终止后，F 公司采用由激励对象出具承诺函的方式继续对激励对象进行约束，该承诺函实为原限制性股票激励计划回购条款的变通和延续，体现了激励与约束相结合的原则，激励对象按照承诺函向 F 公司支付"违约金"后所能获得的利益仍与违反承诺前一年度经审计的每股净资产价一致。承诺函继续对已辞职的激励对象所能获得的股份投资收益予以限制，并不违反公平原则，是合法有效的。

公众公司的人才流动已成为常态，企业一方面要构建契约文化，让员工有归属感；另一方面要认识到建立事业合伙制度的重要性，如果搭建好共享、共担、共赢的事业合伙制平台，辅以制度的保障，就可以有效避免人才的大面积流失给公司带来的损失。

第三节　母公司作为持股平台的合伙人持股计划模式：美的模式

直接在公司股东层面设置合伙人持股计划实际上是对一般意义上的股权激励模式的优化和调整。

一般来说，有限公司主要采用有限合伙的持股模式进行股权激励，上市公司主要采用直接定向增发的方式进行股权激励。但是，一般意义上的股权激励已经不能满足当前企业发展和招揽人才的需求，将其优化为一种共享、共担、共赢的事业合伙制顺应了公司、股东和员工的需求。

美的集团自2013年上市以来，以"产品领先、效率驱动、全球经营"三大战略主轴为指引，深化转型，聚焦于产品力与效率提升，企业盈利能力与经营质量持续增强。公司的核心管理团队是保障公司战略执行、业绩提升的决定性力量，其合伙人持股计划具有很强的参考性。以下为持股计划示例。

1. 持股计划参与人员及份额

本期持股计划对象不超过以下范围：

① 公司的总裁、副总裁；

② 公司下属事业部及经营单位的总经理；

③ 对公司经营与业绩有重要影响的核心责任人。

本期持股计划的总人数为15人，其中公司总裁、副总裁5人，公司下属事业部及经营单位的总经理和其他高管10人。各持有人所对应的标的股票权益的额度及比例，在各期持股计划项下公司业绩考核指标达成之后，根据上一年度公司、事业部与经营单位业绩目标的达成情况及考核结果确定，届时公司将会另行公告。

2. 持股计划的资金来源、股票来源和规模

本期持股计划的资金来源为公司计提的持股计划专项基金，持股计划专项基金依据各期计划上一年度经审计合并报表净利润的一定比例计提。本期持股计划计提的专项基金为 9,900 万元，约占公司 2016 年度经审计的合并报表净利润的 0.6%。

持股计划投资范围为购买和持有美的集团的股票，股票来源为二级市场购买。

在有效期内的各期持股计划所持有的股票总数累计不超过公司股本总额的 10%，任一持有人持有的持股计划份额所对应的标的股票总数累计不超过公司股本总额的 1%。

累计标的股票总数不包括持有人在公司首次公开发行股票上市前获得的股份、通过二级市场自行购买的股份及通过股权激励获得的股份。

本期持股计划计提的专项资金的总额为 9,900 万元。鉴于目前实际购买标的股票的日期、价格等存在不确定性，持股计划本期持有的股票数量尚不确定。

管理委员会将根据上一年度公司、事业部与经营单位业绩目标的达成情况及考核结果确定持有人对应的标的股票额度，并将确定的对应的标的股票额度分三期归属至持有人。剩余未分配标的股票及其对应的分红（如有）将全部归公司所有。

3. 参与方式及计划期

（1）参与方式

本期持股计划存续期内，公司以配股、增发、可转债等方式融资时，由本期持股计划的管理委员会商议是否参与融资及资金的解决方案，并提交本期持股计划的持有人会议审议。

（2）计划期

1）持股计划的存续期

本期持股计划存续期为自公司董事会审议通过之日起 4 年，存续期届满

后，可由管理委员会提请董事会审议通过后延长。

2）标的股票的锁定期

标的股票的锁定期为不少于12个月，自公告完成标的股票购买起计算。法定锁定期满后，本期持股计划将严格遵守市场交易规则，遵守中国证券监督管理委员会（以下简称"中国证监会"）、交易所关于信息敏感期不得买卖股票的规定。

3）持股计划的变更

存续期内，持股计划重大实质性变更须经出席持有人会议的持有人所持2/3以上份额同意，并提交公司董事会审议通过。

4）持股计划的终止

本期持股计划在存续期满后自行终止，也可由持股计划管理委员会提请董事会审议通过后延长。

4. 持股计划股份权益的归属及处置

（1）持股计划股份权益的归属

本期持股计划项下公司业绩考核指标达成之后，将根据上一年度公司、事业部及经营单位业绩目标的达成情况及考核结果确定持有人对应的标的股票额度，并将确定的对应的标的股票额度分三期归属至持有人，每期归属的具体额度比例仍将根据各持有人考核结果确定。具体分配按下述规则分期归属至持有人。

① 公司考核年度的业绩考核指标达成之后，根据考核年度公司、事业部及经营单位业绩目标的达成情况及考核结果确定持有人对应的标的股票额度，并将确定的标的股票额度的40%标的股票权益进行归属。

② 持有人第一期标的股票权益归属完成之日起，满一年（12个月）后，将确定的标的股票额度的30%标的股票权益进行归属。

③ 持有人第一期标的股票权益归属完成之日起，满两年（24个月）后，将确定的标的股票额度的30%标的股票权益进行归属。

第一期及第二期归属给持有人的标的股票权益的锁定期，自该期标的股票权益归属至持有人名下之日起，至第三期标的股票归属至持有人名下之日止，第三期归属给持有人的标的股票权益自归属至持有人名下之日起即可流通，无锁定期。

本期持股计划项下的公司业绩考核指标为2017年度加权平均净资产收益率不低于20%。

本期持股计划如存在剩余未分配标的股票及其对应的分红，将全部归公司所有。

若本期持股计划下的公司业绩考核指标达成且持有人在每个归属期的考核结果均达标，则持有人可以享有该期持股计划项下按照上述规则归属到其名下的标的股票权益；若本期持股计划下的公司业绩考核指标未达成，则本期持股计划项下标的股票权益全部归公司享有，所有持有人不再享受本期持股计划项下的标的股票权益。

本持股计划涉及的主要事项的时间安排如表4-6所示（若实际时间有调整，则以实际时间为准）。

表4-6　本持股计划涉及的主要事项的时间安排

时间	主要事项	备注
2017年3月29日	董事会审议持股计划	—
2017年5月至7月	持股计划购入标的股票	持股计划在3个月内完成标的股票购买
2018年5月	根据公司、事业部与经营单位业绩目标的达成情况及考核结果，确定持有人对应的标的股票额度，并确定持股计划第一个归属期中40%标的股票权益的归属情况	若公司业绩考核指标未达成，则该期持股计划项下的标的股票权益均归公司享有
2019年5月	确定持股计划第二个归属期中30%标的股票权益的归属情况	—
2020年5月	确定持股计划第三个归属期中30%标的股票权益的归属情况；归属至持有人的所有标的股票权益锁定期届满，可予以出售	—

［注］公司将依据相关规定，在持股计划完成标的股票的购买及分期归属时发布持股计划的实施及进展公告。

（2）持股计划股份权益的归属处理方式

持有人按照本持股计划确定的规则完成各期标的股票权益归属后，由管理委员会委托资产管理机构集中出售归属锁定期届满的标的股票，将收益按持有人归属标的股票额度的比例进行分配。如存在剩余未分配的标的股票及其对应的分红，也将统一由资产管理机构出售，收益归公司所有。

公司实施本期持股计划的财务、会计处理及税收等问题，按相关法律法规及规范性文件执行。若持有人因参加持股计划产生个人所得税，应将股票售出扣除所得税后的剩余收益分配给持有人。

持有人与资产管理机构须严格遵守市场交易规则，遵守中国证监会、交易所关于信息敏感期不得买卖股票的规定。

（3）持股计划股份权益处置

① 持股计划标的股票权益归属至持有人前，计划持有人和持股计划均不享有投票权和表决权，标的股票权益按照本期持股计划规定进行归属后，与其他投资者权益平等。

② 资产管理机构购买标的股票后的分红收益归持有人所有，并按持有人根据本期持股计划确定的其所对应的标的股票的额度比例进行分配。

③ 在本期持股计划存续期内，持有人发生如下情形之一的，管理委员会无偿收回持有人根据考核情况对应的全部标的股票权益（无论该权益是否已经分期归属给持有人），并有权决定分配给其他持有人：

a. 触犯"公司红线"；

b. 锁定期内离任，离任审计过程中被发现任内有重大违规事项；

c. 存在管理委员会认定的严重违反公司内部管理制度等其他损害公司利益的情形。

（4）持有人的变更和终止

① 持股计划存续期内，持有人职务发生变更或离职，以致不再符合参与持股计划人员资格的，由管理委员会无偿收回持有人在本期持股计划下的标的股票权益（无论该权益是否已经分期归属给持有人）。收回的标的股票权益将全

部归公司所有。

② 持股计划存续期内，持有人符合相关政策且经公司批准正常退休，且在归属锁定期届满前未从事与公司相同业务的投资及任职，其未归属的持股计划标的股票权益在归属锁定期届满后由资产管理机构全额卖出后分配给该持有人。

③ 持股计划存续期内，持有人发生重大疾病离职或因公事务丧失劳动能力或因公死亡，由管理委员会决定其未归属的持股计划标的股票权益的处置方式，在归属锁定期届满后，由资产管理机构全额卖出后分配给该持有人或其合法继承人。

④ 持股计划存续期内，除上述情形之外，因其他情形导致存在未归属的持股计划标的股票权益的，未归属的标的股票权益由管理委员会无偿收回或决定分配给其他持有人。

5. 持股计划的管理模式

持有人会议选出管理委员会，对持股计划的日常管理进行监督，代表持有人行使股东权利或者授权管理机构行使股东权利，执行具体持股计划。

（1）管理模式

本期持股计划由资产管理机构通过专门的资产管理计划购买标的股票。

（2）持有人会议职权

持有人会议由全体持有人组成，行使如下职权：

① 选举和更换员工持股管理委员会成员；

② 审议持股计划的重大实质性调整；

③ 法律法规或中国证监会规定的持股计划持有人会议可以行使的其他职权。

（3）管理委员会

① 持股计划设管理委员会，对持股计划负责，是持股计划的日常监督管理机构。

② 管理委员会由3名委员组成，设管理委员会主任1人。管理委员会委员

均由持有人会议选举产生，管理委员会主任由管理委员会以全体委员的过半数选举产生。管理委员会委员的任期为该期持股计划的存续期。首期管理委员会委员及主任延续为本期持股计划的管理委员会委员及主任。

③ 除应由持有人大会审议的事项外，其余事项均由管理委员会审议，具体包括如下事项：

a. 依据持股计划审查确定参与人员的资格、范围、数量及额度；

b. 制定及修订持股计划管理办法；

c. 根据公司的考核结果决定持有人权益（份额）；

d. 持股计划法定锁定期及归属锁定期届满，办理标的股票出售及分配等相关事宜；

e. 参加股东大会，代表持股计划行使股东权利，包括但不限于表决权、提案权、分红权；

f. 处理持股计划的融资方式、金额以及其他与持股计划融资相关的事项；

g. 其他日常经营管理活动。

（4）持有人会议召集程序

① 持有人会议由管理委员会主任负责召集和主持，管理委员会主任不能履行职务时，由其指派一名管理委员会委员负责召集和主持。

② 召开持有人会议，管理委员会应提前三天将书面会议通知通过直接送达、邮寄、传真、电子邮件或者其他方式发送给全体持有人。

③ 书面会议通知应当至少包括以下内容：

a. 会议的时间、地点；

b. 会议的召开方式；

c. 拟审议的事项（会议提案）；

d. 会议召集人和主持人、临时会议的提议人及其书面提议；

e. 会议表决所必需的会议材料；

f. 持有人出席或者委托其他持有人代为出席会议的要求；

g. 联系人和联系方式；

h. 发出通知的日期。

（5）持有人会议的表决程序

① 每项提案经过充分讨论后，主持人应当适时提请与会持有人进行表决。主持人也可决定在会议全部提案讨论完毕后一并提请与会持有人进行表决，表决方式为书面表决。

② 持有人持有的每份计划份额有一票的表决权。

③ 持有人的表决意向分为同意、反对和弃权。与会持有人应当从上述意向中选择其一；未作选择或者同时选择两个以上意向的，视为弃权；中途离开会场不回而未作选择的，视为弃权。

④ 每项议案如经提交有效表决票的持有人或其代理人所对应的计划份额的 1/2 以上同意，则视为表决通过，形成持有人会议的有效决议。

6. 本计划管理机构的选任、管理协议条款

（1）持股计划管理机构的选任

持股计划的管理机构由管理委员会确定。

（2）管理协议的主要条款

① 资产管理计划名称；

② 当事人的权利义务；

③ 委托资产；

④ 委托资产的投资管理；

⑤ 交易及交收清算安排；

⑥ 资产管理业务的费用与税收；

⑦ 委托资产投资于证券所产生的权益的行使；

⑧ 其他事项。

第五章
事业合伙制股权激励典型案例

第一节 阿里巴巴的合伙人制度及架构

1. 阿里巴巴的合伙人制度概述

2014年9月,阿里巴巴在美国纽交所上市,成为全球史上最大规模的IPO。其中,最引人注目的是其合伙人制度。

谈到阿里巴巴的合伙人制度,首先需要知道阿里巴巴的融资历程和股权结构。根据阿里巴巴的招股说明书及公开介绍,阿里巴巴在纽交所上市前的历次融资及股权结构如表5-1和图5-1所示。

表5-1 阿里巴巴纽交所上市前融资历程

时间	金额	投资人	背景及情况
1999年	50万元	马云夫妇、同事、学生等	创业初期,采用的融资方式:找朋友、同事、学生做合伙人,这些人都是最熟悉和最亲近的人
1999年	500万美元	高盛、富达、新加坡政府科技发展基金等	创业第一年,立即启动A轮融资,融资规模并不大,但是选择有背景的可以为B轮融资背书的投资人很重要
2000年	2,500万美元	软银、富达、TDF等	有了A轮投资人的投资后,趁热打铁,启动B轮融资。不可在钱花得差不多时再去找投资人,要在现金流好的时候去找投资人。软银在推动阿里巴巴走向资本市场上功不可没
2004年	6,000万+2,200万美元	软银、富达、TDF、纪源等	C轮融资主要考虑的是投资规模,大额的融资为阿里巴巴在B2B领域拓展提供了强大的资金支持

续表

时间	金额	投资人	背景及情况
2005年	10亿美元	雅虎	D轮融资不仅考虑融资规模，还考虑公司的战略发展。雅虎不仅给阿里巴巴带来10亿美金的投资，而且在搜索技术、人才以及电子商务上给予支持
2007年	市值约280亿美元	香港上市（中国最大的互联网公司）	阿里巴巴于2007年11月6日在香港联交所上市，发行价13.5港元每股，开盘价30港元，涨幅122%，融资15亿美元，创下中国互联网融资之最。2012年阿里巴巴从香港退市，退市价仍为13.5港元每股
2014年	市值约2,300亿美元	美国纽交所上市	2014年美国时间9月19日在纽交所正式上市。股票代码BABA，募集资金约220亿美元，超越VISA上市时的197亿美元，成为美国市场上有史以来规模最大的IPO交易

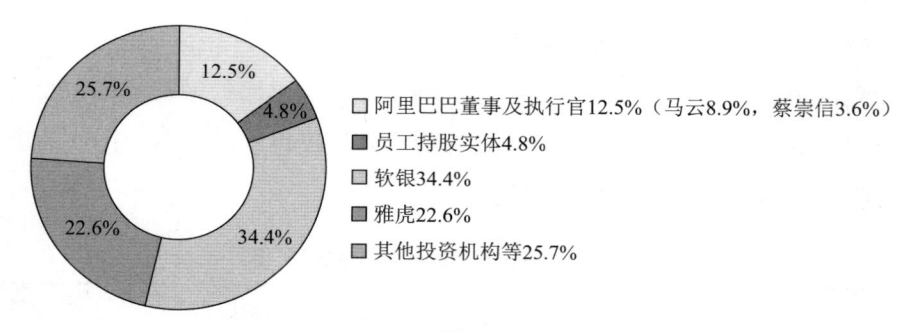

图 5-1 阿里巴巴股权结构（纽交所上市前）

- 阿里巴巴董事及执行官12.5%（马云8.9%，蔡崇信3.6%）
- 员工持股实体4.8%
- 软银34.4%
- 雅虎22.6%
- 其他投资机构等25.7%

从阿里巴巴在纽交所上市前的融资历程及股权结构可以看出，马云及其管理团队如果想继续控制公司的经营管理，就必须设计一套既能让股东利益最大化又能让管理团队利益最大化的制度，阿里巴巴的合伙人制度由此产生。

阿里巴巴的合伙人制度并不是一个完全独创的制度，其制度的核心要点在于股票的分类表决权机制。美国证券市场的AB股制度为阿里巴巴合伙人制度提供了制度创新的基础。

因为互联网创业的特殊性，创始团队的股权在不断引进投资人的过程中被稀释，阿里巴巴不得不推出具有创新性的湖畔合伙人制度，但是这种制度带来的问题是创始人离开团队之后企业发展如何持续。

2. Facebook 的 AB 股制度

Facebook 的普通股分为 A 类普通股和 B 类普通股（以下简称"A 类股"和"B 类股"）。除了表决权上的差异，A 类股和 B 类股持有人的权利基本一致。具体而言，每一股 A 类股可以投 1 票，而每一股 B 类股可以投 10 票；A、B 两类股股东通常一起行使表决权，仅当表决事项涉及增加一类股票的数量或者价值，或对一类股票股东的权利产生不利影响时，这两类股股东才会分别行使表决权。当 B 类股股东要求转为 A 类股，或者持有过半数 B 类股的股东同意将全部 B 类股转为 A 类股时，B 类股可以转为 A 类股。同时，绝大多数情况下当 B 类股所有权转让时，B 类股一律自动转为 A 类股。这一设计确保 B 类股总数不断下降，从而确保扎克伯格掌握的投票权不被稀释。

根据 Facebook 招股说明书估算，至 2012 年 3 月 31 日，Facebook 共有约 1.175 亿 A 类股和 17.805 亿 B 类股，B 类普通股股东掌握约 96% 的表决权，而 Facebook 创始人扎克伯格在表决权协议的授权下将控制大约 55.9% 的表决权，这意味着扎克伯格将有能力控制如选举董事，公司收购、兼并或者出售公司核心资产等需股东会表决的重大事项。

表 5-2 是 Facebook 招股说明书中估算的首次公开发行后扎克伯格所持股票数额及表决权（截至 2012 年 3 月 31 日）。

表 5-2　Facebook 招股说明书中估算的首次公开发行后扎克伯格所持股票数额及表决权

扎克伯格	持股数 A 类股 数额	比例	持股数 B 类股 数额	比例	表决权
个人	—	—	503,601,850	32.2%	30.9%
表决权代理	7,125,242	1.1%	432,682,785	28.8%	27.6%
总计	7,125,242	1.1%	936,284,635	59.8%	57.6%

［注］由于增发新股、期权行权、实际认购数量等因素的影响，有的合计数据并非表中相应数据简单加总。

值得注意的是，Facebook 的股权架构不允许选举董事时采取累积投票制，这样的安排能确保扎克伯格对董事人选的控制权。

根据Facebook的招股说明书，Facebook与投资方签订的表决权协议共有以下四类。

第一类是不可撤销的表决权全权代理协议。在这类协议下，股东同意在任何事项上按照扎克伯格的指示投票并且授予其不可撤销的代理权。

第二类是附有限制性条款的表决权协议。在这类协议下，扎克伯格的不可撤销的表决权代理受到了限制（当增发股票超过20%，且会对投资方产生不合比例的、实质性的负面影响时，扎克伯格不能就这些事项代行表决权）。但这类协议同时限制了投资方的部分权利，如不得收购Facebook任何资产或业务；不得要求获得任何表决权的代理权；不得组成美国《证券交易法》第十三条下的任何"团体"；不得提名任何没有被现任董事提名的人为新董事，不能提出任何需要股东投票的提议，不能发起、投票支持发起、呼吁发起股东大会特别会议；不得公开宣布从事以上任何事项的行动计划。

第三类协议与第二类协议的主要条款一致，该协议不适用于第三类投资方从其他股东处购得的股份。

第四类协议和第二、三类协议的主要条款一致，但不包含对投资方的限制性条款。

通过上述四类表决权协议的安排，结合AB股设计，扎克伯格牢牢地掌握了Facebook的控制权。

3. "湖畔合伙人"

阿里巴巴并没有选择AB股这样的制度，而是富有独创性地选择合伙人制度。

阿里巴巴管理层认为这种合伙人形式能更好地管理阿里巴巴的业务，使公司的高级管理者能够避开官僚主义和等级制度。截至2023年7月21日，这个合伙人组织共有28个成员，包括22名阿里巴巴集团的管理者和6名关联公司及分支机构的管理者。合伙人制度的开展遵循以下原则、政策和流程。

阿里巴巴合伙人通过每年吸收新的合伙人来保持自身的活力，确保团队的优秀、创新和稳定。不同于双重股权结构中用高投票权的股份将公司控制权集中在几位创始人手中，阿里巴巴的治理结构旨在体现一大群合伙管理人的愿景。这个结构是阿里巴巴为了在创始人退休后，依然能在阿里巴巴内部保持由创始人创立的公司文化所给出的解决方案。

① 合伙人是阿里巴巴使命、愿景和价值的传播者，既在阿里巴巴组织内部传播，也面向阿里巴巴客户、业务伙伴和其他生态系统参与者传播。

② 在合伙人任职期间，阿里巴巴要求每个合伙人保持一定比例的股权。

③ 阿里巴巴合伙人拥有独特的权利来提名董事会多数董事，需要经过股东大会批准。如果阿里巴巴合伙人提名的董事没有被股东大会通过，或者因为任何原因离开了董事会，阿里巴巴合伙人有权利任命另一人担任临时董事，直到阿里巴巴的下一次年度股东大会召开。

那么，阿里巴巴如何保持合伙人制度的长期有效执行呢？主要靠其锤炼出来的企业文化。阿里巴巴的使命是"让天下没有难做的生意"，其创始人创办公司的初衷是帮助小企业，并坚信互联网可以通过技术和创新帮助小企业成长，提升小企业在国内外市场的竞争优势。指引阿里巴巴团队决策方向的是更好地长期践行这一使命而非获取短期的利益。

在实行同股不同权制度的证券市场，创始人或创始团队为了避免自己的控制权被削弱，通常会采用一系列复杂的股权和公司制度设计以保证自己的控制权。常见的措施有分期分级的董事会（staggered board，在这一设计下，董事会的董事平均分为若干组，不同组的董事换届时间不同，以此保证股东大会每次只能变更少数董事），发行每股表决权不同的 AB 两类股票的双重股权制度，要求公司股东给予公司管理层不可撤销的表决权代理授权等制度。这样一来，即使公司不断引进机构投资而稀释创始团队的股权，创始团队仍然能够控制普通多数或绝对多数的投票权。

在阿里巴巴创业初期，互联网并不被看好，融资非常困难，不得不以牺牲较多股权的代价引进战略投资人。因此，软银和雅虎作为战略投资人持有阿里巴巴绝对多数的股权。

战略投资人不同于一般的财务投资人，战略投资人通常会对公司管理层施加长久影响以实现自己的投资目的。

今天，我们看到阿里巴巴的股权架构就会明白，当初阿里巴巴为了生存和发展，实际上是赌上了创始团队的全部家当。

阿里巴巴合伙人制度的核心在于公司章程中设置有关董事提名权的特殊条款。要成为阿里巴巴集团的董事必须经过这些合伙人的提名前置程序。阿里巴巴合伙人有权提名董事会过半数的董事席位人选，并交由股东大会投票通过；如果提名的候选人没有获得股东大会批准，或现任董事离职，阿里巴巴合伙人有权指定其他人选担任临时董事，直至下一次年度股东大会召开。这样的制度设计就保证了董事会中一定比例的董事必须是合伙人所认可的人。

这样一来，股东对董事的选任权被阿里巴巴合伙人制度架空，阿里巴巴合伙人指定的董事牢牢掌握阿里巴巴集团董事会过半数席位，决定公司的经营事项，而不用担心恶意收购或者股东之间达成一致行动人协议架空董事会，使得公司管理层丧失对公司的控制权。

这样的安排规避了双重股权制度，但在创始团队的控制权方面，它达到了比双重股权制度更好的效果。创始团队不再需要拥有大量股权以控制董事会，而是直接通过掌握董事会简单多数人选的提名权和临时董事的决定权而控制董事会，创始团队的持股数量可以远低于同股同权下获得董事会席位所需的最低数量。这不仅便于融资，也构筑了反恶意收购的屏障。对于坚持同股同权的证券市场，如中国香港，这一制度虽然回避了同股不同权的分级股权制度，但仍然无法通过香港联交所的审查，理由在于仅持有公司少数股份的阿里巴巴合伙人可以决定公司董事会简单多数人选，这属于内部人控制的情形，不仅损害大股东利益，也可能损害中小股东的利益。阿里巴巴最终没有改变合伙人制度，而是甘愿承担风险，选择在美国这一监管更为严格，中小股东诉讼更为频繁的证券市场上市，可见创始团队对公司控制权的重视。

那么，满足什么样的条件才能成为阿里巴巴合伙人呢？

根据阿里巴巴纽交所上市的招股说明书中披露的内容，阿里巴巴合伙人有五项资格要求。

① 必须在阿里巴巴服务满 5 年。

② 必须持有公司股份，且有限售要求。

③ 由在任合伙人向合伙人委员会提名推荐，并由合伙人委员会审核同意其参加选举。

④ 在一人一票的基础上，超过 75% 的合伙人投票同意其加入（合伙人的选举和罢免无须经过股东大会审议或通过）。

⑤ 对公司发展有积极贡献；高度认同公司文化，愿意为公司使命、愿景和价值观竭尽全力。

根据 2014 年 5 月阿里巴巴向美国证监会递交的招股书，阿里巴巴合伙人共计 28 名；阿里巴巴于 2014 年 6 月更新了招股书，其合伙人减至 27 名，其中 22 人来自管理团队，4 人来自阿里小微金融服务集团（其中两人兼任阿里巴巴和阿里小微金融服务集团的管理职务），1 人来自菜鸟网络科技有限公司；2014 年 9 月，阿里巴巴合伙人再次调整，新增 3 名合伙人，总人数增至 30 人。阿里巴巴合伙人制度并未固定人数，名额将随着成员情况而改变且无上限，除马云和蔡崇信为永久合伙人外，其余合伙人的地位与其任职有关，一旦离职则退出合伙人关系。

4.合伙制度架构解读

（1）合伙人的主要类别（见图 5-2）

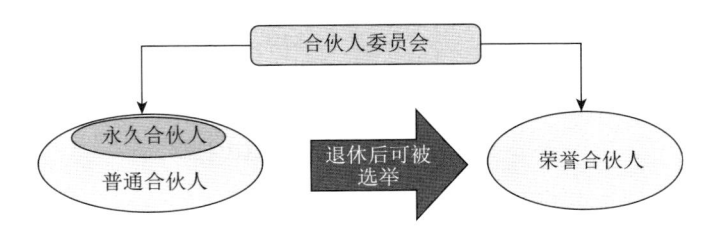

图 5-2 合伙人的主要类别

①普通合伙人：符合合伙人资格，享有权利并履行义务的合伙人。

②永久合伙人：是一种特殊的合伙人，不受普通合伙人 60 岁自动退休、

离开阿里巴巴就自动退出两项条款的约束。

③荣誉合伙人：由合伙人委员会在退休的普通合伙人中选举产生，没有普通合伙人的权利，但是可以获得奖金池的部分分配。合伙人会因为年龄、个人意愿、合伙人委员会的决定等因素成为其他类别，或者退休。

（2）合伙人的加入、退出机制

1）加入机制

成为普通合伙人必须符合规定的条件，通过现有合伙人提名并投票，得到75%以上的现有合伙人支持，最后由合伙人委员会确认。永久合伙人不仅有被选举出来这一种方式，还可由退休的或者在职的永久合伙人指定。荣誉合伙人从退休合伙人中选举产生，基本遵循普通合伙人的加入程序。

2）退出机制

退出机制有生理机制、自愿机制、员工机制和除名机制。特殊的永久合伙人没有60岁自动退休和离开阿里巴巴就自动退出两种情形限制。荣誉合伙人本身就是退休后的合伙人，无法行使合伙人特权，仅享受奖金池的部分分配，因此没有特定的退出机制。

普通合伙人加入、退出机制如图5-3所示。

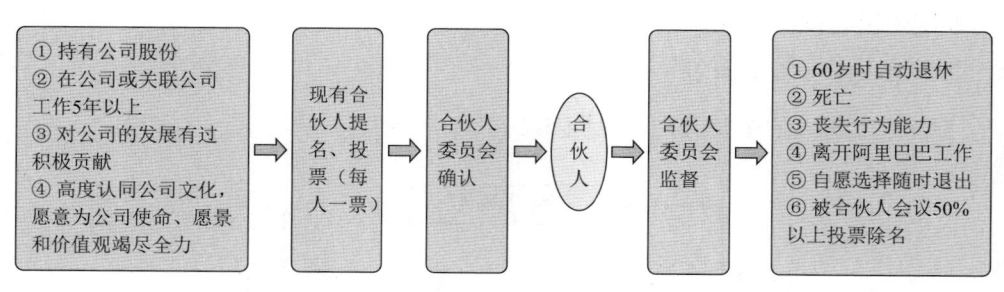

| ①持有公司股份
②在公司或关联公司工作5年以上
③对公司的发展有过积极贡献
④高度认同公司文化，愿意为公司使命、愿景和价值观竭尽全力 | ⇒ | 现有合伙人提名、投票（每人一票） | ⇒ | 合伙人委员会确认 | ⇒ | 合伙人 | ⇒ | 合伙人委员会监督 | ⇒ | ①60岁时自动退休
②死亡
③丧失行为能力
④离开阿里巴巴工作
⑤自愿选择随时退出
⑥被合伙人会议50%以上投票除名 |

图5-3　普通合伙人加入、退出机制

（3）合伙人的提名权和任命权

① 合伙人拥有提名董事的权利。

② 合伙人提名的董事占董事会人数一半以上，因任何原因董事会成员中由合伙人提名或任命的董事不足半数时，合伙人有权任命额外的董事以确保其半

数以上董事控制权。

③ 如果股东不同意选举合伙人提名的董事，合伙人可以任命新的临时董事，直至下一年度股东大会召开。

④ 如果董事因任何原因离职，合伙人有权任命临时董事以填补空缺，直至下一年度股东大会召开。

阿里巴巴合伙人的提名权和任命权可视作阿里巴巴创始人及管理层与大股东协商的结果，通过这一机制的设定，阿里巴巴合伙人拥有了超越其他股东的董事提名权和任免权，控制了董事人选，进而决定了公司的经营运作。

（4）合伙人的奖金分配权

阿里巴巴集团每年会向包括公司合伙人在内的公司管理层发放奖金，该奖金属于税前列支。这意味着合伙人的奖金分配权区别于股东分红权，股东分红从税后利润中产生，而合伙人的奖金分配作为管理费用处理。

（5）合伙人的义务——减持限制

① 合伙人任职期间须持有本人上任前股票的60%以上（即减持不得超过40%）。

② 任职期满后三年内须持有本人上任前股票的40%以上。

（6）合伙人委员会的构成和职权

合伙人制度的核心是合伙人委员会。合伙人委员会负责管理合伙人、组织合伙人选举工作和提议、执行阿里巴巴高管年度奖金池分配。合伙人委员会的职权包括：

① 审核新合伙人的提名并安排其选举事宜；

② 推荐并提名董事人选；

③ 将薪酬委员会分配给合伙人的年度现金红利分配给非执行职务的合伙人。

合伙人委员会委员实施差额选举，任期3年，可连选连任。

5. 阿里巴巴合伙制度之创新与优势

（1）确保阿里巴巴合伙人制度长期稳定执行的制度安排

1）从规则上增加合伙人制度变更的难度

阿里巴巴合伙人制度变更须通过董事会批准和股东大会表决两重批准。

从董事会层面看，任何对于阿里巴巴合伙协议中关于合伙人关系的宗旨及阿里巴巴合伙人董事提名权的修订必须经过多数董事的批准，且这些董事应为纽交所公司管理规则303A中规定的独立董事，对于合伙协议中有关提名董事程序的修改则须取得独立董事的一致同意。

从股东大会层面看，根据上市后修订的公司章程，修改阿里巴巴合伙人的提名权和公司章程中的相关条款，必须获得出席股东大会的股东所持表决票数95%以上同意。

2）与大股东协议巩固合伙人控制权

2010年，阿里巴巴合伙人与软银、雅虎达成了一整套表决权约束协议，以进一步巩固合伙人对公司的控制权。根据阿里巴巴2014年5月的招股书，上市公司董事会共有9名成员，阿里巴巴合伙人有权提名简单多数（即5人），如软银持有阿里巴巴15%及以上的股份，软银有权提名1名董事，其余的3名董事由董事会提名委员会提名，前述提名董事将在股东大会上由简单多数选举产生。根据前述表决权约束协议，阿里巴巴合伙人、软银和雅虎将在股东大会上以投票互相支持的方式，确保阿里巴巴合伙人不仅能够控制董事会，而且能够基本控制股东大会的投票结果。

协议主要约定以下内容。

① 软银承诺在股东大会上投票支持阿里巴巴合伙人提名的董事当选，未经马云及蔡崇信同意，软银不会投票反对阿里巴巴合伙人的董事提名。

② 软银将其持有的不低于阿里巴巴30%的普通股投票权置于投票信托管理之下，并受马云和蔡崇信支配。鉴于软银有1名董事的提名权，马云和蔡崇信将在股东大会上用其所拥有和支配的投票权支持软银提名的董事当选。

③ 雅虎将动用其投票权支持阿里巴巴合伙人和软银提名的董事当选。

阿里巴巴合伙人制度不仅直接保证了董事会——阿里巴巴的创始团队的控制权，也保证了企业文化和企业价值观得以长青。

（2）合伙人制度的优势

与在美国纽交所上市的网络、科技公司的双重股权制度相比，阿里巴巴合伙人制度的优势在哪里呢？

1）选任董事的弹性指标的灵活性

双重或多重股权制度相对明确地限定了享有特种股票权益的主体范围及股票所附投票权等权益的比例等，而合伙人制度则存在弹性。成为合伙人的量化指标只有工作5年以上和持有公司股份两个，而"对公司发展有积极性贡献；高度认同公司文化，愿意为公司使命、愿景和价值观竭尽全力"的规定是相对模糊和笼统的提法，这为选举和任命新合伙人预留了灵活把握的空间。

2）反稀释效果更强

尽管双重股权制度赋予特种股票持有人更多的投票权，但这种投票权数量依然与其所持的特种股股份数量挂钩，只是在比例上大于普通股的配比。相反，阿里巴巴合伙人制度则斩断了这种联系。只要合伙人持有公司股份，则其投票权不受任何股份数额的影响，消除了股份稀释的危险，便于创始人和管理层更加长期稳定地控制公司。

3）获得额外的奖金激励

双重股权制度赋予特种股持有人更多的投票权，但这类股东并不因此享有超越其所持股份的红利分配权，换言之，特种股股东并不能获得比按同比例持股的普通股股东更多的分红收益，除非章程或协议中作出相关的规定。但根据阿里巴巴合伙人制度，阿里巴巴每年会向包括合伙人在内的公司管理层发放奖金，并作为税前列支事项处理（在管理费用科目中计提）。

4）避免法学界对于双重股权制度的诟病

从双重股权制度本身来看，代表同一资本额度的股份被人为地分成了两种或者多种类型，并被赋予了不同的权利，造成资本和权利的分离，这与公众公司资合性的特征矛盾，造成股东地位的不平等。

从双重股权的现实状况来看，双重股权结构在资本市场已倾向于被认为是为保护创始人或管理层，或管理层与私募投资者的利益，通过在公开发行股份并上市前的计划安排或妥协，以牺牲公开市场投资者股东权益为代价，形成的股份权益分级安排。公开市场投资者往往处于不利的地位，由于股东权益特别是投票权的限制，其能选择的反对方式通常只是用脚投票。这也被很多国家或地区的证券市场视为对股东的差别歧视，是不平等的表现，因而不予采纳。

在形式上，阿里巴巴通过合伙人制度的设计可以避免被直接归入双重股权制度，便于通过合伙人制度进行权利分配及实现企业文化传承。

6. 阿里巴巴合伙制对国内创业企业及其他企业进入资本市场的启示

阿里巴巴合伙制最大的特点是创始股东、管理层以小博大，持有很少的公司股权，但是实现了管理层实际经营、控制公司发展的目的。

阿里巴巴的制度设计有其特殊的互联网创业背景，今天的事业合伙制多数是借鉴阿里巴巴合伙制的架构和治理机制，演变为更加适合中国民营企业的股权激励模式，如阿里巴巴合伙人的遴选机制、加入和退出机制、激励机制、分配机制、决策机制都为企业推行事业合伙制提供了很好的实践参考。

第二节　万科的事业合伙人制度及架构

1. 万科事业合伙人制度概述

宝万之争之前，关于万科，最吸引企业界的莫过于其合伙人制度。从万科公开披露的管理层持股信息和年报可知，万科的合伙人制度开始于2014年年初。

万科于2010年启动了经济利润奖金计划。每一年度经济利润奖金以公司当年实现的经济利润（EP）作为业绩考核指标和提取或扣减基数，采取正负双向调节机制，按照10%的固定比例提取或返还。若当年公司EP为正数，则按规定比例计提相应的经济利润奖金；若当年公司 EP 为负数，则按相同比例从递延奖金池中返回相应的金额。每年提取的经济利润奖金，在提取后的三年内属于递延封闭期，此时其为受限奖金。奖励对象委托第三方对受限奖金进行投资管理并获取投资收益，也相应承担投资损失。

根据万科披露的合伙人持股公告信息，2014 年 4 月 25 日，深圳盈安财务顾问企业（有限合伙）（以下简称"盈安合伙"）成立，其中，深圳市盈安财务顾问有限公司出资 500 万元，上海万丰资产管理有限公司出资 500 万元，华能贵诚信托有限公司出资 140,000 万元（员工经济利润奖购买信托计划）。

2014 年 5 月 28 日，代表万科 1,320 名事业合伙人的盈安合伙向万科出具告知函，盈安合伙通过证券公司的集合资产管理计划，购入万科 A 股股份 35,839,231 股，占公司总股本的 0.33%；至 2015 年 1 月 27 日，集合资产管理计划共持有万科 A 股股份 494,277,819 股；此后万科管理层没有再增持万科股票。（没有继续增持的原因有很多，如超过 5% 会触及举牌红线；宝能举牌提高了增持成本，打乱了原先的增持计划；增持资金存在缺口等。）

从万科公开披露的年报可以看出，万科事业合伙人制度是公司为进一步激发经营管理团队的主人翁意识、工作热情和创造力，强化经营管理团队与股东之间共同进退的关系，使经营管理团队为股东创造更大的价值，而于 2014 年推出的制度。

2014 年 4 月 23 日，万科召开事业合伙人创始大会，共有 1,320 位员工自愿成为万科首批事业合伙人，其中包括在万科任职的全部 8 名董事、监事、高级管理人员。事业合伙人均签署授权委托与承诺书，将其在集体奖金（经济利润奖）账户中的全部权益委托给盈安合伙的一般合伙人进行投资管理，包括引入融资杠杆进行投资；同时承诺在集体奖金所担负的返还公司的或有义务解除前，以及融资本息偿付完成前，该部分集体奖金及衍生财产统一封闭管理，不兑付到具体个人。

2014 年，奖励对象自愿将当时集体奖金账户的资金作为劣后级资金，通过国信金鹏分级 1 号和 2 号资产管理计划（以下简称"金鹏计划"）购买万科 A 股股份。2014 年 5 月 28 日至 2015 年 1 月 28 日，金鹏计划累计购买了 495,934,792 股万科 A 股股票，占公司当时总股本的 4.39%，2015 年 1 月 20 日后，金鹏计划未出售或购入万科 A 股股票。

截至 2020 年 3 月 31 日，盈安合伙直接持有 A 股股票 65,000,026 股，占公司总股本的 0.58%。盈安合伙股权架构见图 5-4。

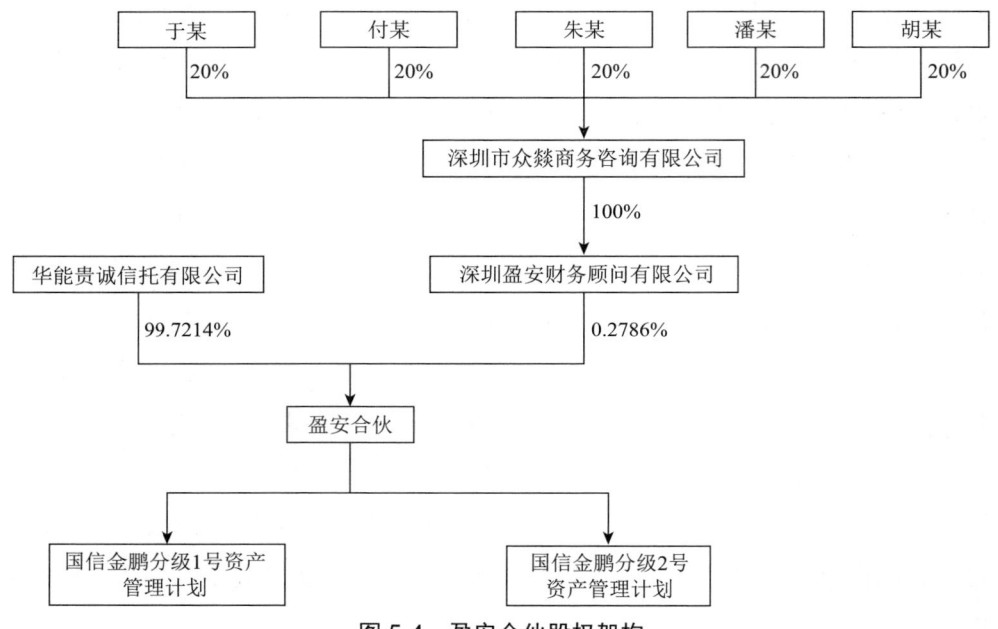

```
┌──────┐  ┌──────┐  ┌──────┐  ┌──────┐  ┌──────┐
│ 于某 │  │ 付某 │  │ 朱某 │  │ 潘某 │  │ 胡某 │
└──┬───┘  └──┬───┘  └──┬───┘  └──┬───┘  └──┬───┘
  20%       20%       20%       20%       20%
              ↓
     ┌────────────────────────────┐
     │  深圳市众犇商务咨询有限公司  │
     └──────────────┬─────────────┘
                  100%
                    ↓
     ┌──────────────────────────┐
     │  深圳盈安财务顾问有限公司  │
     └──────────────────────────┘
┌──────────────┐              
│华能贵诚信托   │          0.2786%
│有限公司       │  99.7214%
└──────┬───────┘
       ↓
   ┌────────┐
   │ 盈安合伙 │
   └────┬───┘
    ┌───┴────┐
┌───────────┐  ┌───────────┐
│国信金鹏分级│  │国信金鹏分级│
│1号资产管理 │  │2号资产管理 │
│计划        │  │计划        │
└───────────┘  └───────────┘
```

图 5-4 盈安合伙股权架构

2. 合伙奋斗：共识、共创、共担、共享机制

（1）劣后担当

劣后担当，是事业合伙人赢得股东及内外部伙伴信任的关键，是事业合伙人最本质的特征，也是事业合伙机制设计的根本原则。

①事业合伙人对事业投入劳动、知识及资本，投入越全面，投入度越高，投入量越大，则在决策与行动中拥有更多的参与权和主动权。

②事业合伙人先耕耘，再收获；奋斗在前，分享在后。优先满足投资者的回报要求，持续创造价值增量，是事业合伙人获得合理分享的前提。

③事业合伙人承担劣后责任，担当劣后风险；角色越重要，权力越大，对

经营业绩和工作绩效就担负越劣后的兜底责任。

（2）奋斗为本

奋斗始终是对事业合伙人的基本要求。持续创造真实价值的奋斗者就是事业合伙人，与职位高低、资历深浅、任职时间长短无关。鼓励人人都成为奋斗者，也帮助每一位奋斗者成为事业合伙人。

（3）背靠背信任

背靠背信任是公司员工的相处之道。卓越能力、自律品质、全力以赴、同心同路与合伙奋斗，是公司建立背靠背信任的基础。

公司员工相互理解、尊重，求同存异；看重和信赖伙伴的优点与长处，彼此取长补短，反对怀疑猜忌；不搞个人英雄主义，不让奋斗者落单，彼此主动补位，互助共进。

保持简单的人际关系，彼此真诚相待、坦诚沟通；没有事实依据的不道听途说，不能放在桌面上说的坚决不做；彼此善意监督、坦率提醒，共同守好底线，不触红线。

3. 万科事业合伙人跟投制度

（1）跟投范围及跟投权益比例上限

万科新获取的住宅开发销售类项目均列入跟投范围。

跟投人员合计投入资金不超过项目资金峰值的10%；跟投人员直接或间接持有的项目权益比例合计不超过10%；对于万科股权比例低于50%的住宅开发销售类项目，跟投人员直接或间接持有的项目权益比例还应不超过万科在该项目所持权益比例的20%；单一跟投人员直接或间接持有的项目权益比例不超过1%。

（2）跟投人员

项目所在区域事业集团（BG）的集团核心合伙人（GP）、集团骨干合伙人（SP）为项目必须跟投人员。必须跟投人员名单由各单位分别确定。其他员工可自愿跟投。必须跟投人员在跟足必须跟投部分之外，可追加自愿跟投。必须跟投人员跟投模式见图5-5。

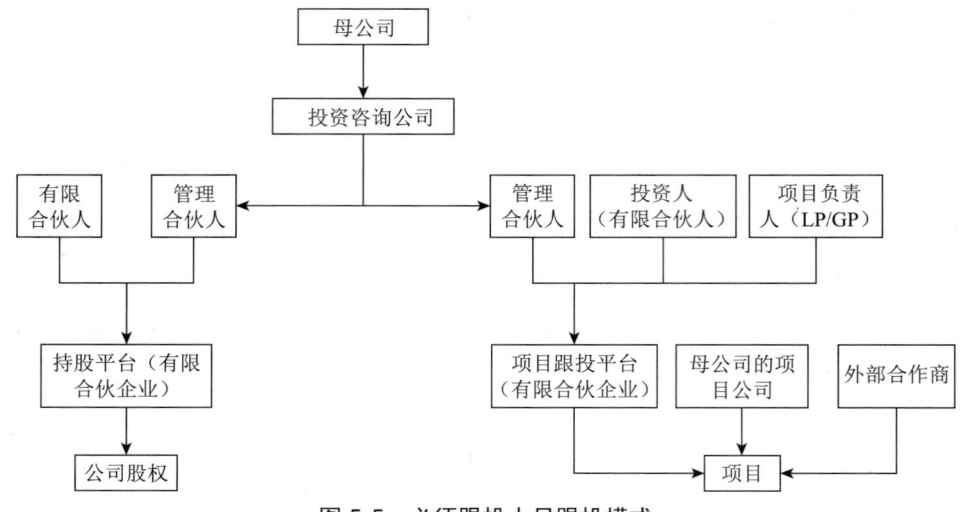

图 5-5 必须跟投人员跟投模式

（3）跟投方式

跟投人员在不违反法律法规的前提下，可以采取直接或间接方式参与跟投，主要采用 BG 员工跟投等方式进行，并按市场化原则退出。

（4）特殊劣后机制

住宅开发销售类项目的必须跟投人员应以自己的必须跟投部分对应的跟投收益对万科劣后。

4. 万科的事业合伙人架构

事业合伙人制度的推出，目的是推动公司实现全体员工从共创、共享到共担的变革。

万科的事业合伙人计划是基于经济利润奖金而创设的制度。作为中国最早全面采用经济利润作为核心考核指标的企业之一，万科意识到，股权投资是有成本的，而且其成本远远高于债权资本。只有扣除股权投资机会成本之后的经济利润，才是公司为股东创造的真正价值。2010 年推出经济利润奖金制度以来，万科全面摊薄净资产收益率水平逐年上升，到 2013 年，上升到 19.66%。但之后公司股价的波动让万科管理层进一步意识到，股东不仅希望公司重视回报率，也希望管理层重视股价。管理层没有能力改变资本市场的偏好和波动，但至少要让股东意识到，在股价问题上，管理团队和他们是利益一致、同甘共苦的。

2014年，万科推出了事业合伙人持股计划和项目跟投制度，万科骨干团队从此跟随股东成为公司的投资者。无论是持股计划还是项目跟投，都引入了杠杆。这意味着事业合伙人团队将承受比股东更大的投资风险。

共创、共享是职业经理人和事业合伙人在与股东关系上的共同点，是否共担则是二者最大的区别所在。在存在浮动薪酬、奖金制度和股权激励的情况下，职业经理人不能坐享高收入，而需通过自己的经营才能与股东共创事业、共享收益；但事业合伙人与股东的关系却提升到了新的高度：共担事业风险；一荣俱荣，一损俱损。

公司推出项目跟投机制后，对于2014年4月1日后所有新增项目，除旧改及部分特殊项目外，原则上要求项目所在一线公司管理层和该项目管理人员必须跟随公司一起投资，除公司董事、监事、高级管理人员以外的其他员工可自愿参与跟投。

截至2017年2月底，万科累计有308个项目实施跟投。跟投项目从获取到首期开工、首期开盘以及现金流回正的平均时间明显缩短，营销费用率也得到有效控制。

图5-6所示为深圳市盈达投资基金管理有限公司股权架构。

5. 万科物业事业合伙人设置机制

这是由从事万科物业业务的境外或境内主体面向万科物业员工参与设立的一个或多个持股主体增发10%（以增发后的股本为100%）的股份，每股认购价格为专业估值机构做出的估值。其中3.3%（以增发后的股本为100%）的股份在制度施行当年分配给物业员工，剩余6.7%的股份暂不明确归到个人名下，未来在满足设定的考核指标后，再转让给物业员工。剩余6.7%股份的具体激励方案由董事会授权董事会主席或其授权人士批准。

图 5-6 深圳市盈达投资基金管理有限公司股权架构（截至 2023 年 10 月）

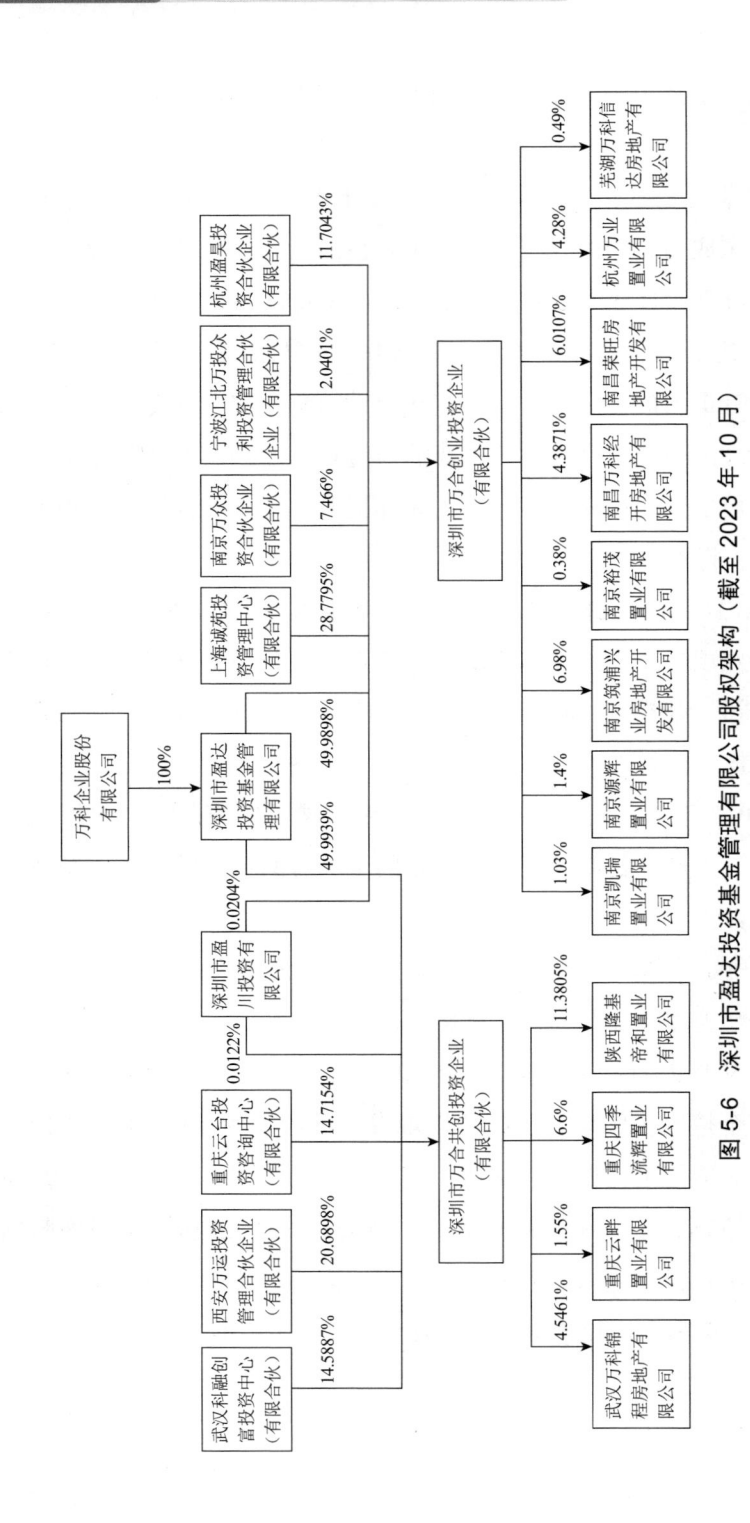

第三节 小米弹性激励 + 动态激励模式

一、股权激励的基本模式

根据小米港股上市招股说明书，自 2011 年起，小米公司采用购股权、受限制股份奖励及受限制股份单位等多种激励模式（见图 5-7）。

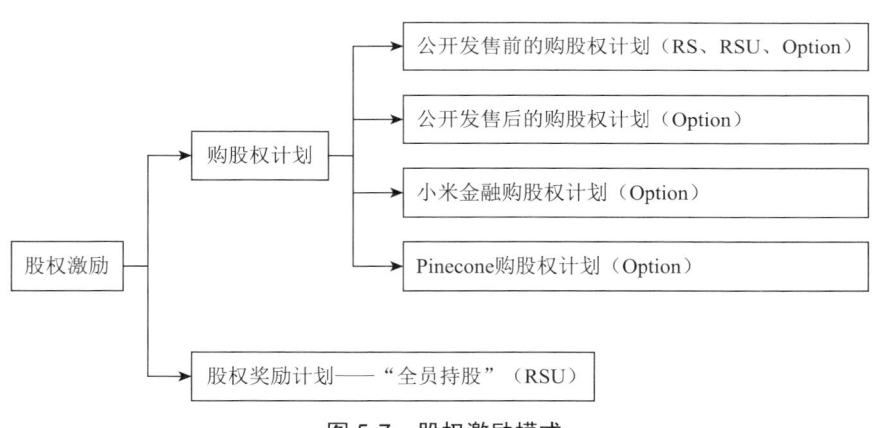

```
                          ┌─ 公开发售前的购股权计划（RS、RSU、Option）
                          │
              ┌─购股权计划─┼─ 公开发售后的购股权计划（Option）
              │           │
股权激励 ─────┤           ├─ 小米金融购股权计划（Option）
              │           │
              │           └─ Pinecone购股权计划（Option）
              │
              └─ 股权奖励计划——"全员持股"（RSU）
```

图 5-7 股权激励模式

1. 购股权（Option）

授予激励对象在一定期限内以事先约定的价格购买公司股份的权利，该权利在规定的期限内可随时全部或部分行使，除获委员会批准外，不得将股份或权益转让于与本公司竞争的人士或实体。

小米在早期进行股权激励时，允许员工在股票和现金之间弹性调配比例作为自己的薪酬。其中，15% 的员工选择全部拿现金工资，70% 的员工选择拿 70%～80% 的现金和部分股票，15% 的员工选择拿少量的生活费和较多的股票。

2. 受限制股份奖励（Restricted Stock，RS）

授予激励对象一定数量的股份，授予时就无偿或者按照约定的价格出售给激励对象。但是，激励对象取得的股份的权利会受到一定的限制，包括但不限于投票权、转让权、收取股利等限制。在限制期内，除非委员会另有决定，受限制股份由本公司以托管代理身份持有，限制期满后，参与人可自由转让股份。

3. 受限制股份单位（Restricted Stock Unit，RSU）

授予激励对象一定数额的股份单位，在业绩目标完成或其他归属条件成就的情况下，激励对象可以行权，公司将约定数量的股份给予激励对象，或以现金授予参与者受限制股份的价值，两种方式可并行。

二、购股权计划实施情况

1. 首次公开发售前的购股权计划

根据小米集团披露的招股说明书、2019年年报，截至2019年12月31日，小米集团共计拥有18170名全职员工。截至上市之日，小米集团共计10位高级管理人员通过首次公开发售前的购股权计划取得公司购股权。7125名普通员工通过此计划取得购股权或受限制股份单位。

2. 首次公开发售后的购股权计划

① 2020年7月2日根据此计划授出合计3,000,000份购股权。股份授出日收市价为每股13.60港元，行权价为每股13.60港元；购股权有效期为授出日期后10年。

② 2020年9月4日根据此计划授出合计218,000,000份购股权。股份授出日收市价为每股24.50港元，行权价为每股24.50港元；购股权有效期为授出日期后10年。

③ 2020年10月9日根据此计划授出合计6,250,000份购股权。股份授出日收市价为每股20.95港元，行权价为每股21.04港元；购股权有效期为授出日期后10年。

三、购股权计划行权价格与退出机制

1. 行权价格

对于首次公开发售前和首次公开发售后的购股权计划，员工获授的购股权都需要按照 0～3.44 美元每股的价格行权。每个员工获授的购股权行使的价格不完全一样，同样，每个员工获授的全部股份行权的价格也不一样。

2. 退出机制

只有达到一定的条件，员工才能取得购股权或解锁股票。小半邀请部分员工参与小米发展基金，如果员工在投资后 5 年锁定期内从公司离职，则仅能收回投资本金加利息；锁定期结束，相关持有人将成为员工基金权益持有人，在此后离职，可要求公司按市场公允价值回购股份。

3. 购股权归属期

由于高管是公司经营的核心人员，因此公司对高管购股权归属期的限制较一般员工更严格。公司高管的购股权归属期为 5～10 年，公司员工的购股权归属期为 1～10 年。

四、股份奖励计划——全员持股

以下内容来自小米就股票赠送事宜的内部邮件：

"遵循相关港交所上市规则，本次为回馈您及家人对小米的付出而给予您的感谢与纪念将以限制性股票单位（RSU）的形式授出。

"公司将按照集团在联交所刊发的授出公告，于 2019 年 7 月 19 日授予您 1,000 股限制性股票单位（RSU）。本次限制性股票单位的归属期为一年，即 2020 年 7 月 19 日 1,000 股限制性股票单位（RSU）将全部归属。

"根据《小米集团公开发售后股份奖励计划》，公司所授出的限制性股票单位（RSU）在您接受授予（签署协议）后方可生效，且归属日当日您仍须在职才能获得相应的股票。您若在归属期内离职，被授予的 RSU 将自动失效。

"鉴于本次授予的人数，我们将分批通知线下签署授予协议的时间和地点，还请您耐心等候。

"我们会准备股票交易平台及您的股票交易账户，并以邮件的方式告知您在股票交易平台的登录方式及个人账号信息。

"关于股票交易平台相关的操作及应用，我们会在限制性股票归属前，通过线上、线下等多种方式向您进行介绍，确保您在RSU归属后能够顺利进行股票交易。"

1. 股份奖励计划实施

（1）受限制股份单位

奖励给予选定参与者一项有条件的权利，于归属奖励股份时取得奖励股份或取得与奖励股份售价等值的现金。

奖励包括自授出奖励之日起至归属奖励之日止期间，有关该股份股利的所有现金收入。

（2）股份奖励计划实施具体情况

根据小米年报，截至2020年9月，累计奖励超2.25亿股。

2020年9月4日，奖励合计18,000,000股奖励股份予3名选定参与者。

2020年7月2日，奖励合计23,609,094股奖励股份予609名选定参与者。

2020年4月1日，奖励合计36,739,975股奖励股份予1,849名选定参与者。

2020年1月6日，奖励合计48,925,550股奖励股份予1,646名选定参与者。

2019年11月28日，奖励合计20,452,981股奖励股份予380名选定参与者。

2019年9月4日，奖励合计34,991,749股奖励股份予457名选定参与者。

2019年7月19日，奖励合计20,538,000股奖励股份予20,538名选定参与者。

2019年4月1日，奖励合计22,466,301股奖励股份予299名选定参与者。

2. 出让与归属

（1）奖励的出让

根据股份奖励计划，已授出但是尚未归属的股份为选定参与者所有，不得出让或转让。

（2）奖励的归属

若董事会或者其他代表认为选定参与者收取 B 类股份奖励或受托人向选定参与者转让之能力受法律或规管限制，转让股份并不可行，则董事会或者其代表应指示并促使受托人以当前市价于市场上出售相应奖励股份，并按照实际售价以现金形式将所得款项支付予参与者。

第四节　华为虚拟股 +TUP 激励模式

一、虚拟股激励模式

华为的股权激励创造了一种分享制模式，把原本属于股东的利润，按贡献大小与数万员工分享，通过让员工分享公司利润，激励员工工作（见表 5-3）。华为的股权激励是员工激励与公司融资相结合的典型，这也是华为不需要融资和上市的原因之一。

表 5-3　华为激励模式介绍

项目	说明
激励对象	只有"奋斗者"才能参与股权激励，华为出台了许多具体措施去识别"奋斗者"
授予数量	华为采用饱和配股制，每个级别员工的配股达到上限后，就不再参与新的配股。员工最高职级是 23 级，工作三年以上的 14 级以上员工每年大约可获授数万股，较为资深的 18 级员工可以获得 40 万股左右的配股
授予次数	激励对象只要达到业绩条件，每年可获准购买一定数量的虚拟股票，达到持股上限后，公司就不再授予虚拟股票
授予价格	按净资产值确定股价
回购价格	员工离开公司，华为投资控股有限公司工会委员会按当年的每股净资产价格购回

续表

项目	说明
资金来源	员工购买股票资金来源为银行贷款和分红款
分红次数	基本每年分红
参加形式	员工签署合同交回公司保管，没有副本，没有持股凭证，每个员工有一个内部账号，可以查询自己的持股数量。华为员工与华为公司签署参股承诺书
激励收益	激励收益共有两部分：分红和净资产增值收益

二、TUP 激励模式

奖励期权计划（TUP）是现金奖励的递延分配，是一种中长期的激励模式，相当于预先授予一个获取收益的权利，但收益需要在未来 N 年中逐步兑现（跟业绩挂钩），不受《公司法》、《中华人民共和国证券法》（以下简称《证券法》）等法规和政策的限制，操作灵活。

华为 5 年 TUP 计划，采取的是"递延+递增"的分配方案。假定 2020 年给予 TUP 的授予资格，配 10,000 个单位，虚拟面值为 1 元，则：第一年，没有分红权；第二年，获取 10,000×1/3 分红权；第三年，获取 10,000×2/3 分红权；第四年，全额获取 10,000 个单位的 100% 分红权；第五年，全额获取 100% 分红权+升值结算回报，如面值升值到 5 元，则回报为全额分红+10,000×（5-1），并注销 TUP。

TUP 模式有效地解决了工作 5 年员工的去留问题。按员工成长和忠诚度规律，员工入职 1～2 年内属于投入期，之后才逐步有产出，对企业有贡献，这个时间点如果优秀员工选择离开，对企业来说无疑是损失。华为采取的 5 年制 TUP 模式以及"递延+递增"的分配方案，恰好应对这个问题，当员工工作满 2～3 年，因离开的机会成本过大，会考虑留下来。工作 5 年之后，不符合公司价值观的员工会离开（主动或被动），而给予真正的"奋斗者"获得可观的虚拟受限股的机会，则难以长期留人的问题就可以得到较好的解决。

第五节　蚂蚁集团经济受益权激励计划及第二类限制性股票计划

一、经济受益权激励计划创新要点

① 经济受益权激励计划的授予标的为经济受益权，是一种以股份价值为基础的经济激励安排。授予对象可以基于经济受益权获得一定金额的经济利益，该金额整体上与发行人价值挂钩，即对应发行人价值、授予时的基础价格及归属后累计已宣派股利金额等因素综合计算。授予对象不因被授予经济受益权而成为发行人的股东，或对发行人股份有任何投票权，或享有其他作为发行人股东可享有的权利。

② 员工持股计划通常是以员工直接或间接持有公司股份为激励方式的激励计划。经济受益权是授予对象基于合同约定享有的针对授予人的权利，授予对象并不因此拥有任何公司股份，因此经济受益权激励计划不属于员工持股计划。

③ 经济受益权的授予条件主要考虑员工的任职安排和绩效。管理人通常会在员工入职、晋升及业绩考核达标等情况下向员工授予经济受益权。公司在确定授予数量时，除了考虑整体薪酬安排及行业可比薪酬情况外，亦会考虑特定授予场景及授予对象具体情况等因素，包括在入职授予中考虑授予对象的行业背景、入职岗位安排等因素，在业绩授予和晋升授予时考虑授予对象的上一财年绩效评估、岗位胜任能力等因素。

④ 经济受益权通常应根据以下时间表归属：就业绩奖励授予而言，在授予通知书载明的归属开始日的第一个至第四个周年日各归属 25%；就入职常规授予而言，50% 应在授予通知书载明的首个归属日归属，首个归属日后的第一个和第二个周年日各归属 25%。

二、A 股限制性股票（第二类限制性股票）

A 股限制性股票激励计划的授予对象为发行人董事会认为需要激励的蚂蚁集团、蚂蚁集团的子公司以及届时适用法律法规允许的实体的相关人员，包括但不限于发行人授予限制性股票时在上述实体任职的董事、高级管理人员、中层管理人员及技术骨干、基层管理人员及技术人员、顾问，以及公司董事会确定的需要激励的其他人员。

发行人满足以下公司业绩考核条件之一：

① 发行人业绩考核期的收入指标实现同比增长；

② 发行人业绩考核期的活跃用户数指标或活跃商户数指标实现同比增长；

③ 发行人业绩考核期末的全球范围内获得授权的专利总数实现同比增长。

授予对象同意，在获授的限制性股票归属后，其将不可撤销地将该等限制性股票的投票权委托公司职工代表大会或其指定的机构行使，但除投票权以外的其他权利（例如出售股票或获取分红的权利）仍然由授予对象享有和行使，如授予对象违反前述投票权授予约定，则公司可以按照授予价格回购并注销其持有的限制性股票。

第六节　绿地集团的合伙人制度及架构

一、绿地集团的合伙人制度

绿地集团借壳金丰投资成功在中国 A 股上市，最引人注意的地方在于其混合制下的管理层持股方案。绿地集团第一大股东为管理层持股平台，管理层持股平台由 32 家有限合伙企业构成。

绿地集团职工持股会共有成员 982 人，合计持有绿地集团出资额 376,655.21

万元，占绿地集团股权比例为29.09%。为解决职工持股会的持股问题，绿地集团依下述步骤采取了规范措施：

1. 管理层出资设立一家管理公司

2014年1月，全体股东做出股东会决议，同意设立上海格林兰投资管理有限公司（以下简称"格林兰投资"），注册资本10万元，于公司设立时一次性缴足。2014年1月27日，格林兰投资取得上海市工商局颁发的营业执照。格林兰投资基本情况如表5-4所示：

表5-4　格林兰投资基本情况

公司名称	上海格林兰投资管理有限公司
公司类型	有限责任公司（国内合资）
公司注册地	—
法定代表人	张某
注册资本	10万元
营业执照注册号	—
经营范围	投资管理；资产管理；实业投资；创业投资；企业管理咨询；投资咨询（经营项目涉及行政许可的，凭许可证件经营）

2. 成立小合伙企业

全体持股会成员与格林兰投资成立32家有限合伙企业（以下简称"小合伙企业"），即上海格林兰壹投资管理中心（有限合伙）至上海格林兰叁拾贰投资管理中心（有限合伙），如表5-5所示。其中格林兰投资作为小合伙企业的普通合伙人，全体持股会会员作为小合伙企业的有限合伙人。

表5-5　小合伙企业部分信息

序号	小合伙企业	普通合伙人	GP出资额/万元	LP出资额/万元
1	上海格林兰壹投资管理中心（有限合伙）	格林兰投资	0.1	519.85
2	上海格林兰贰投资管理中心（有限合伙）	格林兰投资	0.1	114.20
3	上海格林兰叁投资管理中心（有限合伙）	格林兰投资	0.1	103.35

续表

序号	小合伙企业	普通合伙人	GP出资额/万元	LP出资额/万元
4	上海格林兰肆投资管理中心（有限合伙）	格林兰投资	0.1	135.76
5	上海格林兰伍投资管理中心（有限合伙）	格林兰投资	0.1	39.73
6	上海格林兰陆投资管理中心（有限合伙）	格林兰投资	0.1	221.68
7	上海格林兰柒投资管理中心（有限合伙）	格林兰投资	0.1	121.52
8	上海格林兰捌投资管理中心（有限合伙）	格林兰投资	0.1	15.75
9	上海格林兰玖投资管理中心（有限合伙）	格林兰投资	0.1	184.29
10	上海格林兰壹拾投资管理中心（有限合伙）	格林兰投资	0.1	25.05
11	上海格林兰壹拾壹投资管理中心（有限合伙）	格林兰投资	0.1	37.51
12	上海格林兰壹拾贰投资管理中心（有限合伙）	格林兰投资	0.1	31.41
13	上海格林兰壹拾叁投资管理中心（有限合伙）	格林兰投资	0.1	37.94
14	上海格林兰壹拾肆投资管理中心（有限合伙）	格林兰投资	0.1	55.69
15	上海格林兰壹拾伍投资管理中心（有限合伙）	格林兰投资	0.1	14.76
16	上海格林兰壹拾陆投资管理中心（有限合伙）	格林兰投资	0.1	54.18
17	上海格林兰壹拾柒投资管理中心（有限合伙）	格林兰投资	0.1	51.09
18	上海格林兰壹拾捌投资管理中心（有限合伙）	格林兰投资	0.1	42.22
19	上海格林兰壹拾玖投资管理中心（有限合伙）	格林兰投资	0.1	61.64
20	上海格林兰贰拾投资管理中心（有限合伙）	格林兰投资	0.1	112.91
21	上海格林兰贰拾壹投资管理中心（有限合伙）	格林兰投资	0.1	27.46
22	上海格林兰贰拾贰投资管理中心（有限合伙）	格林兰投资	0.1	87.13
23	上海格林兰贰拾叁投资管理中心（有限合伙）	格林兰投资	0.1	52.89
24	上海格林兰贰拾肆投资管理中心（有限合伙）	格林兰投资	0.1	81.51
25	上海格林兰贰拾伍投资管理中心（有限合伙）	格林兰投资	0.1	96.55
26	上海格林兰贰拾陆投资管理中心（有限合伙）	格林兰投资	0.1	162.55
27	上海格林兰贰拾柒投资管理中心（有限合伙）	格林兰投资	0.1	288.76
28	上海格林兰贰拾捌投资管理中心（有限合伙）	格林兰投资	0.1	125.02

续表

序号	小合伙企业	普通合伙人	GP出资额/万元	LP出资额/万元
29	上海格林兰贰拾玖投资管理中心（有限合伙）	格林兰投资	0.1	324.66
30	上海格林兰叁拾投资管理中心（有限合伙）	格林兰投资	0.1	238.58
31	上海格林兰叁拾壹投资管理中心（有限合伙）	格林兰投资	0.1	72.51
32	上海格林兰叁拾贰投资管理中心（有限合伙）	格林兰投资	0.1	221.59
合计	—	—	3.2	3,759.74

格林兰投资与职工持股会成员分别签署了《上海格林兰壹投资管理中心（有限合伙）合伙协议书》《上海格林兰贰投资管理中心（有限合伙）合伙协议书》至《上海格林兰叁拾贰投资管理中心（有限合伙）合伙协议书》，同意共同出资设立上海格林兰壹投资管理中心（有限合伙）、上海格林兰贰投资管理中心（有限合伙）至上海格林兰叁拾贰投资管理中心（有限合伙）。

上海格林兰壹投资管理中心（有限合伙）、上海格林兰贰投资管理中心（有限合伙）至上海格林兰叁拾贰投资管理中心（有限合伙）均取得了上海市工商局颁发的营业执照。

3. 设立大合伙企业

格林兰投资以及32家小合伙企业共同出资再设立一家有限合伙企业（以下简称"大合伙企业"）上海格林兰。

2014年2月，格林兰投资与上海格林兰壹投资管理中心（有限合伙）、上海格林兰贰投资管理中心（有限合伙）至上海格林兰叁拾贰投资管理中心（有限合伙）共同签署了《上海格林兰投资企业（有限合伙）合伙协议书》，由上海格林兰投资企业（有限合伙）作为普通合伙人，上海格林兰壹投资管理中心（有限合伙）、上海格林兰贰投资管理中心（有限合伙）至上海格林兰叁拾贰投资管理中心（有限合伙）合计32家小合伙企业作为有限合伙人，共同设立上海格林兰，出资额为3,766.54万元，其中格林兰投资出资6.8万元，小合伙企业合计出资3,759.74万元。

大合伙企业上海格林兰设立后，通过吸收合并职工持股会的方式承继职工持股会的全部资产、债权债务及其他一切权利与义务。

大、小合伙企业及其全体合伙人委托管理公司格林兰投资及投资管理委员会全权代表参与制定和实施具体的上市计划并完成有关工作。

上海格林兰的出资情况如图5-8所示。

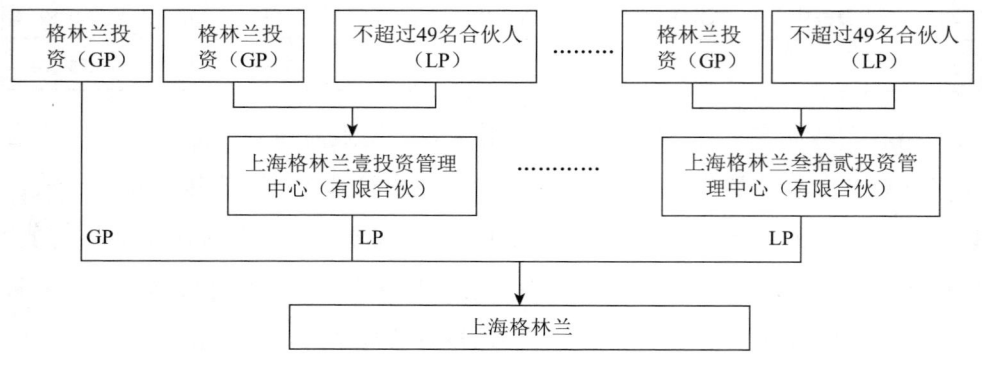

```
┌─────────┐  ┌─────────┐  ┌──────────────┐          ┌─────────┐  ┌──────────────┐
│格林兰投  │  │格林兰投  │  │不超过49名合伙人│          │格林兰投  │  │不超过49名合伙人│
│资（GP）  │  │资（GP）  │  │   （LP）      │ ……       │资（GP）  │  │   （LP）      │
└────┬────┘  └────┬────┘  └──────┬───────┘          └────┬────┘  └──────┬───────┘
     │            └──────┬───────┘                        └──────┬───────┘
     │                   ▼                                       ▼
     │          ┌──────────────────┐                    ┌──────────────────┐
     │          │ 上海格林兰壹投资管理│       …………        │上海格林兰叁拾贰投资管│
     │          │  中心（有限合伙）  │                    │  理中心（有限合伙） │
     │          └────────┬─────────┘                    └────────┬─────────┘
   GP                    LP                                       LP
     │                   │                                        │
     │                   └────────────────┬───────────────────────┘
     │                                    ▼
     │                          ┌──────────────────┐
     └─────────────────────────►│    上海格林兰     │
                                └──────────────────┘
```

图5-8　上海格林兰的出资情况

二、绿地集团合伙人架构的启示

绿地集团合伙人架构的本质是穿透后超过200人的持股平台，但是其真正价值在于解决历史上工会或者职工持股会的问题。

第六章
事业合伙制运作模式及架构设计

第一节　有限合伙持股的平台架构设计

通过有限合伙企业设立持股平台进行股权激励是当下合伙人制度及股权激励的典型模式，其基本架构为：实际控制人作为GP（实践中，为了避免承担无限连带责任，实际控制人往往选择成立一家一人有限责任公司或者绝对控股的有限责任公司作为GP）与拟进行股权激励的对象共同设立一个有限合伙企业。

方案一：实际控制人作为普通合伙人，公司管理层、核心技术人员作为有限合伙人的平台架构（见图6-1）。

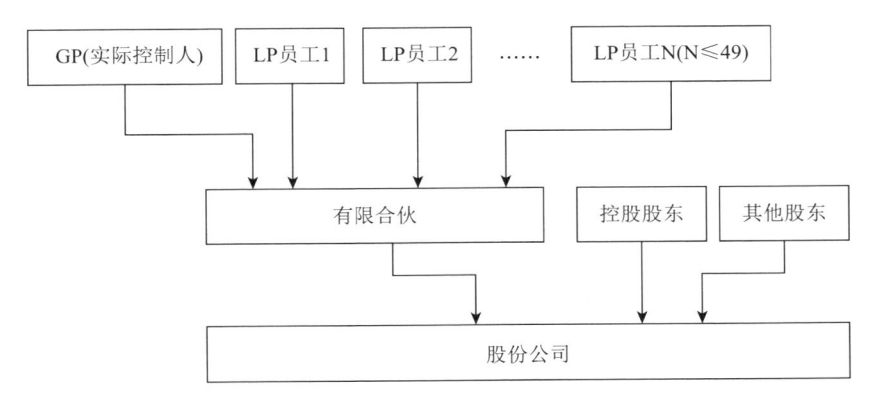

图6-1　方案一示意

方案二：实际控制人设立绝对控股的有限公司作为普通合伙人，公司管理层、核心技术人员作为有限合伙人（见图6-2）。

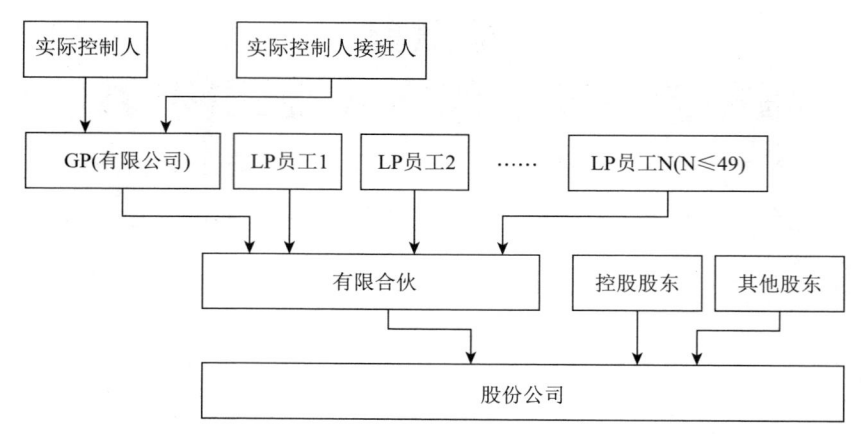

图 6-2　方案二示意

上述两种股权结构的顶层设计是拟上市企业、创业公司搭建合伙制，实施股权激励的典型模式。

顶层设计合伙制架构需要注意公司未来引入财务投资人或者战略投资人股东人数，以及合伙制持股平台的人数问题。作为员工持股平台的合伙企业，股东人数需要穿透计算，与其他股东合并计算总数不能超过200人。

方案三：底层设计的项目公司事业合伙制，是上市公司普遍采用的一种模式，也就是我们讲的事业合伙制或者项目合伙制（见图6-3）。

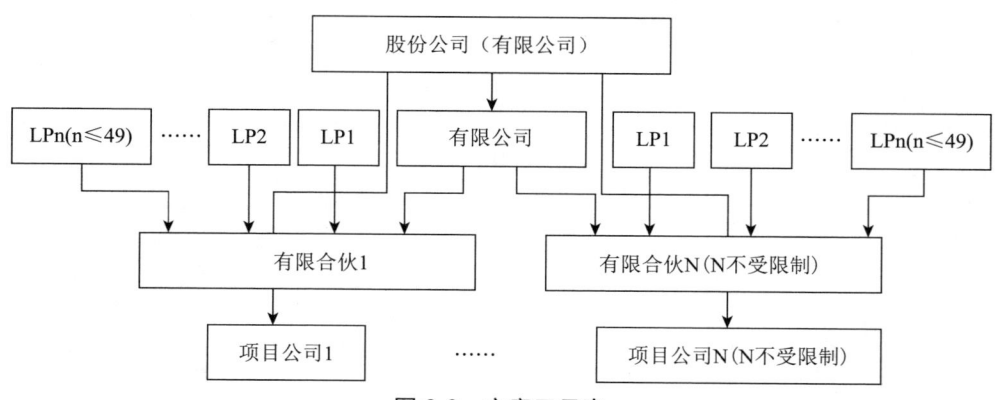

图 6-3　方案三示意

上述三种事业合伙制架构是根据公司发展阶段和实际需要在现有的《公司法》和《合伙企业法》下的制度设计。适用什么模式，顶层和底层设计完全可以根据公司需要统筹规划。科创板上市的路德环境科技股份有限公司、深圳市三旺通信股份有限公司的股权架构即为典型（见图6-4和图6-5）。

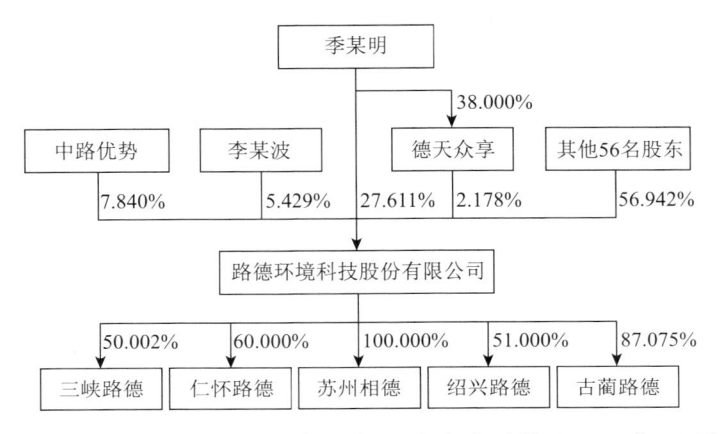

图6-4 路德环境科技股份有限公司股权架构（截至2023年10月）

在此股权架构中，季某明是实际控制人，直接持有公司27.611%的股份，并作为员工持股平台德天众享的普通合伙人，持有德天众享38%的合伙份额；中路优势是公司的PE股东。

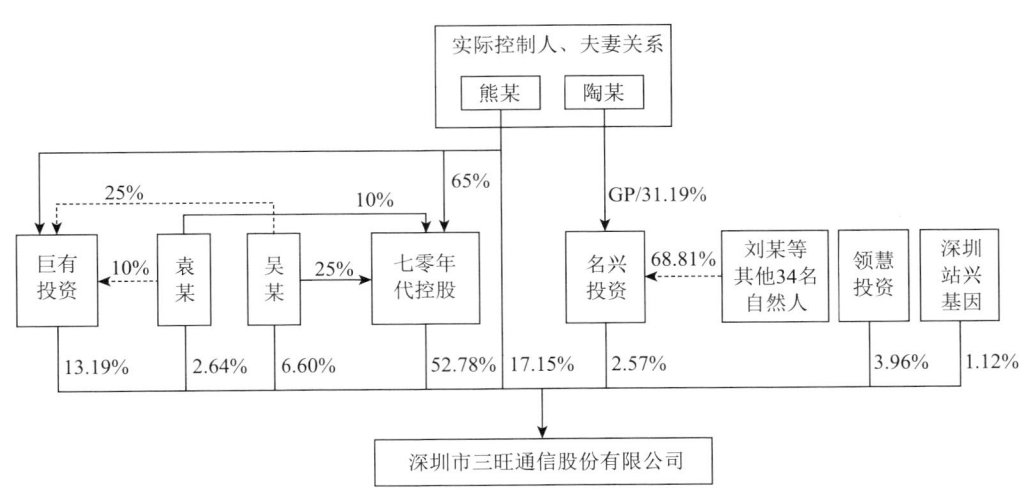

图6-5 深圳市三旺通信股份有限公司股权架构）（截至2023年10月）

深圳市三旺通信股份有限公司的控股股东为七零年代控股，持有公司52.78%的股份；公司实际控制人为熊某和陶某。熊某直接持有公司17.15%的股份，通过七零年代控股、巨有投资分别控制公司 52.78% 和 13.19% 的股份；陶某持有名兴投资 31.19% 的合伙份额，并担任名兴投资普通合伙人和执行事务合伙人，通过名兴投资控制公司 2.57% 的股份。熊某和陶某合计控制公司 3,247.22 万股股份，占公司总股本的 85.69%，为公司的实际控制人。

第二节　有限合伙制度比较

事业合伙制建立在有限合伙的基础上，期望构建事业合伙制就需要熟悉《合伙企业法》，熟悉合伙制的制度架构，熟悉普通合伙人和有限合伙人的权利义务、职责边界。表6-1 在《合伙企业法》框架下对有限合伙企业中的普通合伙人与有限合伙人进行制度比较。

表 6-1　普通合伙人与有限合伙人制度比较

事项	普通合伙人	有限合伙人
对外转让出资	除合伙协议另有约定外，合伙人向合伙人以外的人转让其在合伙企业中的全部或者部分财产份额时，须经其他合伙人一致同意（合伙协议可以约定，普通合伙人向合伙人以外的人转让其在合伙企业中的全部或者部分财产份额时，无须经其他合伙人一致同意）	可以约定有限合伙人向合伙人以外的人转让份额应当经普通合伙人同意
重大事项决策权	除合伙协议另有约定外，合伙企业的下列事项应当经全体合伙人一致同意 ①改变合伙企业的名称； ②改变合伙企业的经营范围、主要经营场所的地点； ③处分合伙企业的不动产； ④转让或者处分合伙企业的知识产权和其他财产权利； ⑤以合伙企业名义为他人提供担保； ⑥聘任合伙人以外的人担任合伙企业的经营管理人员	合伙协议可以约定该类事项由普通合伙人决定，或者半数以上合伙人同意

续表

事项	普通合伙人	有限合伙人
财产份额流转的限制	一般无限制	根据股权激励需要设定限售条件等
执行合伙事务	执行合伙事务，并可以要求在合伙协议中确定执行事务的报酬及报酬提取方式	有限合伙人不执行合伙事务，不得对外代表有限合伙企业
丧失偿债能力	当然退伙（合伙协议可以另行约定）	无须退伙（合伙协议可以另行约定）
丧失民事行为能力	经其他合伙人同意可以转为有限合伙人，若仅剩有限合伙人，合伙企业应当解散	其他合伙人不得因此要求其退伙（合伙协议可以另行约定）
合伙人自然人死亡、被依法宣告死亡或者作为合伙人的法人及其他组织终止	当然退伙，若仅剩有限合伙人，合伙企业应当解散（合伙协议可以另行约定）	继承人或者权利承受人可以依法取得该有限合伙人在有限合伙企业中的资格（合伙协议可以另行约定）
合伙企业债务清偿	对合伙企业的所有债务承担无限连带责任	以其认缴的出资额为限对合伙企业的所有债务只承担有限责任
退伙限制	一般不退伙	根据平台公司情况约定退伙条件
自然人被依法认定为无民事行为能力人或者限制民事行为能力人	一般情况下实际控制人设立公司担任普通合伙人	其他合伙人不得因此要求其退伙
服务期	不需要	可根据实际情况约定服务期
新合伙人入伙	除合伙协议另有约定外，应当经全体合伙人一致同意，并依法订立书面入伙协议	有限合伙人入伙，合伙协议可以约定由普通合伙人决定
除名权	具有对有限合伙人的除名权（合伙协议约定情形出现）	因故意或者重大过失给合伙企业造成损失；发生合伙协议中约定的事由
退伙后对基于其退伙前的原因发生的合伙企业债务	承担无限连带责任	以其退伙时从有限合伙企业中取回的财产承担责任

通过表6-1我们不难发现，合伙制的精髓在于普通合伙人中的执行事务合伙人参与管理，而有限合伙人不参与管理的制度优势，为我们量身定制了实际控制人作为执行事务合伙人实际从事管理，管理层作为激励对象的有限合

制激励平台。这样的平台实际上就是以创始股东作为决策者,管理层作为事业合伙人持有股权,能够快速做出决策而不影响创始股东实际控制权的合伙模式。

第三节　子公司项目跟投机制的合伙人计划模式

子公司项目跟投机制的事业合伙制,实际上是本书所介绍的事业合伙制的底层设计,这种模式完全可以按照项目的情况进行设计,不受项目多少的限制,每一个项目的合伙人不超过50人。因此,这种模式深受房地产、民办医院、民办学校以及需要在各地设立子公司的企业青睐。

1. AE眼科医院集团股份有限公司合伙人计划

AE眼科医院集团股份有限公司合伙人计划是指符合一定资格的核心技术人才与核心管理人才(下称"核心人才")作为合伙人股东与AE眼科医院集团股份有限公司(下称"AE眼科")共同投资设立新医院(含新设、并购及扩建)。在新医院达到一定盈利水平后,公司依照相关证券法律法规,通过发行股份、支付现金或两者结合等方式,以公允价格收购合伙人持有的医院股权。

公司通过合伙人计划的制度性安排,对新医院的治理结构进行战略性调整,改变核心医生执业的生态环境,推动组织效能升级,实现院际资源共享的聚合效应,形成共创共赢的合伙人文化,从而为公司实施创新发展战略和业务倍增计划提供强有力的引擎。

(1)合伙人计划的实施

1)实施方式

合伙人计划采取有限合伙企业的实施方式。公司下属子公司作为合伙企业的普通合伙人,负责合伙企业的投资运作和日常管理。

核心人才作为有限合伙人出资到合伙企业，享有合伙协议及章程规定的权利，履行相应的义务。公司对合伙人进行动态考核，包括其本职岗位的工作业绩及作为合伙人的尽责情况。

合伙企业可视各省区新医院投资的进展情况分期设立。合伙企业成立后，与公司或 AE 并购基金共同设立新医院。

2）管理组织

为确保计划管理到位、推进有序、激励有效，公司总部应明确合伙的实施细则及实施进度，审批、督导各省区的计划方案。

各省区成立计划实施小组，负责拟定并实施本省计划方案，对合伙人履职情况进行动态考核。

3）资格认定

以下人员可以纳入本计划：

① 对新医院发展具有较大支持作用的上级医院核心人才；

② 新医院（含地州市级医院、县级医院、门诊部、视光中心）的核心人才；

③ 公司认为有必要纳入计划及未来拟引进的重要人才；

④ 公司总部、大区、省区的核心人才。

公司授权合伙人计划领导小组决定具体名单。

4）投资与出资额分配

合伙企业的出资规模依据新医院的数量及投资总额确定。新医院将由公司或 AE 并购基金与合伙企业共同出资设立，股权比例由公司根据各家新医院的实际情况决定。

合伙人在各自额度内认缴出资。在设立地级医院时，省区医院及总部的合伙人按照各地级市新医院的投资进度分期出资，地级市医院的合伙人在各自所在医院设立时一次性出资到位。

在设立县级医院（含门诊部、视光诊所）时，地级市医院的合伙人按照各县级新医院的投资进度分期出资到位，县级市医院合伙人在所在医院注册成立时一次性出资到位。

（2）合伙人计划的收益分配与权益转让

1）收益分配

合伙企业经营期限一般为 3 至 5 年。若因项目实际需要，可延长或缩短经营期限。

为了体现公司对合伙企业的支持，普通合伙人对合伙企业不收取管理费。合伙企业在取得收益并扣除各项运营成本、费用后，按照各合伙人的出资比例分配利润。

2）权益转让

① 在合伙企业存续期间，若发生合伙人离职、被辞退或开除等情形，其所持合伙企业权益必须全部转让。

② 合伙人在公司任职期间，有权转让其部分或全部合伙权益。

③ 合伙人在出现退休、丧失工作能力或死亡等情形时，其合伙权益可以转让，也可以由亲属继承。

在上述情况下，全体合伙人一致同意：合伙权益的受让人仅限于普通合伙人及经其同意的受让人（现任或拟任合伙人）。

2. 北京 JY 门窗股份有限公司合伙人计划

北京 JY 门窗股份有限公司合伙人计划是指符合一定资格的核心技术人才与管理团队（下称"管理团队"）作为合伙人股东与北京 JY 门窗股份有限公司（下称"JY 股份"）以增资子公司的方式，成为 JY 股份子公司股东。在子公司达到一定盈利水平后，公司依照相关证券法律法规，通过发行股份、支付现金或两者结合等方式，以约定的 PE 倍数或者公允价格收购合伙人持有的子公司股权。

公司通过合伙人计划的制度性安排，对子公司的治理结构进行战略性调整，对内部经营模式进行变革，形成共创共赢的合伙人制度，以进一步提升公司治理水平，做大做强产业，扩大国内门窗市场份额，完善公司薪酬激励机制，充分调动公司区域管理层及员工的积极性，有效地将公司股东利益、公司利益和员工个人利益结合，通过各方共同努力，促进 JY 股份可持续高速发展，最终实现 JY 股份的中长期战略目标。

（1）合伙人计划具体方案

1）第一阶段：合伙企业持股平台设立

子公司的管理团队成员设立有限合伙企业作为管理团队的持股平台，各子公司的管理团队成员作为合伙人出资到合伙企业享有合伙协议约定的权利，履行相应的义务。公司对合伙人进行半年度、年度考核，包括其本职岗位的工作业绩及作为合伙人的尽责情况。

2）第二阶段：合伙企业以增资的方式对 JY 股份子公司进行增资扩股，持有 33% 的股权

① 对价确定原则：以 2015 年 12 月 31 日经过审计评估后的净资产值或者评估值（孰高原则）为基数。

② 合伙企业增资的缴付期限及方式：合伙企业以现金对子公司增资，JY 股份将另行与合伙企业签订增资扩股协议、业绩承诺及补偿协议、合作经营协议等配套协议。

3）第三阶段：合伙企业持有子公司 33% 股权的退出机制

在业绩承诺期结束后，由有资格的会计师事务所出具正式的标准无保留意见的审计报告。根据审计报告结果，如子公司完成承诺业绩，实现 2016—2019 年目标净利润，则 JY 股份有不可撤销的义务，在 2019 年开始，以上一年度净利润 12 倍 PE 对价（净利润 ×12×33%）或者公允价值，分期或者一次性收购合伙企业所持有的 33% 股权。如果经审计的净利润超过目标净利润 100%，第一期收购合伙企业所持有的股权不超过 16.5%。

（2）合伙人资格认定

① 子公司的核心管理人员、技术人员；

② 公司认为有必要纳入合伙人计划及未来拟引进的重要人才。

（3）合伙人计划下的管理模式

① 子公司设董事会，由 3 名董事组成，JY 股份提名 2 名董事，合伙企业

提名1名董事，董事会及股东大会的议事规则遵循《公司法》《证券法》等相关法律法规的规定；财务负责人由JY股份委派，以总经理为代表的合伙企业股东作为核心经营团队负责具体经营。

② 管理团队及子公司根据《证券法》《深圳证券交易所创业板股票上市规则》及《深圳证券交易所创业板上市公司规范运作指引》的相关规定，遵守JY股份内控管理（包括但不限于财务管理制度、资金管理制度、合同管理制度、对外担保决策程序、信息披露制度、内幕交易防控制度等）各项制度，根据上市公司的要求，规范运作。

③ 在子公司增资扩股后，子公司核心团队在五年内保持稳定，未经子公司及JY股份书面许可，不与子公司发生关联交易，并严格遵守竞业禁止的规定，不从事任何与子公司业务同类或者相似的且与子公司存在竞争关系的经营活动。

④ 关于资金保障：JY股份全力支持子公司的经营发展，为子公司提供不高于当年新增合同额10%的资金支持（含新注册的公司注册资本金）；合伙企业以其持有的子公司33%的股权提供反担保。

⑤ 属于JY股份或JY集团的土地、厂房、办公及配套用房，子公司按照使用面积，由子公司以当地市场价格租赁使用，自行承担相应面积的土地使用税费及房产税。生产设备根据JY股份年审会计师的审计评估价值租赁使用。

为确保计划管理到位，推进有序，激励有效，JY股份设立合伙人计划领导小组，由董事长担任组长，总裁担任副组长，相关高级管理人员与职能部门负责人作为小组成员。其主要职能是：制订计划的实施细则及实施进度，审批、督导各区域的计划方案。

公司成立计划实施小组，负责拟定并实施本区域的具体计划方案及实施细则，对合伙人履职情况进行半年度、年度考核。

（4）合伙人协议下的出资额度与收益分配

1）出资额度

合伙企业根据对子公司的出资额度，按照"公平公正、利益共享、风险共担"的原则，对各合伙人的出资额度进行分配。合伙人在各自额度内认缴出资。具体子公司增资额度以增资扩股协议约定的金额为准。

2）收益分配

合伙企业经营期限一般为6～10年。根据子公司实际运营情况，可延长或缩短经营期限。

为了体现公司对合伙企业的支持，普通合伙人对合伙企业不收取管理费。合伙企业在取得股权回购后的收益并扣除各项运营成本、费用后，按照各合伙人的出资比例分配利润。

3."蓝色共享"员工事业合伙人管理

以下是四川LG发展股份有限公司（以下简称"LG公司"或"公司"）"蓝色共享"员工事业合伙人管理办法。

第一章　总则

第一条　LG公司根据《公司法》《证券法》等有关法律法规及公司章程制定了《"蓝色共享"员工事业合伙人管理办法（试行）》（以下简称"本办法"）。

第二条　为了充分地激励公司房地产项目运营团队的积极性，激发公司管理层员工的主人翁意识和企业家精神，进一步提升获取项目的质量和项目运营效率，制定本办法。

第三条　本办法将项目经营结果和跟投合伙员工的个人收益直接挂钩，不设本金保障及收益保证机制，践行公司"一起创造，勇于担当，共同分享"的核心发展理念。

第二章　管理机构

第四条　公司股东大会负责本办法的批准和变更。

第五条　公司"共享"领导小组会议根据相关法律法规和本办法制定相应的执行细则并报董事长批准后组织实施。

第六条　"共享"领导小组下设日常管理机构，负责解决本办法实施落地的难点技术问题及日常执行中的相关工作。

第三章 跟投合伙项目

第七条 跟投合伙项目为2017年2月27日后首次开盘销售的项目。

第八条 如出现因政策、环境、合作或其他事项导致在本办法规定的跟投合伙项目公司范围内的个别项目不适合跟投的情况，经公司"共享"领导小组会议审核并报公司董事长批准后，可不实施本办法。

第四章 跟投合伙人

第九条 跟投合伙员工分为强制合伙人和自愿合伙人。

第十条 强制合伙人范围

（一）总部一级职能部门中心总经理级及以上人员；

（二）区域公司及城市公司经营班子人员、其他关键人员（包括但不限于营销负责人、工程负责人、设计负责人、成本负责人、财务资金负责人、项目负责人等）；

（三）其他由"共享"领导小组会议确认的需要强制合伙的员工。

第十一条 自愿合伙人范围

（一）总部正式员工可自愿参与项目跟投合伙；

（二）区域公司、城市公司及与项目经营直接相关的正式员工，可自愿参与项目跟投合伙。

第十二条 区域合伙平台持有的项目公司股权比例限额内，首先满足强制合伙人的投资；满足强制合伙人的跟投后如有剩余股权比例，方可由自愿合伙人跟投。

第十三条 "共享"领导小组会议批准各项目的具体投资方案（包括强制合伙人及自愿合伙人、跟投合伙额度等）。

第十四条 公司董事长不参与项目跟投合伙。

第十五条 跟投合伙资金由项目合伙人自行筹集。公司不向其提供任何借款或担保。

第五章 投资架构与额度

第十六条 跟投合伙员工通过有限合伙企业进行投资。公司董事、监事及高级管理人员通过一个有限合伙企业投资公司全部的跟投合伙项目；其他总部员工通过一个有限合伙企业投资公司全部跟投合伙项目；区域公司跟投合伙员工通过区域设立的一个有限合伙企业投资其区域范围内的全部跟投合伙项目。

第十七条　计算合伙平台在跟投项目公司的股权占比时，以项目现金流（含融资）归正周期内，股东自有资金平均投资额作为项目公司的总股本金额核算股权占比。

第十八条　总部合伙平台和区域合伙平台合计持有的项目公司股权比例合计不超过15%；每个跟投合伙项目中的单个跟投合伙员工持有的项目公司股权比例原则上不超过1.5%，如需要超过，必须经过"共享"领导小组会议特别批准。

第十九条　总部合伙平台和区域合伙平台按照本办法投入资金后，不再承担追加投资的责任。合伙平台以其实际投入资金的额度为限，承担项目公司经营风险和亏损风险。

第二十条　总部及区域合伙平台按照股权比例投资合伙项目。项目公司的股本金以及合伙平台对项目公司的股权比例等具体事项，在"共享"领导小组会议制定的实施细则中规定。

第二十一条　总部及区域的合伙平台资金闲置时，可将闲置资金借给LG地产集团，借款利息不超过公司同期平均借款利率成本。

第二十二条　总部及区域的合伙平台公司不能是项目公司的大股东，不参与项目公司管理，不向项目公司派驻董事及管理人员，不影响项目公司的对外合作，放弃项目公司股权的优先购买权。

第六章　出资管理及资金安排

第二十三条　强制合伙人和自愿合伙人资金的到位原则上在项目确权后3个月内完成。

第二十四条　部分特殊项目（如在本办法通过之前已获取的项目或由于土地出让的特殊安排等不适应本章的项目）的合伙平台投资资金到位时间由"共享"领导小组会议决定。

第二十五条 项目公司因开发经营所需资金不足部分,可由各股东提供股东借款,也可对外融资。项目公司对外融资的,各股东按工商注册持股比例提供担保。

第二十六条 项目公司若有闲置资金,在保证项目后续开发中现金流持续为正,并充分考虑项目经营风险及项目合作方(若有)意见,并经LG地产集团财务管理中心批准,各股东可根据股权比例调用部分闲置资金。

第七章 分配管理

第二十七条 项目公司在累计净现金流量为正数,并在保证项目运营所需资金、充分考虑项目经营风险后(外部合作项目需要经合作方同意),经"共享"领导小组会议批准,项目公司向各股东(含合伙平台)归还债权资金。

第二十八条 项目分期开发的,已结算完毕的批次可进行利润分配。项目公司累计净现金流量为正数,并在保证项目运营所需资金、充分考虑项目经营风险后,如项目公司产生利润并符合项目公司利润分配的相关规定,经项目公司股东会通过,项目公司可向各股东(含合伙平台)分配利润。项目清算时,合伙平台按照第十七条规定的股权占比享受分红或承担亏损。

第八章 退出管理

第二十九条 有限合伙企业退出启动时点:跟投合伙项目公司全部地上可售面积的销售率(已售地上面积/全部可售地上面积)达到90%时,或按照《LG公司募集资金管理制度》决定将项目作为募集资金投资项目时,为有限合伙企业退出启动时点。

第三十条 退出启动时点后,总部合伙投资平台或区域合伙投资平台可将其所持项目公司股权转让给公司,退出跟投的项目公司。

第三十一条 合伙平台退出跟投合伙项目时,未售部分可选择独立评估机构按照市场公允价值确定未售物业价值,具体评估方法在执行细则中明确,最终报"共享"领导小组确定。

第三十二条 "共享"领导小组会议有权决定推迟退出启动时点,原则上推迟时间不超过6个月;特殊情况需要延长退出时间的,由"共享"领导小组会议确定。

第三十三条 有限合伙企业持有项目公司股权的收购事项、收购价格等由"共享"领导小组会议批准确定。

第九章 离职及调动

第三十四条 员工与公司终止劳动关系，必须退出其参与的合伙投资平台投资，退出时按照其投入资金占项目股东总投入的比例享受利润和承担亏损，退出股权的收购事项、收购价格等在执行细则中确定，最终由"共享"领导小组会议批准确定。

第三十五条 调动人员参与到岗后所在合伙平台投资的，可以选择保留或退出其在调动前合伙投资平台的份额。

第十章 附则

第三十六条 本办法自公司股东大会审议通过后生效，并由公司董事会负责解释。

第七章
事业合伙制股权激励的基本架构和方案要点

第一节　股权激励基本要素、原则、规模

一、基本要素（见表 7-1）

表 7-1　股权激励的基本要素

股权激励基本要素	具体条件
审核批准	股权激励计划经公司董事会、股东（大）会审议通过。股权激励计划应列明激励目的、对象、标的、有效期、各类价格的确定方法、激励对象获取权益的条件和程序等
股票来源	股权激励标的股票（权）包括通过增发、大股东直接让渡以及法律法规允许的其他合理方式授予激励对象的股票（权）
对象范围	激励对象应为公司董事会或股东（大）会决定的技术骨干和高级管理人员，激励对象人数累计不得超过本公司最近 6 个月在职职工平均人数的 30%。 　　董事、高级管理人员、核心技术人员或者核心业务人员，以及公司认为应当激励的对公司经营业绩和未来发展有直接影响的其他员工。 　　单独或合计持有上市公司 5% 以上股份的股东、实际控制人及其配偶、父母、子女以及外籍员工，在上市公司担任董事、高级管理人员、核心技术人员或者核心业务人员的，可以成为激励对象
持有时间	股票（权）期权自授予日起应持有满 3 年，且自行权日起持有满 1 年；限制性股票自授予日起应持有满 3 年，且解禁后持有满 1 年；股权奖励自获得奖励之日起应持有满 3 年。上述时间条件须在股权激励计划中列明
行权时间	股票（权）期权自授予日至行权日的时间不得超过 10 年

二、一般原则

① 合理激励。企业不为激励对象购买股权提供贷款以及其他形式的财务资助，包括为激励对象向其他单位或者个人贷款提供担保；企业要坚持同股同权，不向激励对象承诺年度分红回报或设置托底回购条款。

② 有序流转（约定服务期和锁定期的安排）。

③ 动态调整（闭环原则）。

④ 合伙企业、资产管理计划等持股平台间接持股（控制权的稳定性和税收优惠）。

⑤ 员工在取得股权激励时可暂不纳税，递延至转让该部分激励股权时纳税。根据《关于完善股权激励和技术入股有关所得税政策的通知》（财税〔2016〕101号），税率为20%。

三、闭环原则

① 员工持股计划遵循闭环原则，按一名股东计算。

② 不在公司首次公开发行股票时转让股份。

③ 上市前及上市后的锁定期内，员工所持相关权益拟转让退出的，只能向员工持股计划内员工或其他符合条件的员工转让。

④ 承诺自上市之日起至少36个月的锁定期。

⑤ 锁定期后，员工所持相关权益拟转让退出的，按照员工持股计划章程或有关协议的约定处理。

四、规模

① 大型企业的股权激励建议总额不超过企业总股本的5%。

② 中型企业的股权激励总额建议不超过企业总股本的10%。

③ 小、微型企业的股权激励总额建议不超过企业总股本的30%。

④ 单个激励对象获得的激励股权建议不超过企业总股本的3%。

⑤ 公司全部在有效期内的股权激励计划所涉及的标的股票总数，累计不得超过公司总股本的20%。

⑥ 公司全部在有效期内的期权激励计划所对应股票数量占上市前总股本的比例原则上不得超过15%，且不得设置预留权益。

第二节　激励对象的确定

一般地，股权激励着眼于未来5～10年公司的发展战略，激励对象应当是对公司发展起关键作用的人。因此，事业合伙制的股权激励首先不是全员持股计划，不是企业对员工的一种福利。有一些企业在做事业合伙制的股权激励时，企业家往往根据其个人的判断，如员工的忠诚度，来决定股权激励对象和激励数量及价格。而我们所做的激励是基于未来的，是要有业绩考核指标的，忠诚度固然重要，但是其不具有可量化性，往往造成合伙制度的不公而产生管理上的新矛盾，出现股权激励的负反馈。因此，在选择激励对象时，需要慎重对待忠诚的员工和元老级员工，既不能打消他们的积极性，又不能任人唯亲。

尽可能考量职级、工作年限、业绩，尽量不要将感情深浅作为股权激励对象的选择标准。忠诚的员工和元老级的员工如果不适合作为激励对象，就要考虑给予其他的非事业合伙模式的激励措施。

一个公司中真正起关键作用的人是有限的，并不是所有的员工都需要通过事业合伙制进行股权激励。全员激励固然振奋人心，但是往往给员工一种福利企业的印象，起不到真正激励的作用。

一般地，企业股权激励都是分批进行、逐步到位的，股权激励对象、理由和激励批次如表7-2所示：

第七章　事业合伙制股权激励的基本架构和方案要点

表 7-2　股权激励对象、理由和批次

人员类型		人员细分	激励理由	拟激励批次
第一层面	核心决策层	董事、总经理、副总经理、董事会秘书、财务总监（单独或合计持有公司 5% 以上股份的股东或实际控制人及其配偶、直系近亲属，不宜成为激励对象）	从战略上把握公司/事业部经营管理的方向，对公司/事业部经营业绩的达成起关键作用	第一批
第二层面	管理层/核心技术人员	部门经理、主管	战略执行层面，维系整个公司系统高速运转的核心人才	第二批
第三层面	骨干层	骨干员工为满足下列条件之一者：① 年度综合考核成绩为 A 等；② 对公司有特殊贡献；③ 掌握特殊技能，培养周期较长或培训投入较大；④ 属于市场稀缺人才，招聘难度较大	高附加值或难以取代	第三批

［注］

1. 上市公司股权激励对象及其认定方式

① 上市公司的董事（股东大会选举产生）；

② 高级管理人员（公司章程约定，董事会聘任），如总经理、副总经理、财务总监、董事会秘书等；

③ 核心技术人员（董事会认定），一般是指科技企业中涉及研发的人员；

④ 核心业务人员（董事会认定），如企业的营销人员、合规人员、采购人员、培训人员、企划人员、中层管理人员，企业业务类型不同，核心业务人员根据业务调整；

⑤ 公司认为应当激励的对公司经营业绩和未来发展有直接影响的其他员工（董事会认定）。

2. 上市公司股权激励的负面清单

① 上市公司独立董事（基于独立性考虑）；

② 上市公司监事（监督机制，基于独立性考虑）；

③ 单独或合计持有上市公司 5% 以上股份的股东或实际控制人及其配偶、父母、子女（基于激励的效果考虑）；

④ 最近 12 个月被交易所、中国证监会等认定不适宜或者遭受处罚以及违反《公司法》的；

⑤ 知悉内幕信息而买卖本公司股票的，法律、行政法规及相关司法解释规定不属于内幕交易的情形除外（泄露内幕信息而导致内幕交易发生的，不得成为激励对象）。

第三节 定价机制

企业搭建事业合伙制股权激励平台，除了考虑激励对象的选择外，还有一个非常重要的问题就是股权激励的定价。有限公司阶段，企业做股权激励是基于公司实际控制人及全体股东的股东权益的让渡（如果不考虑股份支付问题，股权激励价格完全由股东决定）。

一般地，企业进行股权激励主要参照表 7-3 所示的方式对企业进行估值并作为股权激励的参考依据。

表 7-3　企业估值

估值方法	估值方法要点
净资产	净资产价格是衡量股权激励是否做股份支付的标准，大多数未上市企业股权激励均参照净资产的价格，并以净资产和 PE 投资价格确定股权激励的价格
P/E（市盈率法）	目前在国内是比较常见的估值方法，计算公式为：公司价值＝预测市盈率×公司未来 12 个月利润
P/B（市净率法）	市净率即市场价值与净资产的比值，或者说是每股股价与每股净资产的比值
P/S法（市销率法）	市销率是市场价值与销售收入的比值
PEG法	PEG 是指一只个股的市盈率与盈利增长速度的比率，是由上市公司的市盈率除以盈利增长速度得到的数值。其是在 PE 估值的基础上发展起来的，弥补了 PE 法对企业动态成长性估计的不足。计算公式是：PEG＝PE/企业年盈利增长率
DCF法（现金流量折现法）	通常是企业价值评估的首选方法，即任何资产的价值等于其预期未来全部现金流的现值总和

对于传统行业，优先考虑 DCF、P/E；对于高新技术企业，首选 P/E。根据企业的发展阶段、财务状况，如果企业正处于早中期发展阶段并且尚未实现盈利，较多使用 P/S、P/B；如果已经实现盈利，则较多使用 P/E、DCF 和 PEG；如果企业已经处于中后期发展阶段，此时公司往往已经实现盈利，而且各方面发展都已经比较成熟，此时较为普遍使用的是 P/E 和 DCF。

第七章　事业合伙制股权激励的基本架构和方案要点

选定估值方法后，就需要对股权激励对象行权价格进行确定。大多数企业在做股权激励时，主要参考公司净资产的价格进行定价。如果公司引进的 PE 价格和公司净资产价格相差较大，也可以考虑以净资产为基数，适当参考 PE 价格确定股权激励对象的行权价格。

[说明]

1. 上市公司发行限制性股票定价原则

上市公司在授予激励对象限制性股票时，应当确定授予价格或授予价格的确定方法。授予价格不得低于股票票面金额，且原则上不得低于下列价格较高者：

① 股权激励计划草案公布前 1 个交易日的公司股票交易均价的 50%；

② 股权激励计划草案公布前 20 个交易日、60 个交易日或者 120 个交易日的公司股票交易均价之一的 50%。

上市公司采用其他方法确定限制性股票授予价格的，应当在股权激励计划中对定价依据及定价方式做出说明。

限制性股票授予日与首次解除限售日之间的间隔不得少于 12 个月。

在限制性股票有效期内，上市公司应当规定分期解除限售，每期时限不得少于 12 个月，各期解除限售的比例不得超过激励对象获授限制性股票总额的 50%。

当期解除限售的条件未成就的，限制性股票不得解除限售或递延至下期解除限售。

2. 上市公司股票期权的定价原则

上市公司在授予激励对象股票期权时，应当确定行权价格或者行权价格的确定方法。行权价格不得低于股票票面金额，且原则上不得低于下列价格较高者：

① 股权激励计划草案公布前 1 个交易日的公司股票交易均价；

② 股权激励计划草案公布前 20 个交易日、60 个交易日或者 120 个交易日的公司股票交易均价之一。

上市公司采用其他方法确定行权价格的，应当在股权激励计划中对定价依据及定价方式做出说明。

股票期权授权日与获授股票期权首次可行权日之间的间隔不得少于 12 个月。

在股票期权有效期内，上市公司应当规定激励对象分期行权，每期时限不得少于 12 个月，后一行权期的起算日不得早于前一行权期的届满日。每期可行权的股票期权比例不得超过激励对象获授股票期权总额的 50%。

当期行权条件未成就的，股票期权不得行权或递延至下期行权，并应当按照《上市公司股权激励管理办法》的相关规定处理。

第四节　股份支付

一般地，企业往往在改制拟上市前进行最后一轮股权激励，对于拟上市企业进行股权激励时，需要考虑股份支付问题。

根据《企业会计准则第11号——股份支付》，股份支付是指企业为获取职工和其他方提供服务而授予权益工具或者承担以权益工具为基础确定的负债的交易。

股份支付实质上是将企业应当通过工资、奖金等发给员工的相关成本或费用通过权益性工具股权来实现。股份支付对公司的净资产没有影响，但是对每股收益、未分配利润等指标有影响。

因此，从财务会计的角度，以权益结算的股份支付，是指企业为获取服务以股份或其他权益工具作为对价进行结算的交易。授予后立即可行权的换取职工服务的以权益结算的股份支付，应当在授予日按照权益工具的公允价值计入相关成本或费用，相应增加资本公积。在完成等待期内的服务或达到规定业绩条件才可行权的换取职工服务的以权益结算的股份支付，在等待期内的每个资产负债表日，应当以对可行权权益工具数量的最佳估计为基础，按照权益工具授予日的公允价值，将当期取得的服务计入相关成本或费用和资本公积。

判断是否构成以权益结算的股份支付，应把握以下两个条件：

（1）公司取得职工和其他方提供的服务

公司向员工（包括高管）、特定供应商等低价发行股份以换取服务的，应作为股份支付进行核算。

（2）服务有对价

一般情况下，基于股东身份取得股份，如向实际控制人增发股份，或对原股东配售股份；对近亲属转让或发行股份；高管原持有子公司股权，整改规范后改为持有发行人股份；这些情形与获取服务无关，不属于股份支付。

但是下列情形构成股份支付：

① 向公司高管、核心员工、员工持股平台或者其他投资者发行股票（增资）的价格明显低于市场价格或者低于公司股票（股权）公允价值的；

② 股票（增资）发行价格低于每股净资产的；

③ 发行股票进行股权激励的（如拟上市公司设立持股平台的）。

公允价值的论述应当充分、合理，有活跃交易市场的，应当以市场价格为基础，并考虑波动性；无活跃交易市场的，可以采用下述方法。

① 采用估值技术。估值方法应当符合《企业会计准则第22号——金融工具确认和计量》的有关规定确定权益工具的公允价值，并根据股份支付协议的条款的条件进行调整。可以使用的估值方法包括现金流折现法、相对价值法以及其他合理的估值方法，也可聘请估值机构出具估值报告。企业应当根据具体条件恰当选择合理的评估方法，科学合理使用评估假设，并披露评估假设及其对评估结论的影响，形成合理评估结论。

② 参考同期引入外部机构投资者过程中相对公允的股票发行价格，发行价格不公允的除外，例如，由于换取外部投资者为企业带来的资源或其他利益而确定了不合理的发行价格应当被排除掉。

第五节 绩效考核机制

以股票期权和虚拟股权或者激励基金等方式进行股权激励的，绩效考核就非常重要。一般地，企业主要通过业绩对员工绩效进行考核，业绩考核主要以净利润、营业收入为基数，通过复合增长率进行考核。考核指标包括综合性指标、股东回报和公司价值创造指标、成长性指标、公司盈利能力和市场价值指标，前述指标主要通过净资产收益率、每股收益、每股分红、现金营运指数、净利润增长率、主营业务收入增长率进行量化。

表 7-4 是上市公司股票期权激励模式的业绩考核模块。同时，本书通过两个上市案例系统介绍股票期权业绩考核的模式。

表 7-4　业绩考核模块

行权期	业绩考核目标
第一个行权期	N 年度、N+1 年度归属公司股东的净利润及归属公司股东的扣除非经常性损益的净利润均不得低于授权日前最近三个会计年度的平均水平且不得为负。N+1 年净资产收益率不低于××%，以 N 年度净利润为基数，公司 N+1 年年度净利润较 N 年复合增长率不低于××%，以 N 年年度营业收入为基数，公司 N+1 年年度营业收入较 N 年复合增长率不低于××%
第二个行权期	N+1 年净资产收益率不低于××%，以 N 年年度净利润为基数，公司 N+1 年年度净利润较 N 年复合增长率不低于××%，以 N 年年度营业收入为基数，公司 N+1 年年度营业收入较 N 年复合增长率不低于××%
第三个行权期	N+1 年净资产收益率不低于××%，以 N 年年度净利润为基数，公司 N+1 年年度净利润较 N 年复合增长率不低于××%，以 N 年年度营业收入为基数，公司 N+1 年年度营业收入较 N 年复合增长率不低于××%

1. JD（集团）股份有限公司股票期权激励绩效考核案例

（1）考核组织职责分工

董事会薪酬与考核委员会负责组织和审核考核工作。

公司绩效管理小组（由公司人力资源部、经营管理部、计划财务部等相关职能部门人员组成）负责具体实施考核工作，负责相关考核数据的搜集和提供，并对数据的真实性和准确性负责。

（2）考核项目与指标

公司强调以高绩效为导向，对于考核对象以工作业绩为依据进行客观、公正的考核。

运用平衡记分卡（BSC），针对股权激励对象中的中高级员工，从财务、客户、内部流程与学习成长四个维度考虑应关注的关键增值领域，形成可衡量的关键绩效指标。其中：

① 财务维度考核项目主要指标：净利润额、销售额/回款额、土地储备。

② 客户维度考核项目主要指标：客户满意度。

③ 内部流程维度考核项目主要指标：营运管理、流程管理、开发能力提升。

④ 学习与成长维度考核项目主要指标：组织能力建设、人才培养。

对于股权激励对象中的其他员工，绩效指标主要来自两个方面：部门绩效指标的分解落实和本人所从事岗位工作职责的相关性指标。各岗位考核指标的目标值和权重由其上级领导确定。

激励对象在考核期内发生岗位变动的，考核指标跟随岗位变动，个人所获授期权数量不调整（因个人原因被撤职、降职者除外）。年终统计时，前后岗位按照时间段确定权重，汇总计算绩效等级。

各岗位考核指标参照公司相关体系年度考核方案制定，主要包括工作业绩、工作能力、工作态度等几个方面。

（3）绩效评价者及其评分权重（见表7-5）

表 7-5 绩效评价者及其评分权重

被评价人 \ 评价人	董事会薪酬与考核委员会	董事长	总裁	主管领导	子公司/集团部门第一负责人
董事长	100%				
总裁	100%				
高级管理人员、董事会秘书、受薪董事	60%		40%		
子公司/集团部门第一负责人	40%		30%	30%	
其他员工					100%

（4）绩效等级

关键绩效指标一般设有三个指标值：门槛值、目标值、挑战值。

① 门槛值是在该绩效指标上最低应达到的水平；未完成门槛值，绩效得分为D。

② 目标值是在该绩效指标上在符合要求的情况下应达到的水平；完成门槛

值但未达成目标值，绩效得分为 C。

③ 挑战值是对超额完成该绩效指标的要求。并非所有的绩效指标都有挑战值，如果该指标的超额完成能够对公司绩效和战略目标有很大贡献，可以为该指标设置挑战值。完成目标值但未完成挑战值，绩效得分为 B；完成挑战值，绩效得分为 A。

（5）考核流程

① 绩效考核体系包括年度、季度、月度考核，与股权激励计划挂钩的绩效考核结果指的是年度业绩考核结果，即对员工年度工作完成情况进行的评定。

② 每一考核年度由公司制定股权激励对象年度工作业绩目标，并与被考核对象签订年度业绩目标责任书。其中，董事、高级管理人员的业绩目标责任书应报公司董事会薪酬与考核委员会备案。

③ 年度考核由集团绩效管理小组负责具体考核操作，根据年度工作业绩目标的实际完成情况，集团绩效管理小组对被考核人的工作业绩进行评估，将评估结果报给评价人，由评价人对被评价人进行绩效评价，并最终形成被评价人的年度绩效考核结果。其中，董事、高级管理人员的年度考核结果应报公司董事会薪酬与考核委员会备案。

④ 若激励对象的年度业绩考核结果为 B 以上（含 B），则其当年绩效表现达到行权条件，可以申请当年标的股票的行权；若激励对象的年度绩效考核结果为 B 以下，则其当年未达到行权条件，取消其当年标的股票的行权资格。

2. Y 软件股份有限公司股票期权激励绩效考核案例

（1）考核职责分工

公司董事会薪酬与考核委员会负责领导与审核考核工作。

公司董事会薪酬与考核委员会工作小组负责具体实施考核工作。

公司人力资源部、财务部等相关部门负责相关考核数据的搜集与提供，并对数据的真实性、可靠性负责。

（2）考核内容

职业素质、道德、态度和能力、团队精神、工作业绩等。

（3）考核形式

按照公司《绩效管理工作规范》的有关规定，结合公司对员工的绩效考核情况，采取年度业绩合同与关键业绩指标（KPI）等形式考核激励对象。

（4）考核周期

考核周期为一个完整会计年度。

（5）考核流程

在公司绩效考核流程的基础上，完善激励考核流程（见表7-6）。

表7-6　考核流程

环节	计划	执行	评估	应用
内容	基于公司年度经营计划，在机构部门、岗位层面设定主要工作目标和业绩目标，并予以确认。年度计划以业绩合同确认，季度计划以KPI确认	主管与下属就本周期工作计划进行沟通并达成一致，通过辅导和激励，帮助下属达成业绩目标	在考核期末，主管通过绩效评估和绩效面谈，对下属的业绩表现进行反馈，同时商定下一个考核周期的绩效目标	根据绩效评估结果，实施激励与处罚措施

（6）考核结果应用（见表7-7）

表7-7　考核结果应用

考核等级	考核结果	考核应用
A+	优秀	符合绩效考核条件
A		符合绩效考核条件
B+	良好	符合绩效考核条件
B		符合绩效考核条件
C	尚待改进	不符合绩效考核条件
D	不胜任	不符合绩效考核条件

第六节 激励方案

1. 授予股权数量的确定（见表7-8）

表7-8 授予股权数量的确定

项目	计算公式
授予数量	个人激励额度＝激励总量×激励对象个人分配系数÷公司总分配系数
总分配系数	公司总分配系数＝∑个人分配系数

个人分配系数实际上代表激励对象的评价得分，因此需要建立一个评价模型（参考图7-1所示模型）。

人才价值　薪酬岗位　考核成绩　入职时间

［注］个人分配系数＝人才价值系数×20%＋薪酬岗位系数×40%＋考核成绩系数×20%＋入职时间系数×20%

图7-1 考核模型

2. 人才价值的评价标准

企业可以根据自身情况具体制定评价标准，激励对象的学历、工作能力、工作的重要性等都可以作为评价依据，然后根据评分结果确定人才价值系数（可参考表7-9）。

表7-9 人才价值评价标准

分数段	等级	人才价值系数
95分及以上	A	3
85～94分	B	2.5
75～84分	C	2
74分及以下	D	1

3. 薪酬岗位的评价标准

薪酬岗位系数反映激励对象在授予年度的实际工资水平，可将最低工资的激励对象的薪酬系数标准设为1，其余激励对象的薪酬除以最低工资的激励对象的薪酬即可得到各自的薪酬系数。

4. 考核成绩的评价标准

考核系数可以根据激励对象的年度考核等级确定，可参考表7-10。

表7-10 激励对象的年度考核系数

入职年数	1≤Y＜2	2≤Y＜3	3≤Y＜4	4≤Y＜5	……
入职时间系数	1	1.05	1.1	1.15	……
职等职级					
分级	管理序列M			专业序列P	
岗位级别	职务等级	职称		职务等级	职称
决策层	M8	总经理			
	M7	副总经理			
高层管理	M6	高级一级中心总监（分公司总经理）			
	M5	一级中心总监			
中层管理	M4	高级部门经理		P8	首席专家
	M3	中级部门经理		P7	资深专家
	M2	初级部门经理		P6	高级专家
	M1	主管		P5	专家
				P3	专员
				P2	助理
				P1	实习生

第八章 相关文件示例

第一节 奋斗者为中心的有限合伙协议[1]

本合伙协议（以下简称"本协议"）由以下各方于××年××月××日在××签订。

合伙人：

身份证号：

合伙人：

身份证号：

……

各方经充分协商，一致同意出资成立奋斗者（有限合伙）（以下简称"合伙企业"或"奋斗者"）。为此，各方为维护合伙企业、合伙人的合法权益，规范合伙企业的组织和行为，根据《合伙企业法》和其他有关法律法规的规定，制订本协议。

第一章 总则

第一条 奋斗者是由普通合伙人和有限合伙人组成的有限合伙企业，普通合伙人对奋斗者的债务承担无限连带责任，有限合伙人以其认缴的出资额为限对奋斗者债务承担责任。

---

[1] 本协议为有限合伙制股权激励平台样本。

第二条 本协议的订立遵循自愿、平等、公平、诚实信用原则，本协议自全体合伙人签字之日起生效，即对全体合伙人产生法律约束力。

第三条 本协议中的各项条款与法律法规、规章不符的，以法律法规、规章的规定为准。

第二章 合伙企业的名称、主要经营场所、合伙期限

第四条 合伙企业名称：奋斗者（有限合伙）。

第五条 合伙企业主要经营场所：××

第六条 合伙企业自营业执照签发之日起成立，合伙期限为二十年，届时若全体合伙人决议同意，可延长奋斗者存续期限。

第三章 合伙企业的目的与经营范围

第七条 合伙企业的目的：通过合伙方式，将平台公司打造成一个共享、共担、共赢的合伙平台。

第八条 合伙企业的经营范围：实业投资；企业管理咨询（企业经营涉及行政许可的，凭许可证件经营）。

第四章 合伙人的姓名、住所

第九条 本协议生效之日，奋斗者由××名合伙人共同出资设立，其中普通合伙人××名，有限合伙人××名。

第十条 奋斗者的合伙人应当具有完全民事行为能力。法律法规禁止从事经营的国家公务员、法官、检察官、警察等不能成为奋斗者合伙人，奋斗者合伙人同时应当具备以下条件：

（一）为平台公司中层以上员工；

（二）其缴付至合伙企业的出资来源合法。

第十一条 本协议生效之时普通合伙人的基本情况如下：

序号	普通合伙人姓名	身份证号码	合伙人住所

第十二条 本协议生效之时有限合伙人的基本情况如下：

序号	有限合伙人姓名	身份证号码	合伙人住所

第五章 合伙人的出资和财产份额

第十三条 合伙企业出资总额为××万元，经协商，全体合伙人均以货币出资，各合伙人认缴的出资额、出资比例及其他具体情况如下：

序号	姓名	合伙人性质	出资方式	认缴出资数额（万元）	认缴出资比例（%）	缴付截止日期

第十四条 全体合伙人一致确认，各合伙人应于××年××月××日（出资到账日）前，将各自的认缴出资额全额缴付至本有限合伙企业在××银行开立的银行账户。

第十五条 在合伙人认缴的企业出资总额范围内，合伙人应遵守其约定并按期依法足额缴纳出资，未按期足额缴纳的，应当承担补缴义务，并对其他合伙人承担违约责任。

第六章 约定服务期

第十六条 有限合伙人同意自本协议签订之日起在平台公司及其下属企业工作，工作期限自本协议签订之日至平台公司在中国A股上市且平台公司在中国A股上市之日起算不少于××年（以下简称"约定服务期"）。

第十七条 本协议所指约定服务期是指，本协议之有限合伙人在平台公司及其下属企业工作，同意平台公司根据其在平台公司及下属企业服务期限及所做的贡献，按照本协议之约定的优惠认缴价格认缴出资额，作为对等条件，有限合伙人同意按照本协议的约定在平台公司及其下属企业工作或者服务满一定的期限。

第七章 合伙事务的执行

第十八条 奋斗者的合伙事务由执行事务合伙人执行。

第十九条 奋斗者之执行事务合伙人应具备如下条件：

（一）为奋斗者的普通合伙人；

（二）为平台公司中层以上管理人员；

（三）不存在因贪污、贿赂、侵占财产、挪用财产或者破坏社会主义市场经济秩序，被判处刑罚，执行期满未逾五年，或者因犯罪被剥夺政治权利，执行期满未逾五年的情形；

（四）不存在担任破产清算的公司、企业的董事或者厂长、经理，对该公司、企业的破产负有个人责任的，自该公司、企业破产清算完结之日起未逾三年的情形；

（五）不存在担任因违法被吊销营业执照、责令关闭的公司、企业的法定代表人，并负有个人责任的，自该公司、企业被吊销营业执照之日起未逾三年的情形；

（六）不存在个人所负数额较大的债务到期未清偿的情形。

第二十条 执行事务合伙人出现以下情形之一的，应当辞去执行事务合伙人，由其他普通合伙人担任：

（一）不具备本章第十九条约定的担任执行事务合伙人条件；

（二）其他普通合伙人认为其不适合继续担任本合伙企业执行事务合伙人。

第二十一条 全体合伙人以签署本协议的方式一致同意选择普通合伙人××为奋斗者执行事务合伙人。

第二十二条 执行事务合伙人有权代表奋斗者对外进行经营管理活动，上述活动所产生的费用由全体合伙人承担。

第二十三条 执行事务合伙人对全体合伙人负责，行使下列职权：

（一）制订合伙企业的发展规划、业务活动计划，代表合伙企业对外开展业务，订立合同；

（二）制定合伙企业的年度财务预算、决算方案；

（三）制定合伙企业的利润分配、亏损分担方案；

（四）决定合伙企业内部管理机构的设置；

（五）制定合伙企业的管理制度；

（六）聘任合伙企业的经营管理人员；

（七）决定合伙企业经营管理中的其他事项。

执行事务合伙人应当定期向其他合伙人报告事务执行情况以及合伙企业的经营和财务状况，其执行合伙事务所产生的收益归合伙企业，所产生的费用和亏损由合伙企业承担。

第二十四条 执行事务合伙人在执行合伙事务中存在以下情形的，其他普通合伙人可以终止其执行事务合伙人资格，另行委派其他普通合伙人担任执行事务合伙人：

（一）存在不符合本协议第七章第十九条、第二十条约定情形的；

（二）执行合伙事务中因故意或者重大过失给合伙企业造成损失的；

（三）执行合伙事务中因故意或者重大过失给平台公司或者其下属企业造成损失的。

第二十五条 执行事务合伙人因本章第二十四条的原因造成合伙企业或者平台公司及其下属企业损失的，应当向合伙企业赔偿。

第二十六条 有限合伙人不执行合伙事务，不得对外代表有限合伙企业。有限合伙人未经授权以奋斗者名义与他人进行交易，给奋斗者或者其他合伙人造成损失的，该有限合伙人应当承担赔偿责任。

第二十七条 有限合伙人的下列行为，不视为执行合伙事务：

（一）参与决定普通合伙人入伙、退伙；

（二）对企业的经营管理提出建议；

（三）参与选择承办合伙企业审计业务的会计师事务所；

（四）获取经审计的合伙企业财务会计报告；

（五）对涉及自身利益的情况，查阅合伙企业财务会计账簿等财务资料。

第二十八条 奋斗者的下列事项应当经全体普通合伙人同意：

（一）改变合伙企业的名称；

（二）改变合伙企业的经营范围、主要经营场所的地点；

（三）处分合伙企业的不动产；

（四）转让或者处分合伙企业的知识产权和其他财产权利；

（五）以合伙企业名义为他人提供担保；

（六）聘任合伙人以外的人担任合伙企业的经营管理人员；

（七）转让合伙企业所持平台公司的股份；

（八）合伙人向其他合伙人或合伙人以外的第三人转让其在合伙企业的全部或部分财产份额；

（九）合伙人以其在合伙企业中的财产份额出质的；

（十）合伙人增加或者减少对合伙企业的出资；

（十一）普通合伙人转变为有限合伙人，或者有限合伙人转变为普通合伙人；

（十二）修改和补充本合伙协议；

（十三）合伙人的入伙、退伙。

第八章　入伙与退伙

第二十九条　新合伙人入伙，应当经全体普通合伙人同意，并依法订立书面入伙协议。订立入伙协议时，原合伙人应当向新合伙人如实告知原合伙企业的经营状况和财务状况。入伙的新合伙人与原合伙人享有同等权利，承担同等责任。

第三十条　新入伙的普通合伙人对入伙前合伙企业的债务承担无限连带责任。新入伙的有限合伙人对入伙前合伙企业的债务，以其认缴的出资额为限承担责任。

第三十一条　在奋斗者存续期间，有下列情形之一的，合伙人可以退伙：

（一）法定或合伙协议约定的退伙事由出现；

（二）合伙人提出申请并经全体普通合伙人同意；

（三）经三分之二以上合伙份额表决同意后作出特别决议要求该合伙人退伙；

（四）合伙人严重违反合伙协议约定的其他义务。

合伙人有下列情形之一的，当然退伙：

（一）作为合伙人的自然人死亡或者被依法宣告死亡；

（二）个人丧失偿债能力；

（三）作为合伙人的法人或者其他组织依法被吊销营业执照、责令关闭、撤销，或者被宣告破产；

（四）法律规定或者本协议约定合伙人必须具有相关资格而丧失该资格；

（五）合伙人在合伙企业中的全部财产份额被人民法院强制执行。

第三十二条 退伙事由实际发生之日为退伙生效日。

（一）作为有限合伙人的自然人死亡、被依法宣告死亡或者作为有限合伙人的法人及其他组织终止时，其继承人或者权利承受人可以依法取得该有限合伙人在合伙企业中的资格。

（二）作为普通合伙人的自然人被依法认定为无民事行为能力人或者限制民事行为能力人的，经其他合伙人一致同意，可以依法转为有限合伙人；其他合伙人未能一致同意的，该无民事行为能力或者限制民事行为能力的合伙人退伙。作为有限合伙人的自然人在合伙企业存续期间丧失民事行为能力的，其他合伙人不得因此要求其退伙。

第三十三条 合伙人有下列情形之一的，经全体普通合伙人同意，可以决议将其除名：

（一）未履行出资义务；

（二）因故意或者重大过失给合伙企业造成损失；

（三）因故意或者重大过失给平台公司或者其下属企业造成损失；

（四）因违法违规或者违反平台公司内部规章制度而被平台公司及其下属企业依法解聘或开除；

（五）发生合伙协议约定的事由。

对合伙人的除名决议应当书面通知被除名人。被除名人接到除名通知之日，除名生效，被除名人退伙。

第三十四条 除本协议另有约定，有限合伙人承诺，自合伙企业成立之日起至平台公司首次公开发行股票并上市交易之日起算不少于××年不得以任何理由提出退伙。

第三十五条 除非法律和本协议第九章对有限合伙人转让财产份额有限制性约定，有限合伙人可以以书面方式申请全部或部分退伙，以间接转让其持有的平台公司股份而实现投资收益，因此而产生的税费依法由相关各方自行承担。届时普通合伙人应当予以配合。

第三十六条 合伙人退伙，在本协议约定的服务期内的，按照本协议约定服务期相关条款将其持有的财产份额转让给非执行合伙事务的普通合伙人；在本协议约定的服务期以外的，拟接受转让的其他合伙人应当与该退伙人按照退伙时的合伙企业财产状况进行结算，退伙人对给合伙企业造成的损失负有赔偿责任的，则相应扣减其应当赔偿的数额。退伙时有未了结的合伙企业事务的，待该事务了结后再进行结算。

第三十七条 普通合伙人退伙后，应当对基于其退伙前的原因发生的合伙企业债务承担无限连带责任。有限合伙人退伙后，对基于其退伙前的原因发生的有限合伙企业债务，以其退伙时从有限合伙企业中取回的财产为限承担责任。

第三十八条 普通合伙人转变为有限合伙人，或者有限合伙人转变为普通合伙人，应当经全体普通合伙人同意。

第三十九条 有限合伙人转变为普通合伙人的，对其作为有限合伙人期间合伙企业发生的债务承担无限连带责任；普通合伙人转变为有限合伙人的，对其作为普通合伙人期间合伙企业发生的债务承担无限连带责任。

第四十条 非执行合伙事务的普通合伙人有权将其持有的合伙企业份额中的部分转让给其他人，包括但不限于本协议签署时的有限合伙人、新入伙有限合伙人或者指定第三人，有限合伙人不得对普通合伙人转让的合伙份额主张优先受让权。

第四十一条 各方同意，除非执行事务合伙人违反法律和本协议的相关约定当然退伙或者被除名，执行事务的普通合伙人不得退伙。

第九章　有限合伙财产份额流转的限制

第四十二条　本协议所述有限合伙财产份额流转包括财产份额转让、财产份额质押和财产份额委托管理等可能导致财产份额持有人在形式上或实质上发生变化的情形。

第四十三条　如果有限合伙人在平台公司首次公开发行股票并上市前要求从平台公司及其下属企业离职，有限合伙人应自其离职之日起十五日内按照其根据本协议缴付的份额原值另加同期银行贷款利率计算的利息将其持有的奋斗者份额全部转让给非执行合伙事务的普通合伙人或其指定的第三方。

第四十四条　如果有限合伙人在约定服务期限内因其违法违规或者违反平台公司内部规章制度而被平台公司及其下属企业依法解聘或开除，则有限合伙人应自其离职、被解聘或开除之日起十五日内按照其根据本协议缴付的份额原值另加同期银行贷款利率计算的利息将其持有的奋斗者份额全部转让给非执行合伙事务的普通合伙人或其指定的第三方。

第四十五条　如果有限合伙人在约定服务期限内从平台公司及其下属企业降职（从原有级别下降），有限合伙人应自其降职之日起十五日内按照其根据本协议缴付的按出资时所占份额的××%，按市场贷款利息（扣除税、费），转让给非执行合伙事务的普通合伙人或其指定的第三方。

第四十六条　根据有限合伙人与平台公司及其下属企业所签订的劳动合同，在约定服务期内，为满足平台公司首次公开发行股票并上市的需要，根据中国证监会及上海或深圳证券交易所的有关规定，有限合伙人自平台公司首次公开发行股票并上市交易之日起三年之内不得以任何形式流转其所持有的奋斗者的份额。

第四十七条　自平台公司在中国A股上市后第四年起，有限合伙人可以每年按照其持有的奋斗者出资份额的××%、××%、××%的比例转让其财产份额。有限合伙人转让其财产份额，必须同时满足以下条件，如未满足设定条件，则当年不能转让出资份额，顺延至下一年。

（一）平台公司自在中国A股上市第三年起，至有限合伙人份额可以全部

转让时止，平台公司每年净利润增长不低于上年净利润的××%

（二）平台公司当年度销售净利率不低于××%，加权平均净资产收益率不低于××%。

有限合伙人满足本条约定转让其资产份额的，可解锁部分在二级市场转让所得，余下部分应当按照以下转让价格将其持有的财产份额转让给非执行合伙事务的普通合伙人或者其指定的第三方：

转让价格＝扣除已在二级市场解锁部分间接持有平台公司股份比例对应离职前一年度净资产（扣除税费）

第四十八条　如果有限合伙人在平台公司首次公开发行股票并上市后，禁售期内要求从平台公司及其下属企业离职，有限合伙人应自其离职之日或开除之日起十五日内按照以下价格转让给非执行合伙事务的普通合伙人或其指定的第三方：

转让价格＝间接持有平台公司股份比例对应离职前一年度净资产（扣除税费）

第四十九条　担任平台公司董事、监事或高级管理人员的合伙人在任职期间转让奋斗者出资份额每年不超过25%，离职半年内不得转让。

第五十条　截至××年××月××日，如平台公司不能完成在中国A股上市发行，有限合伙人可以转让其出资份额，但应经普通合伙人同意，且只能向其他有限合伙人转让，非执行合伙事务的普通合伙人或其指定的第三方在同等条件下具有优先受让权，每股转让价即为每股上年末净资产。

第五十一条　有限合伙人同意，不论因任何原因和理由，有限合伙人转让其持有的奋斗者份额时，非执行合伙事务的普通合伙人或其指定的第三方在同等条件下具有优先受让权。

第五十二条　在非执行事务合伙的普通合伙人或其指定的第三方放弃优先受让权的情况下，有限合伙人可以将其持有的奋斗者份额转让给其他第三方。

第五十三条　非经全体普通合伙人同意，合伙人不得同奋斗者进行交易，不得自营或者同他人合作经营与奋斗者及平台公司和下属企业相竞争的业务，不得将其在有限合伙企业中的财产份额出质。

第五十四条　非经全体普通合伙人同意,有限合伙人不得转让其在奋斗者中的财产份额。有限合伙人向合伙人以外的人转让其在奋斗者中的财产份额的以及有限合伙人之间转让在奋斗者中的全部或者部分财产份额时,应当经全体普通合伙人同意。普通合伙人或其指定第三方对有限合伙人转让的财产份额具有优先受让权。

第五十五条　有限合伙人在任何时间从奋斗者退伙,将由有限合伙人自行承担因此产生的税费。

第十章　普通合伙人决策机制

第五十六条　普通合伙人根据本协议的约定行使相关权利,履行相关义务,需要经普通合伙人作出决议的事项,如普通合伙人之间意见不一致,按照执行合伙事务的普通合伙人的意见进行决策。

第十一章　继承

第五十七条　合伙人死亡或者被依法宣告死亡的,对该合伙人在合伙企业中的财产份额享有合法继承权的继承人,经全体合伙人同意,从继承开始之日起,取得该合伙企业的合伙人资格。

第五十八条　普通合伙人的继承人能够成为合伙企业的普通合伙人,有限合伙人的继承人能够成为合伙企业的有限合伙人。普通合伙人的继承人为无民事行为能力人或者限制民事行为能力人的,普通合伙人的监护人可以代理该普通合伙人的继承人依法成为合伙企业的普通合伙人。

第五十九条　有下列情形之一的,合伙企业应当向合伙人的继承人退还被继承合伙人的财产份额:

(一)继承人不愿意成为合伙人;

(二)全体合伙人认为继承人必须具有相关资格,而该继承人未取得该资格;

(三)平台公司未上市前,合伙人若死亡,其在合伙企业中的财产份额按出资额加银行同期贷款利息转让给非执行事务的普通合伙人;

(四)平台公司未上市前,合伙人非履行本企业职责或者非因公致残,不能继续在平台公司及下属企业原岗位上工作的,其在合伙企业中的财产份额按出资额加银行同期贷款利息转让给合伙企业非执行合伙事务的普通合伙人；

（五）本协议约定不能成为合伙人的其他情形。

第十二章 利润分配、亏损分担方式

第六十条 奋斗者的利润按照合伙人实际拥有合伙企业的财产份额按比例分享。

第六十一条 利润分配方案在会计年度终止且平台公司就利润分配做出股东会决议后三十日内向全体合伙人公布。

第六十二条 合伙企业发生亏损时按照合伙人实际拥有合伙企业的财产份额按比例承担。

第六十三条 奋斗者对其债务，应先以其全部财产进行清偿。奋斗者不能清偿到期债务的，普通合伙人对奋斗者债务承担无限连带责任，有限合伙人以其出资额为限对奋斗者债务承担有限责任。

第十三章 合伙企业的解散与清算

第六十四条 奋斗者有下列情形之一的，应当解散：

（一）合伙期限届满，合伙人决定不再经营；

（二）合伙协议约定的解散事由出现；

（三）全体合伙人决定解散；

（四）合伙人已不具备法定人数满三十日；

（五）合伙协议约定的合伙目的已经实现或者无法实现；

（六）依法被吊销营业执照、责令关闭或者被撤销；

（七）法律、行政法规规定的其他原因。

第六十五条 奋斗者解散，应当由清算人进行清算。奋斗者应指定普通合伙人作为清算人，清算人指定数个有限合伙人组成清算组协助清算人依法进行清算工作。清算人在清算期间执行下列事务：

（一）清理合伙企业财产，分别编制资产负债表和财产清单；

（二）处理与清算有关的合伙企业未了结事务；

（三）清缴所欠税款；

（四）清理债权、债务；

（五）处理合伙企业清偿债务后的剩余财产；

（六）代表合伙企业参加诉讼或者仲裁活动。

第六十六条　清算人自被确定之日起十日内将合伙企业解散事项通知债权人，并于六十日内在报纸上公告。债权人应当自接到通知书之日起三十日内，未接到通知书的自公告之日起四十五日内，向清算人申报债权。债权人申报债权，应当说明债权的有关事项，并提供证明材料。清算人应当对债权进行登记。

第六十七条　清算期间，合伙企业存续，但不得开展与清算无关的经营活动。

第六十八条　合伙企业财产在支付清算费用和职工工资、社会保险费用、法定补偿金以及缴纳所欠税款、清偿债务后的剩余财产，依照合伙人财产份额进行分配。

第六十九条　奋斗者注销或依法被宣告破产后，原普通合伙人对合伙企业存续期间的债务仍应承担无限连带责任。

第十四章　争议解决办法

第七十条　本协议的订立、有效性、解释和履行适用中华人民共和国法律。

第七十一条　因本协议引起或与本协议有关的任何争议，包括但不限于有关违反本协议、本协议的终止或有效性的任何争议，各方首先应争取通过友好协商解决。如各方无法通过协商解决争议，除本协议另有约定外，则任何一方均可将争议提交××仲裁委员会（下称"仲裁委"），按照中国仲裁法和该仲裁委其时有效的仲裁规则进行仲裁。仲裁委根据法律及其仲裁规则做出的裁决是终局的，对各方均有约束力。仲裁期间，除正在进行仲裁的部分或直接和实质地受仲裁影响的部分外，本协议其余条款应继续履行。

第十五章　违约责任

第七十二条　违反本协议第二章的规定未履行或未足额履行出资义务的，

合伙人应按未履行出资数额的××%向其他合伙人承担违约责任；未履行出资义务的合伙人参与利润分配的比例按其已出资金额扣减违约金后剩余金额的比例享受分配，但必须按其占出资总额的比例分担债务和亏损。

第七十三条　执行事务合伙人执行合伙事务过程中存在故意或重大过失而产生合伙事务的损失的，应向其他合伙人承担赔偿责任。

第七十四条　违反本协议其他约定的，应依法承担违约责任。

第十六章　可分割性

第七十五条　如本协议的任何条款或该条款对任何人或情形适用时被认定无效，其余条款或该条款对其他人或情形适用时的有效性并不受影响。

第十七章　其他

第七十六条　本协议一式（　）份，合伙人各执（　）份，合伙企业保存（　）份，其余（　）份用于办理工商、税务等。

第七十八条　本协议经全体合伙人签字后生效。

第二节　合伙份额转让协议

本合伙份额转让协议（以下简称"本协议"）由以下双方在友好协商、平等、自愿、互利互惠的基础上，于××年××月××日在××签署。

协议双方：

出让方：

身份证号：

（以下简称"出让方"）

受让方：

身份证号：

（以下简称"受让方"）

鉴于：

1.××（以下简称"标的企业"）是一家于××年××月××日在××合法注册成立并有效存续的有限合伙企业，现注册地址为××，统一社会信用码为××，执行事务合伙人××，经营范围为××。

2.出让方在本合同签订之日前为标的企业的原合伙人，出让方持有标的企业的合伙份额总额为××元，占标的企业合伙份额总额的××%。

3.现出让方与受让方经友好协商，在平等、自愿、互利互惠的基础上，一致同意出让方将其所拥有的标的企业的合伙份额转让给受让方，并签署本合同。

定义：

除法律以及本协议另有规定或约定外，本协议中词语及名称的定义及含义以下列解释为准：

1.合伙份额：出让方因其缴付标的企业注册资本的出资并具有标的企业合伙人资格而享有的中国法律和《××（标的企业）之合伙协议》（以下简称"合伙协议"）所赋予的合伙人权利，包括但不限于对于标的企业的资产受益、重大决策和选择管理者等权利。

2.协议生效日：指合同发生法律效力、在协议双方当事人之间产生法律约束力的日期。

3.协议签署之日：指合同双方在本协议文本上签字之日。

4.认缴出资额：指在公司登记机关登记的公司全体合伙人认缴的出资额。

5.合同标的：指出让方转让其所持有的标的企业的××万份合伙份额。

6.转让日：指受让人依据本合同受让合同标的并办理完成工商变更登记之日。

7.法律法规：于本协议生效日前（含本合同生效日）颁布并现行有效的法律法规和由中华人民共和国政府及其各部门颁布的具有法律约束力的规章、办法以及其他形式的规范性文件，包括但不限于《合伙企业法》《民法典》等。

第一章　合伙份额的转让

1.1　标的

出让方转让其所持有的标的企业的××万份合伙份额，占比××%。

1.2　转让方式

（根据合伙协议以及双方合意之方式协商进行）

1.3　转让价格

依据本协议进行的合伙份额转让的转让价格以合伙份额截至（份额让与当年近期的财务报告）确定的每股净资产为参考，确定本次合伙份额转让价格为××元/份额。

1.4　付款期限

依据本合同进行的合伙份额转让，自本合同第5.2条约定的合伙人会议审议批准合同标的转让之日起七个工作日内，受让方应当依据本合同第5.3条向出让方支付本次合伙份额转让的全部转让价款。出让方应在收到受让方支付的该次合伙份额转让的全部转让价款后五个工作日内向受让方开具收据并及时将该收据送达受让方。

第二章　转让生效与限制条件

受让方承诺本合同签署之时，受让方已达到如下条件：

（1）最近三年内未被证券交易所公开谴责或宣布为不适当人选；

（2）最近三年内未因重大违法违规行为被中国证监会予以行政处罚或采取市场禁入措施或者被全国股份转让系统公司予以自律监管措施和纪律处分；

（3）未因违法违规行为被行政处罚或刑事处罚；

（4）不存在《中华人民共和国公务员法》《关于严禁党政机关和党政干部经商、办企业的决定》《国有企业领导人员廉洁从业若干规定》《中国人民解放军内务条令》等国家法律法规、规章及规范性文件规定不适宜担任公司股东的情形。

若受让方违反上述承诺，出让方有权单方面终止本协议，并且要求受让方赔偿标的企业或其他第三方因此产生的全部损失。若受让方受让协议标的后，受让方出现上述不符合相关法律法规的情形，普通合伙人或其指定的其他有限合伙人有权立即以本协议 1.3 条约定的转让价格回购该受让方持有标的企业的全部合伙份额，受让方应当赔偿标的企业或其他第三方因此产生的全部损失。

第三章　限制转让

3.1　协议双方同意，受让方依据本合同受让协议标的之后，受让方有权转让协议标的，上述合伙份额转让应符合如下限制性条件：

（1）经普通合伙人同意；

（2）普通合伙人或其指定的其他有限合伙人依据本协议第 3.5 条的规定受让协议标的或者受让方自转让日起六十个月后的首个工作日之后（含当日）可以转让协议标的。

3.2　受让方转让符合本协议 3.1 条约定的限制性条件的协议标的应履行如下程序：

（1）受让人向普通合伙人提出申请，并明确申请转让的合伙份额数量和价格，其中转让价格按以下标准执行：

（转让价格执行标准可在法律允许范围内自行确定）

（2）普通合伙人有权确认和调整本条约定的转让价格。

3.3　受让方转让符合本合同第 3.1 条约定的限制性条件的协议标的时，如普通合伙人同意转让，则按照如下顺序进行转让：

（1）普通合伙人或其指定的第三方具有优先受让权；

（2）如普通合伙人和其指定的第三方均放弃优先受让权，受让方可将其合伙份额转让给其他第三方；

（3）如履行上述程序后仍无人受让的，则普通合伙人必须受让该部分出资份额并支付转让价款。

3.4　除普通合伙人或其指定的其他有限合伙人依据本协议第 3.5 条的规定受让协议标的之外，自转让日起六十个月之内受让方不得就其受让的协议标的进行任何形式的处置（包括但不限于对激励股权进行转让、质押、设定任何负担、用于偿还债务或申请减资退伙等）。因司法裁决、继承等原因导致受让方受让的协议标转让给第三方（以下简称"后续持有人"）的，后续持有人应继续履行本协议第 3.1 条、第 3.2 条、第 3.3 条、第 3.4 条及第 3.6 条的约定。受让方应保证后续持有人知晓并履行本协议约定的义务。

3.5　受让方同意自成为标的企业合伙人五年内不退出标的企业。

如果受让方自成为有限合伙人不足三年（包含三年）期间，要求从标的企业或其下属企业离职，或因其违法违规或者违反标的企业内部规章制度而被标的企业或其下属企业依法解聘或开除，该受让方应自其离职之日起十五日内按照其根据本合同缴付的份额原值加每年百分之十年化利率扣减累计已分红金额（含税）的价格将其持有的标的企业合伙份额全部转让给普通合伙人或其指定的其他有限合伙人，如该受让方逾期不办理转让手续，视同该受让方完全放弃在合伙企业中的所有权利。

如果受让方自成为有限合伙人三年以上五年以内（包含五年）期间，要求从标的企业或其下属企业离职，或因其违法违规或者违反标的企业内部规章制度而被标的企业或其下属企业依法解聘或开除，普通合伙人将发出回购要求，回购价格为普通合伙人发出回购要求之日的上个月月末公司合并每股净资产乘以其持有的合伙份额对应的标的企业股份数量。该受让方应自普通合伙人发出回购要求之日起十五日内，将其持有的全部合伙份额转让给普通合伙人或其指定的其他有限合伙人，如该受让方逾期不办理转让手续，视同该受让方完全放弃在合伙企业中的所有权利。

3.6　受让方在发生上述回购和退出安排时，还应遵守中国法律法规及规范性文件的规定。

如标的企业申请首次公开发行股票并上市的，则在标的企业股份递交的申请材料获得中国证监会受理之日起，受让方还应遵守中国证监会关于上市公司股票禁售期的规定。

如标的企业股份被上市公司并购，激励对象还应遵守中国证监会关于上市公司股票禁售期的规定。

第四章 声明和保证

4.1 出让方向受让方声明和保证：

（1）出让方为协议标的的合法拥有者，其有资格行使对协议标的的完全处分权。协议签署日前之任何时候，出让方未与任何第三方签订任何形式的法律文件，亦未采取任何其他法律允许的方式对协议标的进行任何形式的处置，该处置包括但不限于转让、质押、委托管理、让渡附属于协议标的的全部或部分权利。

（2）本协议签署日后，出让方保证不会采取任何法律允许的方式对本协议标的的全部或部分进行任何方式的处置，该处置包括但不限于转让、质押、委托管理、让渡附属于协议标的的部分权利。

（3）在本协议签署日前及签署日后至转让日，出让方将按照法律法规要求履行相关程序，并保证本协议标的符合法律规定的可转让条件，不会因出让方原因或其他任何第三方原因而依法受到限制，以致影响合伙份额转让法律程序的正常进行，该情形包括但不限于法院依法对本协议标的采取冻结措施等。

（4）出让方保证根据本协议向受让方转让协议标的已征得标的企业全体合伙人的同意。出让方保证积极协助受让方办理协议标的转让的一切手续，包括但不限于修改合伙协议，向有关机关报送有关变更的文件。

4.2 受让方向出让方声明和保证：

（1）受让方承诺以个人名义受让协议标的，不存在代持情况，并承担因存在本条约定的代持行为对标的企业及出让方所造成的损失。

（2）受让方在办理合伙份额变更登记之前符合法律规定的受让协议标的之条件，不会因为受让方自身条件的限制而影响协议标的转让法律程序的正常进行。

（3）受让方有足够的资金能力收购协议标的，受让方保证能够按照本协议的约定支付转让价款。

第五章 协议双方的权利和义务

5.1 自依据本协议的规定办理转让工商变更登记手续完成之日起，出让方丧失其对协议标的享有的权利，对该部分合伙份额出让方不再享有任何权利，也不再承担任何义务；自本协议约定的转让条件达成并办理转让手续之日起，受让方根据有关法律及《合伙协议》的规定，按照其所受让的合伙份额比例享有权利，并承担相应的义务。

5.2 本合同签署之日起十个工作日内，出让方应负责组织召开合伙人会议，保证合伙人会议批准合同标的转让，并与受让方签署正式的入伙协议，出让方同意受让方成为标的企业的有限合伙人。受让方将与标的企业的其他合伙人重新签署合伙协议或者签订合伙协议的补充协议，并承诺入伙后将按照入伙协议及合伙协议的约定执行。

5.3 出让方依据本协议 5.2 条召开合伙人会议，并且合伙人会议审议批准协议标的转让之日起七个工作日内，受让方应向出让方支付本次合伙份额转让的全部转让价款。出让方应在收到受让方支付的该次合伙份额转让的全部转让价款后五个工作日内向受让方开具收据并及时将该收据送达受让方。

5.4 受让方依据本协议第 5.3 条的约定支付全部价款之日起十五个工作日内，出让方应与受让方共同完成协议标的转让的全部法律文件。

5.5 在按照本协议第 5.4 条约定完成该次合伙份额转让的全部法律文件之日起十五个工作日内，出让方应协助受让方按照中华人民共和国法律法规及时向有关机关办理变更登记。

5.6 出让方与受让方签署本合同不构成出让方或合伙企业对受让方聘用期限和聘用关系的任何承诺，签约公司对受让方的聘用关系仍按劳动合同的有关约定执行。

5.7 如转让时需履行合伙企业的合伙人会议决议程序，则合同双方应遵守《合伙协议》《合伙人会议议事规则》及法律法规规定的相应程序。

第六章 保密条款

6.1 对本次合伙企业合伙份额转让合同中，出让方与受让方对所了解的全部资料，包括但不限于出让方、受让方、标的企业的经营情况、财务情况、商业秘密、技术秘密等全部情况，出让方与受让方均有义务保密，除非该信息已经依法进入公众领域，或者法律法规有明确规定或司法机关强制要求，任何一方不得对外公开或使用。

6.2 出让方与受让方在对外公开或宣传本次合伙份额转让事宜时，采用经协商的统一口径，保证各方的商誉不受侵害，未经另一方同意，任何一方不得擅自对外发表有关本次合伙份额转让的任何言论、文字。

第七章 协议生效日

下列条件全部成就之日方为本协议的生效之日：

（1）本协议经协议双方签署后，自本协议文首所载签署日期，本协议即成立。

（2）出让方合伙人会议批准本次合伙份额转让。

第八章 不可抗力

8.1 本协议中"不可抗力"，指不能预知、无法避免并不能克服的事件，并且事件的影响不能依合理努力及费用予以消除。包括但不限于地震、台风、洪水、火灾、战争或国际商事惯例认可的其他事件。

8.2 本协议一方因不可抗力而无法全部或部分履行本协议项下的义务时，该方可暂停履行上述义务。暂停期限应与不可抗力事件的持续时间相等。待不可抗力事件的影响消除后，如另一方要求，受影响的一方应继续履行未履行的义务。但是，遭受不可抗力影响并因此提出暂停履行义务的一方，必须在知悉不可抗力事件之后十五天内，向另一方发出书面通知，告知不可抗力的性质、地点、范围、可能延续的时间及对其履行合同义务的影响程度；发出通知的一方必须竭其最大努力，减少不可抗力事件的影响和可能造成的损失。

8.3 如果协议双方对于是否发生不可抗力事件或不可抗力事件对合同履行的影响产生争议，请求暂停履行合同义务的一方应负举证责任。

8.4 因不可抗力不能履行协议的，根据不可抗力的影响，部分或全部免除责任。但当事人迟延履行后发生不可抗力的，不能免除责任。

第九章 违约责任

9.1 任何一方因违反作出的声明、保证及其他义务，应承担违约责任，造成对方经济损失的，还应承担赔偿责任。此赔偿责任应包括对方因此遭受的全部经济损失（包括但不限于对方因此支付的全部诉讼费用、律师费）。

9.2 除本协议另有约定以外，如出让方违反本协议之任何一项义务、声明和保证，须向受让方支付违约金，违约金为转让价款总额的百分之二十。如果导致受让方无法受让协议标的，则出让方应向受让方退还已支付的所有款项，并赔偿受让方由此遭受的一切直接和间接损失（包括但不限于受让方因此支付的全部诉讼费用和律师费）。

9.3 如受让方违反本协议之任何一项义务、声明和保证，须向出让方支付违约金，违约金为转让价款总额的百分之二十。如果造成出让方损失的，则受让方应向出让方赔偿出让方由此遭受的一切直接和间接损失（包括但不限于出让方因此支付的全部诉讼费用和律师费）。

9.4 若受让方在协议生效日之后非依法单方解除协议，则出让方有权要求受让方支付违约金，违约金为转让价款总额的百分之二十。若出让方在协议生效之后非依法单方解除协议，则受让方有权要求出让方支付违约金，违约金为转让价款总额的百分之二十。

9.5 根据本协议第九章各条款的约定，出让方应向受让方支付违约金的，出让方应在收到受让方发出的支付通知之日起十日内，按本协议第九章规定的违约金标准将全部违约金支付给受让方。

9.6 根据本协议第九章各条款的约定，受让方应向出让方支付违约金的，受让方应在收到出让方发出的支付通知之日起十日内，按本协议第九章规定的违约金标准将全部违约金支付给出让方。

第十章 其　　他

10.1 协议修订

本协议的任何修改必须以书面形式由各方签署。修改的部分及增加的内容，构成本协议的组成部分。

10.2 可分割性

如果本协议的部分条款被有管辖权的法院、仲裁机构认定无效，不影响其他条款效力的，其他条款继续有效。

10.3 协议的完整性

本协议构成协议双方之间的全部陈述和协议,并取代协议双方于协议签字日前就本协议项下的内容所作的任何口头或者书面的陈述、保证、谅解及协议。协议双方同意并确认,本协议中未订明的任何陈述或承诺不构成本协议的基础;因此,不能作为确定协议双方权利和义务以及解释协议条款和条件的依据。

10.4 通知

本协议规定的通知应以书面形式作出,并以邮寄、图文传真或者其他电子通信方式送达。通知到达收件方的联系地址方为送达。如以邮寄方式发送,以邮寄回执上注明的收件日期为送达日期。使用图文传真时,收到传真机发出的确认信息后,视为送达。

10.5 争议的解决

协议双方应首先以协商方式解决因本协议引起或者与本协议有关的任何争议。如协议双方不能以协商方式解决争议,则协议双方同意将争议提交有管辖权的人民法院处理。

10.6 协议附件

下列文件作为本协议之附件,与本协议具有同等的法律效力。

10.7 其他

本协议一式( )份,交易各方各持( )份,公司存档( )份,交有关机关备案( )份,均具有同等法律效力。

第三节 股权激励计划

术语:

公司,指有限公司或股份有限公司。

管理层持股平台，指公司为了激励公司管理人员、核心技术人员及业务人员，而设立的 XY 有限合伙企业；XY 有限合伙企业将以现金入股方式投资入股公司。

激励对象，指公司所确定的希望激励的公司管理人员、核心技术人员及业务人员。激励对象通过一定的程序和出资能够成为管理层持股平台的有限合伙人，进而间接持股公司股权。

一、计划宗旨

为进一步完善公司法人治理结构，建立和完善公司中层及以上管理人员、子公司主要负责人和核心技术及业务人员的激励约束机制，激励各级管理人员和骨干勤勉工作，增强广大员工的工作积极性，确保整个公司经营和管理活动围绕公司的战略目标展开，不断提升公司业绩，以推动公司战略目标的实现，特制订本计划。

二、激励计划的目的和原则

1. 本激励计划的目的

（1）进一步完善公司治理结构，建立股权激励与约束机制，形成股东与管理团队之间的利益共享与风险共担，充分调动公司管理团队和业务骨干积极性。

（2）进一步激励员工与公司共同持续、快速、健康成长，增强员工责任感、使命感、归属感。

（3）吸引和保留优秀管理人才和业务骨干，确保公司长期发展。

2. 本激励计划的原则

（1）公开、公平、公正。

（2）员工、公司、股东利益相一致，有利于公司的可持续发展。

（3）激励与约束相结合，风险与收益相对称。

（4）考核后兑现。

三、激励计划的基本内容

1. 激励计划原理

（1）本激励计划以管理层持股平台间接授予激励对象公司权益的方式对有贡献的员工给予激励。激励对象通过持有管理层持股平台权益从而间接持有公司的股权。

（2）管理层持股平台系有限合伙企业，公司实际控制人或公司高管担任管理层持股平台执行事务合伙人，激励对象为管理层持股平台的有限合伙人。执行事务合伙人享有管理层持股平台的管理权。

（3）管理层持股平台以现金出资的方式（或份额转让的方式）成为有限合伙企业合伙人并间接持有公司一定比例的股权，管理层持股平台增资的对价以公司最近一期经审计后的净资产作为计算依据。

（4）股权的价值体现在两个方面。第一，未来公司上市且股份锁定期届满后，激励对象指令管理层持股公司出售其间接持有的公司股份之时，二级市场上该股票的价格和原始股之间的差价。第二，管理层持股平台所获得的公司的分红，可以作为激励对象的收益。

2. 激励计划的管理机构

（1）公司股东会作为公司的最高权力机构，负责审议和批准本激励计划的实施、变更和终止。

（2）公司董事会是本股权激励计划的执行管理机构，负责拟订和修订本股权激励计划，报公司股东会审批和主管部门审核，并在股东会授权范围内办理本计划的相关事宜。

3. 激励计划的实施程序

（1）公司董事会制订激励计划，由公司股东会审议通过。

（2）公司董事会根据股东会的授权执行激励计划。

（3）公司监事核实激励对象名单。

4. 公司股份与管理层持股平台权益兑换比例

假定激励对象持有的有限合伙企业的出资份额为 S_1，管理层持股平台持有的公司股权数量为 S_2，激励对象持有的公司权益占公司权益的比例为 S_3，则激励对象通过持有管理层持股平台权益所间接持有的公司股份数量的计算公式如下：

$$S_1 = S_2 \times S_3$$

四、激励对象的选拔及其义务

1. 激励对象选拔范围

根据《公司法》及其他有关法律法规、规章以及公司章程和《XY 有限合伙协议》的约定，激励对象从下列人员中选拔产生：

（1）（中层以上）高级管理人员；

（2）由（公司总经理）提名的核心技术人员；

（3）由公司提名的核心业务人员；

（4）由公司董事会确定的其他人员。

2. 激励对象选拔标准

选拔标准为员工的业绩、能力、工作态度、团队合作精神、服务时间长短以及对于公司的忠诚度等，由各一级部门及子公司提交初步激励对象候选人，由公司总经理选拔并提交名单，由公司董事会审议通过。

依据《公司股权激励计划实施考核办法》对激励对象进行考核，激励对象经考核合格后方具有获得授予本计划项下股权的资格。

3. 激励对象的义务

（1）激励对象应当按公司所聘岗位要求，勤勉尽责、恪守职业道德，为公司的发展做出应有贡献。

（2）激励对象购股的资金来源应为激励对象自筹资金。

（3）激励对象获授的股份不得转让、用于担保或偿还债务。

（4）激励对象因本激励计划获得的收益，其本人应按国家税收法规交纳有关税费。

（5）激励对象在行权后离职，如果在离职的两年内到与公司生产或者经营同类产品、从事同类业务的有竞争关系的其他用人单位，或者自己开业生产或者经营同类产品、从事同类业务的，激励对象应当将其因获授股份所得的全部收益返还给公司。

（6）法律法规规定的其他相关义务。

4. 不得参与本激励计划的人员

（1）最近三年内被证券交易所公开谴责或宣布为不适当人选的；

（2）最近三年内因重大违法违规行为被中国证监会予以行政处罚的；

（3）具有《公司法》规定的不得担任董事、高级管理人员情形的；

（4）依据公司《考核办法》，考核结果不合格的；

（5）公司董事会认定的存在其他严重违反公司有关规定或严重损害公司利益情形的；

（6）法律法规规定的其他不得参与激励计划的人员。

五、股权激励的实施

1. 本计划的有效期

（1）本次股权激励计划有效期最长为36个月，若在该有效期内，公司向中国证监会申请首次公开发行股票并上市，则本次股权激励以申报基准日作为股权激励的终止日，激励对象未获得的激励无条件放弃。

（2）激励对象在本次股权激励计划有效期内离职的，其未获得激励不再获得；已获得的激励由创始股东回购，回购价格为该公司股东购买公司权益时的价格与公司净资产价格中的低者。

（3）在激励期内，当年对上年考核合格并且能够满足获得激励股权条件的，则考核当年获得激励股权。

2.股权授予数量

公司董事会根据股权激励评审小组的考核情况报告作出决议，确定激励对象及拟授予股权的数量。

3.激励实施程序

（1）公司董事会向激励对象出具《关于授予公司员工股权通知书》。

（2）激励对象应在公司董事会出具《关于授予公司员工股份通知书》的十天内缴纳购股款，逾期视为放弃激励。

（3）激励对象签署管理层持股公司相关协议并缴纳相应出资。

（4）由管理层持股平台执行事务合伙人向工商登记部门办理变更登记手续。

六、公司权益的转让与出售

公司权益的转让与出售必须符合国家和政府机构相关的法律法规的规定。

1.在公司上市前，公司权益所有者所持有的公司权益不得转让、赠予、质押、担保、托管给第三人或在该等公司权益上设置任何其他形式的限制或负担。特殊情况确需实施该等行为的，应经公司董事会审核，并经公司股东会批准后方能实施。

2.在公司上市后且股票法定锁定期届满之后，公司权益所有者有权转让部分其所持有的公司权益，并取得管理层持股平台代扣代缴所得税后的收益。转让或出售公司权益必须遵守本管理层持股平台的关于份额转让或出售的规定。

3.在公司上市后的一年内，管理层持股平台不得出售或转让其所持有的公司股份，激励对象不得指令执行事务合伙人出售其间接持有的公司股份。

4.在公司上市后且股票法定锁定期届满后的第二年起，管理层持股平台的有限合伙人有权向管理层持股平台执行事务合伙人发出书面指令，要求出售其间接持有公司的股份。合伙人每年可以出售的公司股票为其个人间接持有公司股份的百分之二十五（以公司上市时其持有的公司股份为基数）。

5. 执行事务合伙人在接受有限合伙人的指令并经公司董事会批准后，通过二级市场出售，并在代扣代缴有关税收后将有关收益交付给该有限合伙人。该合伙人所持有的公司权益比例相应稀释。其他合伙人所持有的公司权益比例相应提高。

6. 根据本激励计划以及中国证监会、证券交易所和登记结算公司等的有关规定，公司应积极配合满足出售条件的公司管理层持股平台合伙人出售其股份。但若因中国证监会、证券交易所或登记结算公司等的原因造成公司股东未能按自身意愿出售股份并造成损失的，公司不承担责任。

七、股权回购或激励计划变更和终止

1. 发生如下情形之一时，公司有权终止实施激励计划。激励对象尚未行权的股权须终止行使。有限合伙人已购买的公司权益由公司强制回购，回购价格为该有限合伙人购买公司权益时的价格与公司净资产价格中的低者。有限合伙人必须在正式离职前协助公司完成份额过户登记手续。

（1）激励对象有触犯法律、违反职业道德、泄露公司机密、严重失职或渎职等行为。

（2）激励对象因不能胜任工作岗位、考核不合格或违反公司其他劳动纪律而和公司解除劳动合同。

（3）激励对象违反竞业禁止规定。在公司工作期间或离开公司的三年内，在同类企业任职的，均视作违反同业竞争限制。

（4）激励对象劳动合同期限未满提前辞职。

（5）激励对象在辞职时还持有上市之前获得的、按本协议规定尚不能出售的公司股份。

（6）激励对象私自转让获授的股权，或者将其用于担保或偿还债务。

（7）激励对象死亡或宣告死亡，其继承人不愿意成为公司管理层持股平台合伙人。

2. 在公司上市后，若发生上述情形之一的，该有限合伙人间接持有的尚未出售或转让的公司股份应由公司创始股东回购，回购价格为该有限合伙人购买公司权益时的价格。

八、附则

1. 本激励计划中的有关条款，如与国家有关法律法规及行政性规章制度相冲突，则按照国家有关法律法规及行政性规章制度执行。本激励计划中未明确规定的，则按照国家有关法律法规及行政性规章制度执行。

2. 本激励计划自经公司股东会批准之日起生效。

3. 本激励计划由公司董事会负责解释。

第四节 股权激励计划实施考核管理办法

为保证公司股权激励计划的顺利进行，进一步完善法人治理结构，形成良好均衡的价值分配体系，激励公司董事、高级管理人员和核心骨干人员诚信勤勉地开展工作，保证公司业绩稳步提升，确保公司发展战略和经营目标的实现，根据国家有关规定和公司实际，特制定本办法。

一、考核目的

进一步完善公司法人治理结构，建立和完善公司激励约束机制，保证股权激励计划的顺利实施，并在最大程度上发挥股权激励的作用，进而确保公司发展战略和经营目标的实现。

二、考核原则

考核评价必须坚持公正、公开、公平的原则，严格按照本办法和考核对象的业绩进行评价，以实现股权激励计划与激励对象工作业绩、贡献紧密结合，从而提高管理绩效，实现公司与全体股东利益最大化。

三、考核范围

本办法适用于股权激励计划所确定的所有激励对象，包括但不限于公司董事、高级管理人员及董事会认定的对公司整体业绩和持续发展有直接影响的其他骨干人员，具体考核名单见下表（略）。

四、考核机构

公司董事会负责领导和组织考核工作，并负责对董事、高级管理人员及其他核心技术人员进行考核。

五、绩效考评评价指标及标准

1. 公司层面业绩考核

业绩指标的选取与考核分数财务业绩考核的指标主要包括：净资产收益率、净利润增长率、营业收入增长率。

本计划授予的股票期权，在行权期的××个会计年度中，分年度进行绩效考核并行权，以达到绩效考核目标，作为激励对象的行权条件。各年度绩效考核目标如下表所示：

行权期	业绩考核目标
第一个行权期	等待期内归属拟上市公司股东的净利润及归属拟上市公司股东的扣除非经常性损益的净利润均不得低于授权日前最近三个会计年度的平均水平且不得为负。起始年净资产收益率不低于××%。以起始年年度净利润为基数，公司 T+1 年度净利润较起始年复合增长率不低于××%；以起始年年度营业收入为基数，公司 T+1 年度营业收入较起始年复合增长率不低于××%
第二个行权期	T+2 年净资产收益率不低于××%，以 T+2 年度净利润为基数，公司 T+3 年度净利润较 T+2 年度复合增长率不低于××%；以 T+2 年度营业收入为基数，公司 T+3 年度营业收入较 T+2 年度复合增长率不低于××%
第三个行权期	T+4 年净资产收益率不低于××%，以 T+4 年度净利润为基数，公司 T+5 年度净利润较 T+4 年度复合增长率不低于××%；以 T+4 年度营业收入为基数，公司 T+5 年度营业收入较 T+4 年度复合增长率不低于××%

若公司发生再融资行为，则融资当年以扣除融资数量后的净资产为计算依据。

"净利润"指归属母公司所有者的扣除非经常性损益的净利润。

"净资产收益率"指扣除非经常性损益后的加权平均净资产收益率。

由本次股权激励产生的期权成本将在管理费用中列支。

若行权上一年度考核不合格，激励对象当年度股票期权的可行权额度不可行权，作废处理。

2. 个人层面业绩考核要求

根据公司制定的考核办法，目前个人绩效考核结果共有 S，A，B，C，D 五档。若激励对象上一年度个人绩效考核结果为 S/A/B 档，则上一年度激励对象个人绩效考核为合格；若激励对象上一年度个人绩效考核结果为 C/D 档，则上一年度激励对象个人绩效考核为不合格。

激励对象只有在上一年度绩效考核合格，才能全额获授或者取得行权当期激励股权；否则，按以下办法处理：

授予年度或等待期年度考核不合格，则取消激励对象获授资格；行权期考核不合格，则取消当期行权额度，期权份额由公司回购。

六、考核期间与次数

1. 考核期间

激励对象获授或行使股票期权、获授或解锁限制性股票的前一会计年度。

2. 考核次数

股票期权激励期间计划年度每年度一次。

七、行权

（1）董事会根据绩效考核报告，确定被激励对象的行权资格及行权数量。

（2）绩效考核结果作为股票期权行权或股权回购的依据。

八、考核程序

公司人力资源部在董事会的指导下负责具体的考核工作，保存考核结果，并在此基础上形成绩效考核报告上交董事会。

九、考核结果的反馈及应用

（1）被考核者有权了解自己的考核结果，董事会应当在考核结束五个工作日内向被考核者通知考核结果。

（2）如被考核者对考核结果有异议，可在接到考核通知的五个工作日内向董事会提出申诉，董事会可根据实际情况对其考核结果进行复核，并根据复核结果对考核结果进行修正。

（3）考核结果作为股票期权行权或回购的依据。

十、考核结果归档

（1）考核结束后，董事会办公室须保留绩效考核所有考核记录。

（2）为保证绩效激励的有效性，绩效记录不允许涂改，若需重新修改或重新记录，当事人须签字。

（3）绩效考核结果作为保密资料归档，该计划结束三年后由董事会办公室负责统一销毁。

十一、附则

本办法由董事会负责制订、解释及修改，自董事会审议通过之日起开始实施。

第五节　股权激励转让协议

转让方：××（以下简称"甲方"）

护照号：

住所：

受让方：××（以下简称"乙方"）

身份证号码：

住所：

鉴于：

××公司（以下简称"公司"）为依据中国法律设立并有效存续的有限责任公司，注册资本××万元。

甲方持有公司×××%的股权。为了充分调动公司管理人员的工作积极性，激励对公司有特别贡献的优秀员工，促进公司持续、稳步、高速发展，增强公司管理人员的归属感，根据有关法律法规，甲方拟将其持有的公司×××%的股权转让给乙方。为了保证股权转让和激励的顺利实施，保障公司、甲方和乙方的合法权益，双方根据平等自愿、协商一致的原则，签订本协议，明确双方的权利、义务，以共同遵守履行。

第一条 定义

1.1 股权，是指甲方根据本协议转让给乙方的公司股权。由于本次股权转让以较低的价格进行，所以本次股权转让对乙方具备一定的激励性。

1.2 股权转让款，是指乙方因获得股权而需要向甲方支付的款项。

1.3 股权转让完成日，是指双方共同办理股权变更登记手续完毕之日。

1.4 登记机构，指对股权登记享有管辖权和/或管理权的有权政府部门。

1.5 法律，指适用的法律、法规、条例、地方性法规、中央和地方政府规章和规范性文件、能构成法律渊源的司法解释和判例。

第二条 股权数量和认购价格

2.1 甲方按照乙方的职位、工作表现等，根据《公司股权激励计划》决定将甲方持有的公司××%的股权转让给乙方。

2.2 根据××年××月××日公司财务账面上明确的公司净资产值（不包括公司原股东已经决议分配的公司利润）乘以本次转让的股权比例确定本次股权转让的价格。

2.3 根据本协议2.2款确定的股权转让价格，乙方需要支付给甲方的股权转让款为××元。乙方应当在本协议签订之日起××个工作日内向甲方支付××元。

第三条 甲方的权利和义务

3.1 甲方保证并承诺，按照本协议的约定将股权转让给乙方，不影响乙方原先在公司享有的薪资和福利。

3.2 甲方保证并承诺，配合公司向登记机构办理关于本协议项下股权变更登记的手续。

第四条　乙方的权利和义务

4.1　自股权转让完成之日起，乙方有权参加公司利润分配，本次股权转让完成日之前公司的未分配利润（不包括公司原股东已经决议分配的利润），由公司新老股东共享。

4.2　自股权转让完成之日起，乙方成为公司正式股东，享有法律和公司章程规定的公司股东权利，包括但不限于表决权、决策权，但一定期限内乙方对所持的公司股权的处分权（包括但不限于转让、赠予等）受到本协议的限制。

第五条　权利的限制和相关利益安排

5.1　本协议签订之日起 36 个月内，除了本条规定的情况外，乙方不得处理本协议项下的股权（包括但不限于将本协议项下股权转让、赠予乙方以外的第三人）。

5.2　出现如下情形时，乙方有义务以本协议约定的股权转让价格（本协议 2.3 条约定的价款）将股权转让给甲方或甲方指定的第三人：

5.2.1　本协议签订之日起 36 个月内，乙方离开公司的（不包括本协议 5.3 款规定的各种情况）；

5.2.2　本协议签订之日起 36 个月内，乙方有泄露公司商业和/或技术秘密行为的；

5.2.3　本协议签订之日起 36 个月内，乙方为了自身利益或者任何第三方（包括但不限于单位和自然人）利益，从事与公司有同业竞争关系的行为；

5.2.4　本协议签订之日起 36 个月内，乙方有其他严重损害公司利益或严重违反公司制度和劳动纪律行为的。

5.3　本协议签订之日起起 36 个月内，乙方因为以下情形离开公司的不视为对本协议的违反，乙方处理本协议项下股权不受本协议的限制：

5.3.1　乙方因退休而离开公司的；

5.3.2　乙方因丧失劳动能力而离开公司的；

5.3.3　乙方因精神病丧失民事行为能力离开公司的；

5.3.4　乙方没有严重违反公司劳动纪律或严重损害公司利益行为的情况

下，甲方因经营需要而主动解除劳动合同的。

第六条　股权的回购

6.1　发生如下情形之一时，公司有权终止实施激励计划。激励对象尚未取得公司权益的则不再享有该等权利。激励对象已购买并持有公司权益的，由公司指定的第三方强制回购，回购价格为该激励对象购买公司权益时的价格与公司净资产价格中的低者。激励对象必须在正式离职前协助完成相关股权过户登记手续。

6.1.1　激励对象有触犯法律、违反职业道德、泄露公司机密、严重失职或渎职等行为。

6.1.2　激励对象因不能胜任工作岗位、考核不合格或违反公司其他劳动纪律而和公司解除劳动合同。

6.1.3　激励对象违反竞业禁止规定。在公司工作期间或离开公司的 3 年内，在同类企业任职的，均视作违反同业竞争限制。

6.1.4　激励对象劳动合同期限未满提前辞职，或者本次股权激励计划有效期内主动离职。

6.1.5　激励对象私自转让获授的公司权益，或者将其用于担保或偿还债务的。

6.1.6　激励对象死亡或宣告死亡，其继承人不愿意成为公司间接股东。

6.2　在公司上市后，若发生上述情形之一的，该公司股东间接持有的尚未出售或转让的公司股份应由公司创始股东回购，回购价格为该公司股东购买公司权益时的价格。

第七条　违约责任

7.1　本协议任何一方在本协议中所作的任何陈述与保证是错误或不真实的，或该陈述与保证并未得以及时、适当地履行，则应视为该方违约，或任何一方违反其在本协议项下的任何义务或责任，或者未按照本协议的条款和条件履行本协议项下的义务、责任或者承诺，均构成本协议项下之违约。任何一方违约，违约方除应履行本协议规定的其他义务外，还有义务赔偿守约方因其违约所遭受的损失、损害、费用和责任以及承担本协议其他条款和条件约定的，或者本协议所适用法律规定的其他违约责任。

第八条　争议的解决

8.1　因本协议发生的争议，应当协商解决，协商不成的，提请××仲裁委员会按其仲裁规则进行仲裁。

第九条　保密义务

9.1　甲方和乙方有义务对本协议的内容进行保密。甲方除了根据工作的需要向公司其他股东或其他相关人员透露本协议内容外，不得向其他任何人员透露本协议内容。

9.2　乙方不得将本协议的内容向任何人透露，也不得向公司其他管理人员打听其受让的股权情况。

9.3　乙方如泄露本协议内容，甲方可以要求乙方按照第五条的规定将股权返还给甲方或给予甲方补偿。

第十条　其他

10.1　公司的其他所有股东保证并承诺在按照本协议向乙方转让公司股权时，相互放弃对本协议项下股权的优先受让权。

10.2　本协议项下股权转让和其他法律行为涉及的国家税收（包括但不限于个人所得税等），按照法律、法规及其他规范性文件规定由协议双方各自承担，如果规定未明确由哪一方承担，则由甲方和乙方各半承担。

10.3　本协议为本次股权转让的最终协议，如协议双方在本此之前签订的其他协议或文件的内容与本协议不一致，均以本协议为准。

10.4　本协议一式（　）份，双方各执（　）份，每一份均具有同等的法律效力。

10.5　本协议自双方签订后生效。

第六节　虚拟股权激励协议

本员工虚拟股权激励协议（下称"本协议"）由下列双方于××（时间）在中华人民共和国××（地点）签订。

【公司】（下称"甲方"）

地址：

法定代表人或授权代表：

联系方式：

【员工】（下称"乙方"）

身份证号：

联系方式：

鉴于：

1.甲方是一家依照中华人民共和国法律在××（注册地）注册成立的有限责任公司；乙方是甲方依照《中华人民共和国劳动法》《中华人民共和国劳动合同法》及相关法律、法规（下称"劳动相关法律法规"）与之缔结了合法有效劳动关系的员工，享有法律、法规规定的劳动者权利、义务；

2.根据甲方的《××》（员工激励计划文件名，下称"员工激励计划"），甲方制订本计划能够改善员工的工作表现，增强员工对甲方的归属感、责任感。

3.根据《××》（公司绩效考评文件），甲方同意对达到绩效考评要求的员工根据员工激励计划授予虚拟股权激励。

甲方和乙方经协商一致，按照以下条款签订本协议。

第一条　定义

1.1　虚拟股权

1.1.1　本协议中的虚拟股权并非　体现所有者权利的甲方股权，而是一种无资金支持的、记载于账簿的、用于执行员工激励计划的计算单位。虚拟股权以股为计量单位。每一股虚拟股权代表一元甲方注册资本对应的甲方股权价值，称为"虚拟股权当期价值"。虚拟股权当期价值每年计算一次。

1.1.2 每一元甲方公司注册资本对应的甲方股权价值为甲方总股权价值除以甲方注册资本所得之商，即：1 股虚拟股权当期价值 =1 元甲方注册资本的股权价值 = 甲方总股权价值 / 甲方注册资本。

1.1.3 甲方的总股权价值为经会计师事务所审计后的甲方注册资本与资本公积之和。甲方的总股权价值每年计算一次，以当年经会计师事务所审计后的财务会计报告上记载的甲方注册资本与公司资本公积数目之和为准。

1.1.4 虚拟股权当期价值的计算公式为：1 股虚拟股权当期价值 =（甲方注册资本 + 甲方资本公积）/ 甲方注册资本。

1.1.5 甲方拟用于员工激励计划的全部虚拟股权对应甲方 ××% 限制性股权。甲方承诺确保授予乙方的虚拟股权具有对应甲方真实股权的可计算价值。

1.2 《虚拟股权登记簿》

《虚拟股权登记簿》（下称《登记簿》）是证明乙方所享有的虚拟股权权利的文件。《登记簿》由甲方制作并保管。《登记簿》上的登记内容应包括以下事项：虚拟股权持有人姓名、身份证号，虚拟股权数额、当期价值，虚拟股权授予时间、年度分红时间、虚拟股权结算时间，以及被授予人签名栏。乙方应将《登记簿》中的登记事项与《确认书》（见本协议 1.3 条）中所记载内容核实，核实无误后应在《登记簿》中签名栏签字确认。未经虚拟股权所有权人签字确认的登记事项无效。

1.3 《虚拟股权授予确认书》《虚拟股权分红确认书》《虚拟股权结算确认书》

《虚拟股权授予确认书》《虚拟股权分红确认书》《虚拟股权结算确认书》（以下统称《确认书》）为甲方与乙方签订的授予乙方一定数额的甲方的虚拟股权的协议，及根据乙方持有的虚拟股权进行的分红、结算事项的协议。该协议应当写明乙方的年度绩效考核情况，甲方授予乙方虚拟股权的时间、数额、虚拟股权当期价值、虚拟股权年度分红时间和结算时间；虚拟股权分配后，相应的《确认书》应当包括乙方每年应得的相应的分红金额或/和虚拟股权结算收益金额。《确认书》中涉及虚拟股权的内容应当与上述《登记簿》所记载事项一致，且不得遗漏。如《登记簿》与《确认书》不一致，以《登记簿》为准。

1.4 虚拟股权当期价值计算日

虚拟股权当期价值计算日（下称"计算日"），为每一年【日期】。当期价值计算依据以截至计算日最新的当年经会计师事务所审计的财务会计报告上记载的公司注册资本与公司资本公积数目之和为准。甲方应当于不晚于计算日后的第二个工作日以书面的方式（包括但不限于公司内文件公告、群发电子邮件等方式）公布当年度的虚拟股权当期价值，并将该文件存档备案，与《登记簿》一并保管。

第二条　虚拟股权的分配

2.1 甲方在此根据本协议规定的条件和《确认书》中的数额授予乙方虚拟股权。该虚拟股权独立于甲方与乙方劳动合同中约定的按月和/或按季度支付的【工资、绩效奖金等】收入。除非乙方以书面形式同意以虚拟股权折抵上述收入，该虚拟股权不得折抵乙方上述收入。

2.2 在签署本协议前，甲方应在《登记簿》上记录甲方授予乙方虚拟股权一事。《登记簿》上的登记事项应包括：人员姓名、身份证号、虚拟股权数额、当期价值、授予时间、年度分红时间、虚拟股权结算时间、被授予人签名。甲方应在《确认书》中载明《登记簿》中登记事项，乙方确认无误后，应在《确认书》和《登记簿》上签字确认。

2.3 乙方受领甲方授予的虚拟股权，不需要支付相应对价。乙方在此确认，自乙方签署《确认书》时，乙方认可甲方已履行完毕授予乙方虚拟股权的必要手续，且乙方已不可撤销地受领了甲方授予的虚拟股权。

2.4 虚拟股权根据乙方年度绩效考评情况，每年分配一次。

绩效考评方案和考评结果应当向甲方全体员工公开，并且接收甲方全体员工监督。

按绩效分配虚拟股权的方案如下：

每年计算日后两个工作日内，公司公布虚拟股权分配基数，根据乙方绩效考评情况确定分配系数，分配基数与分配系数之积为应当授予乙方的虚拟股权数。

绩效考评分为A、B、C、D四等，其中A等分为A+、A两小等，B等分为B+、B、B-三小等，对应的分配系数如下：

A+：获得虚拟股权分配基数120%的虚拟股权；

A：获得虚拟股权分配基数100%的虚拟股权；

B+：获得虚拟股权分配基数90%的虚拟股权；

B：获得虚拟股权分配基数80%的虚拟股权；

B-：获得虚拟股权分配基数70%的虚拟股权；

C、D：不参与虚拟股权分配。

2.5 甲方认为有必要时，由甲方人力资源部门提出申请，经董事会简单多数同意，可以在本协议第2.4条规定的时间外向新招聘的员工分配虚拟股权。该员工获得虚拟股权之日起一年为第一年，其在被授予虚拟股权后的第一个分红日直接参与本协议第3.2条规定的第二年1/3分红收益。

第三条 虚拟股权的分红和结算

3.1 虚拟股权的分红、结算周期

3.1.1 虚拟股权的分红和结算以五年为一个周期。其中第一年为虚拟股权分配年，当年乙方不享有分红的权利；第五年为虚拟股权的结算年，当年乙方享有分红的权利，同时乙方应当向甲方结算虚拟股权，取得虚拟股权当期价值增长的收益。

3.1.2 乙方每一年获得的虚拟股权应当分别计入不同的分红、结算周期，不得与其他年度获得的虚拟股权一并计算。

3.1.3 若甲方和乙方解除劳动合同，则乙方的虚拟股权清零。乙方不得向甲方主张未分配的分红和结算收益。

3.2 虚拟股权的分红

3.2.1 乙方按照如下方式取得分红：

第一年：不分红；

第二年：取得当年应得分红额的 1/3；

第三年：取得当年应得分红额的 2/3；

第四年：取得当年应得分红额的全部；

第五年：取得当年应得分红额的全部，并结算虚拟股权。

3.2.2 每一年度计算日后的五个工作日内，甲方应当公布当年每股虚拟股权的分红计划，并按照本协议约定的分红额将相应金额的分红转入乙方工资账户内，甲方转账日不得晚于计算日后的第一个发薪日。

3.3 虚拟股权的结算

3.3.1 甲方应当按照《登记簿》上记载的虚拟股权结算日，在结算日后的五个工作日内与乙方结清虚拟股权的结算收益，并将相应金额的结算收益转入乙方工资账户内，甲方转账日不得晚于计算日后的第一个发薪日。如果结算日虚拟股权当期价值低于乙方被授予虚拟股权时的虚拟股权当期价值，则乙方结算收益为零。

3.3.2 劳动关系存续期内，未经甲方与该周期全部乙方（以《登记簿》中该周期虚拟股权持有人名单为准）以书面形式达成一致协议，虚拟股权不得提前或推迟结算。

第四条 甲乙双方的陈述和保证、权利和义务

4.1 甲乙双方的陈述和保证

4.1.1 甲乙双方在此确认，本协议不构成甲方对乙方劳动合同期限的变更或许诺变更。甲乙双方签署本协议不代表甲方以任何形式明示或暗示乙方：甲方将延长或同意延长乙方的劳动合同期限，或甲方放弃依照劳动相关法律法规规定拒绝续聘乙方、提前解除与乙方劳动合同的权利。

4.1.2 乙方在此确认，本协议中规定的虚拟股权分配、分红和结算收益，乙方仅对乙方已签署的《确认书》中载明的当年即将分配或即将支付的份额或收益享有权利；其他份额、收益均未实际授予乙方，且该份额、收益可能变更或消灭，乙方不对上述份额或收益享有期待利益，亦不得主张基于对上述份额或收益的信赖向甲方主张违约责任、期待利益损失及其他救济权利。

4.2 甲方的权利和义务

4.2.1 甲方有权按照《××》（公司绩效考评文件）对乙方进行考评，并根据考评结果确定乙方应得的虚拟股权数额。考评结果应当符合正态分布，甲方应当确保绩效考评制度公正、公开。

4.2.2 甲方应当按照约定的日期及时处理虚拟股权的分配、分红和结算事项。未经乙方同意，不得推迟或提前。

4.2.3 未经乙方同意，甲方不得变更已授予乙方的虚拟股权数额和分红数额。

4.2.4 甲方承诺将其××%股份冻结，该部分股权不得以任何形式转让给公司股东或第三方，或设立股权抵押、质押，利用股权为他人提供担保或在其上设立任何上述未提及的第三方权利。

4.2.5 甲方有义务遵守中华人民共和国税务方面法律法规，甲方应当在虚拟股权分配、虚拟股权分红或结算前代扣、代缴乙方应缴纳的个人所得税及其他税款。

4.3 乙方的权利义务

4.3.1 乙方的工作表现是乙方考评结果和虚拟股权分配的重要依据。乙方应当积极遵守甲方《员工守则》，勤勉尽责，按时优质完成工作任务。

4.3.2 乙方对于考评结果或虚拟股权分配有异议，应当根据《员工守则》通过正当渠道向上级领导反映，或按照本协议第七条争议解决条款向甲方人力资源部门书面提出异议并要求回应，若甲方书面答复后乙方仍有争议，应当按照本协议第七条争议解决条款提起仲裁处理。

4.3.3 乙方应当遵守中华人民共和国有关税务的法律法规，按照法律规定缴纳因虚拟股权分红和结算收益产生的税款。

第五条 保密条款

5.1 本协议及其补充协议、《登记簿》、每年向员工公开的文件（包括但不限于当期虚拟股权价值、分红计划等文件）均属于保密信息。甲乙双方应尽一切合理之努力，确保本协议及其补充协议、相关文件的所有保密信息的保密性。

5.2 未经甲方事先书面同意，乙方不得向任何非甲方员工披露、提供该保密信息。但为解决法律纠纷之需要，乙方可以聘请专业律师，在签署保密协议后向该专业律师及其辅助人员披露该保密信息。一旦本协议终止，乙方应按甲方要求归还所有包含保密信息的文件、材料，从任何相关记忆存储设备中删除所有保密信息电子数据，并且应停止使用该等保密信息。

5.3 甲方应当建立合理的保密制度，确保本协议内容、《登记簿》及其他相关文件不为非甲方员工所知悉；但当甲方处理需要披露本协议的事项（包括但不限于接受投资、并购，处理财务、法律事宜等）时，甲方有权向处理相应事务的专业人员在签署保密协议后提供保密信息。

第六条 违约情形和违约责任

6.1 甲方出于公司治理需要，可以在不违反中华人民共和国法律的范围内对员工激励计划进行变更；除变更涉及乙方已签署的《确认书》中已确定的乙方权利外，该变更不得视为违约。

6.2 乙方违反本协议第4.1条、4.3条和第五条规定的，视为违约。甲方有权向乙方主张包括取消乙方已获得的虚拟股权、虚拟股权分红和虚拟股权结算收益在内的违约责任。

第七条 争议解决

因解释和履行本协议任何规定而发生的任何争议，协议双方应首先通过友好协商的方式加以解决。如果在一方向另一方发出要求协商解决的书面通知后30天之内争议仍然得不到解决，则任何一方均可将有关争议提交给公司所在地××仲裁机构，由该机构按照其现行的仲裁规则仲裁解决。仲裁应在××（公司所在地）进行，仲裁语言为中文。仲裁裁决是终局性的，对双方均具有约束力。

第八条　不可抗力

8.1　不可抗力指当事一方无法合理控制和无法合理避免的任何事件，包括但不限于政府行为、自然灾害、火灾、爆炸、地理变化、台风、洪水、地震、海潮、雷电和战争等。受不可抗力事件影响的该方，在寻求免于承担本协议或本协议任何规定项下的责任时，须尽快向另外一方发出有关该不可抗力事件的通知，并告知恢复履行该等责任将要采取的步骤。

8.2　受不抗力影响的该方应免于承担对本协议项下相应事件的任何责任，但除非受影响方已尽其最大合理的实际努力履行了其义务，否则其不应免于承担该履约义务，且该免除应仅限于延迟或受限履约的部分。一旦该等免除的原因已经改正或消除，各方应当尽最大努力继续履行本协议项下的义务。

第九条　法律适用

本协议应当依据中华人民共和国法律履行、解释、签署。

第十条　通知

依照本协议发出的所有通知和其他通信应使用中文书写，在尊重员工个人隐私并保证激励制度公开透明的前提下通过公司内部文件公示或以电子邮件的方式通知。采用内部文件公示的方式，以乙方收到该文件并签收之日为送达日期；采用电子邮件的方式，以发送方电子邮件服务器上显示的成功送达时间为准。

第十一条　协议的可分性

如果本协议有任何规定因与相关法律相冲突而无效或不可执行，仅可视为此规定根据该等法律无效，但本协议其他规定的有效性不应因此受到影响。

第十二条　协议的生效、修改与补充

12.1　本协议自甲乙双方签署本协议时生效。每一个周期的虚拟股权分红、结算计划，自乙方签署当期《确认书》时生效。

12.2　本协议长期有效。除非甲方与全部乙方（以当时《登记簿》中虚拟股权持有人名单为准）以书面形式达成一致协议变更协议内容，本协议内容不得变更。经过双方签署的有关本协议的修改协议和补充协议是本协议组成部分，与本协议具有同等法律效力。

第十三条 其他事项

13.1 本协议一式三份,甲乙双方各执一份,一份留存公司存档,与《登记簿》一并保管。

13.2 《登记簿》《确认书》为本协议不可分割的一部分,与本协议一并生效。当上述文件记载事项不同时,以《登记簿》为准。

本协议由甲乙双方在上述日期签署订立,特此为证。

附件一:

《虚拟股权登记簿》范本

序号	姓名	身份证号	虚拟股权数额/股	虚拟股权当期价值/元	授予时间	年度分红日	结算日	经办人	被授予人签名

[注]虚拟股权登记应当按照年份分类,以便于管理。

附件二:

××有限责任公司

虚拟股权授予确认书

【公司文件编号】

××:

根据您上一年度的工作表现,公司对您的绩效评价为A+,根据《××》

（绩效考评方案）和《××》（员工虚拟股权激励协议），现按照××%的乘数授予您虚拟股权。根据公司决定，上一年度公司虚拟股权授予基数为××股，因此，公司决定授予您××股虚拟股权。该股权从下一年××月××日起按照《员工虚拟股权激励协议》中的规定每年分红一次至虚拟股权清算之日为止。

签署本《虚拟股权授予确认书》，则表明您已确认《虚拟股权登记簿》上的信息与本《虚拟股权授予确认书》一致，且您已同意不可撤销地受领相应虚拟股权份额。

附件三：

××有限责任公司
虚拟股权分红确认书

【公司文件编号】

××：

公司本年度虚拟股权分红定为××元/股。根据您持有的虚拟股权情况，公司对您持有的虚拟股权分红分别计算如下：

【N】年虚拟股权Y股，本年度应得分红Y×2/3，共计A元；

【N+1】年虚拟股权Z股，本年度应得分红Z×1/3，共计B元；

【N+2】年虚拟股权W股，本年度应得分红为W×0，共计C元。

您本年度累计应得分红为A+B+C元。

签署本《虚拟股权分红确认书》，则表明你已确认您持有的虚拟股权分红信息准确无误，且你已同意不可撤销地受领相应分红金额。公司将从该金额中代为扣除您需要缴纳的个人所得税，于××个工作日内将款项支付到您工资账户。

附件四：

××有限公司虚拟股权结算确认书

【公司文件编号】

××：

您××年度取得的××股虚拟股权已到结算日。××年您取得该股权时，每股虚拟股权的当期价值为××元，现每股虚拟股权的当期价值为××元，根据《员工虚拟股权激励协议》的约定，您可以获得虚拟股权结算收益××元。

签署本《虚拟股权结算确认书》，则表明你已确认您持有的虚拟股权结算收益信息准确无误，您××年持有的虚拟股权已结算完毕，您不再就该虚拟股权享有分红权利，且你已同意不可撤销地受领相应结算收益金额。公司将从该金额中代为扣除您需要缴纳的个人所得税，于××个工作日内将款项支付到您工资账户。

第七节　股票期权激励方案

为了进一步建立健全长期、有效的激励机制，吸引和留住优秀人才，将公司利益和激励对象个人利益相结合，提升公司管理团队及员工的凝聚力，促进公司持续、稳健、快速发展，为股东带来更高效、更持久的回报，公司拟进行新一轮员工股权激励（下称"股权激励"），并制定本方案。

第一章　股权激励原则

股权激励应遵循以下原则：

1. 依法合规，公开透明。依法保护全体股东权益，严格遵守国家有关法律法规，确保规则公开、程序公开、结果公开，杜绝暗箱操作，严禁利益输送。

2. 自愿参与原则。公司自主决定，员工自愿参加，公司不以摊派、强行分配等方式强制员工参加股权激励计划。

3. 风险自担原则。激励对象盈亏自负，风险自担。

第二章 股权激励模式

本次股权激励采取的激励模式为期权激励，具体而言：

对所有激励对象设置三年的考核期，在行权期内对激励对象进行考核，通过考核的激励对象可通过行权获得一定数量的股权。

第三章 股权激励的实施机构

根据公司章程的相关规定，公司股东会作为公司最高权力机关，负责审议批准本方案以及因实施股权激励而导致的公司注册资本增加；股东会授权公司董事长负责股权激励的具体实施，包括但不限于根据激励方案制订具体的激励计划、组织公司相关部门制定激励对象的考核办法，确定激励对象名单，确定各激励对象的激励数量等。

第四章 股权激励平台的形式、激励股权来源及数量

一、股权激励平台的形式

新设一家有限合伙企业作为期权激励平台。普通合伙人由董事长担任，有限合伙人为各激励对象。

二、激励股权来源

公司向期权激励平台定向增发股权，增资价格和激励对象的入股价格保持一致，期权激励对象通过认购或受让期权激励平台份额的方式间接持有激励股权。

三、激励数量

1. 期权激励计划的总量不超过公司注册资本的 5%。

2. 公司在综合考量激励对象的职级、工作成果以及其对公司的贡献等多方面因素后，确定激励对象具体的授予额度。

第五章 激励对象的范围

1. 激励对象的具体范围为：高级管理人员、核心骨干、核心技术人员、其他为公司发展做出特殊贡献的员工。

2. 激励对象应当与公司或公司控股子公司签署劳动合同。

第六章　激励对象的入股价格、出资来源及方式

一、入股价格

激励对象的入股价格按照激励对象行权时最近一次融资估值（或评估价值）的30%计算。

二、出资来源及方式

1.激励对象的出资款应为自有或自筹资金，且为货币出资；激励对象所持合伙份额不得存在委托、信托或其他方式代为持有的情形。

2.激励对象于行权时足额支付激励对价，期权激励平台收到激励对价后向公司完成实缴出资。

第七章　期权激励考核及行权

一、期权激励考核

1.董事长负责领导和审核考核工作；人事行政部、财务部等相关部门负责考核数据的搜集和提供，并对数据的真实性和可靠性负责。

2.由于员工的具体工作和职责不同，考核标准有所差异，具体考核标准由公司董事长组织公司相关部门制定。

二、行权

1.期权行权期限为三年。董事长将对激励对象在每个年度的综合表现进行打分，并依照激励对象的考评结果确定其行权比例。激励对象个人当年实际行权额度＝个人层面标准系数 × 个人当年计划行权额度。

2.公司将根据整体安排在合理期限内就激励对象已经归属并行权的激励股权统一办理确权及相关手续，包括但不限于办理股权激励平台的工商变更登记。

第八章　激励股权的处置限制

1.除非激励协议另有约定，未经激励平台书面同意，激励对象不得将其持有的激励平台合伙份额转让、设定担保或其他任何权利负担，或通过任何方式予以处置。

2.激励对象若拟转让所持有的激励股权，应以书面形式事先通知激励平台，该通知须明确声明激励对象希望进行该转让，载明拟纳入该等转让的激励

股权数量、拟议的转让价格、拟受让方和其他适用条件和条款。激励平台有权在收到上述书面通知后的三十日内告知是否同意拟议转让，且在同意拟议转让的同时，决定由其指定的主体以激励对象的书面通知中所载的同等价格及条件优先购买部分或全部激励股权。激励平台如未在前述三十日内告知是否同意拟议转让，则视为不同意该转让。

第九章　激励股权的退出

1. 公司在中国境内外证券交易所发行股票并上市（下称"上市"）前，激励对象如发生下表所列情形，激励平台有权（而非义务）按照下表所列的处理方式，回购激励对象所持合伙份额或要求合伙人退伙：

序号	具体情形	处理方式
1	自激励对象支付激励对价之日（下称"交割日"）起三年后：①激励对象主动离职；②非因本表格第3部分原因被辞退；③劳动合同期限届满，公司（或公司子公司，本表格下同）决定不再与激励对象续签	公司或激励平台有权决定于其决定的时间，指定激励平台的合伙人将激励对象持有的合伙份额予以回购，或者要求激励对象退伙。回购价格或激励对象退伙取回的财产为激励对象支付的激励对价加算年化6%的单利，相关税费由激励对象承担。 如在发生左述情形时激励对象已在公司持续工作满五年且为公司做出突出贡献，则公司可以根据激励对象贡献的大小同意激励对象保留部分激励股权，具体保留数量由公司确定
2	自交割日起三年内：①激励对象主动离职；②非因本表格第3部分原因被辞退；③劳动合同期限届满，公司决定不再与激励对象续签	公司或激励平台有权决定于其决定的时间，指定激励平台的合伙人将激励对象持有的合伙份额予以回购，或者要求激励对象退伙。回购价格或激励对象退伙取回的财产为激励对象支付的激励对价，相关税费由激励对象承担
3	激励对象因严重失职、渎职等原因，被判承担刑事责任或给公司造成10万元以上经济损失 激励对象违反公司有关管理制度和规定，给公司造成10万元以上经济损失，而被公司解除劳动合同 侵占公司财产、实施关联交易、破坏公司形象 激励对象违反与公司签署的保密或竞业禁止协议或从事与公司相竞争的活动	公司或激励平台有权决定于其决定的时间，指定激励平台合伙人将激励对象持有的合伙份额予以回购，或者要求激励对象退伙。回购价格或激励对象退伙取回的财产根据激励对象支付的激励对价与激励对象持有的激励股权对应的最近一期末公司净资产孰低计算，相关税费由激励对象承担。 激励对象应根据公司或激励平台的指令及时将任何与激励股权的获得、持有、转让、处分等任何相关的收益、收入或其他经济利益（如有）返还给公司

2.若公司未来成功上市,则激励平台在遵守法律法规的规定及上市监管部门要求的前提下,在二级市场出售所持公司的股权,并将税后收益支付给激励对象,激励对象以退伙或减少财产份额等形式完成退出。激励对象按年度享有定期要求激励平台出售上市公司相关股份的权利,具体时间由激励平台的普通合伙人确定。

3.激励对象因减少或转让财产份额涉及的个人所得税及其他相关税款,均自行承担。如需受让方或激励平台代扣代缴相关税款的,激励对象同意根据有关法律规定执行。

第十章 其他

1.公司在实施员工股权激励计划的财务、会计处理及其税收等方面严格执行有关法律法规、财务制度、会计准则、税务制度。

2.本方案自公司股东大会决议通过之日起生效。

第八节 期权授予协议

本《期权授予协议》(下称"本协议")由以下各方于××年××月××日在中国上海市签署。

甲方:××(一家依照中国法律登记并存续的股份有限公司,住所为××,法定代表人为××)

乙方:××(中国公民,身份证号码为××,住所为××)

丙方:××(中国公民,身份证号码为××,住所为××)

丁方:××(一家依照中国法律登记并存续的有限合伙企业,住所为××,执行事务合伙人为××)

鉴于:

1.甲方拟向符合条件的员工授予期权,制定并通过了本协议附件所列

《××公司员工持股计划》(下称"员工持股计划")。

2. 乙方是甲方或其附属公司的员工，担任××职务，是员工持股计划的参与方（期权授予对象），已与甲方或其附属公司签署了正式劳动合同。

3. 本协议签署时，甲方注册资本为××万元。丁方系员工激励股权的员工持股实体（下称"员工持股实体"），持有甲方××万元出资额（占本协议签署时甲方全部股权的××%，该等比例将随着甲方股本的增减而相应变动）。丙方作为员工持股实体的普通合伙人与执行事务合伙人，执行员工持股实体的日常事务。

4. 各方同意签署本协议及合伙协议等相关文件，进一步明确期权授予相关事宜。

各方经协商一致，同意达成协议如下：

一、授予期权

于本协议签署之日，甲方向乙方授予××股期权，对应丁方××万元财产份额（占本协议签署时丁方全部财产份额的××%，该等比例将根据丁方出资总额的增减而相应变动）；自该授予之日（下称"授予日"）起，乙方享有该等期权（下称"乙方期权"）。

二、期权兑现与行权价格

2.1 各方同意，乙方期权分三期兑现。乙方期权的兑现日、兑现数量、占比以及行权价格如下表所示：

兑现日	可兑现期权数量（股）	可兑现期权占乙方期权的比例	行权价格（元/股）
【N】年1月1日		1/3	5.51
【N+1】年1月1日		1/3	5.51
【N+2】年1月1日		1/3	5.51

2.2 尽管有前述 2.1 条之约定，乙方首期期权兑现且乙方予以行权时，有权选择一次性将三期期权行权完毕，即一次性行权 ×× 股（下称"一次性行权"）。乙方选择一次性行权的，未经丙方书面同意不得变更。

三、避免竞争

3.1 乙方承诺，在其直接或间接持有甲方股权期间，不以任何方式直接或间接参与任何与甲方或其附属公司从事的业务存在直接或间接竞争关系的业务或活动。

3.2 乙方违反上述承诺的，相关经营收益归甲方所有，并应当及时足额赔偿甲方因此遭受的损失。

四、违约责任

4.1 各方应严格遵守本协议。如果本协议任何一方未能履行其在本协议项下的义务（包括一方作出的任何承诺），或所作的任何陈述或保证在任何方面不真实，即构成违约。

4.2 违约方应对非违约方因其违约而遭受的所有损失、损害、责任和实际花费（包括但不限于非违约方为履行本协议而发生的费用，为提出索赔而发生的诉讼费、法院执行费、律师费、差旅费等所有费用）承担赔偿责任。

五、适用法律和争议解决

5.1 本协议的签署、效力、履行、解释和可强制执行性，均受中国法律管辖。

5.2 因本协议或与本协议有关而产生的任何争议均应由各方通过友好磋商加以解决。如果在自一方通知任何其他各方发生任何争议之日起的三十个工作日内，未达成任何解决方案，则该争议应提交甲方住所地有管辖权的人民法院诉讼解决。

六、附则

6.1 员工持股计划作为本协议附件，系本协议不可分割的组成部分。员工持股计划与本协议约定不一致的，以本协议为准；本协议未约定的，按照员工持股计划执行。

6.2 各方完全并充分理解本协议（包括员工持股计划）的所有条款，同意受本协议（包括员工持股计划）所有条款的约束。

6.3 本协议（包括员工持股计划）的所有条款及内容均属保密信息。未经其他方事先书面同意，乙方不得将本协议（包括员工持股计划）的内容告知任何第三方。

6.4 如果本协议中的任何条款由于对其适用的法律而无效或不可强制执行，则该条款应当视为自始不存在而不影响本协议其他条款的有效性，本协议各方应当在合法的范围内协商确定新的条款。

6.5 本协议自各方签署之日起生效。本协议一式四份，多方各执一份，每份具有同等法律效力。

第九节　员工持股计划

本员工持股计划（下称"本计划"）由××有限公司（下称"公司"）制定并施行。

第一条　目的

为进一步完善公司治理结构，健全激励机制，充分调动优秀员工的工作积极性，使公司核心人员的利益与公司的长远发展更紧密地结合，增强优秀员工对实现公司稳定、持续及快速发展的责任感和使命感，公司特制订并施行本计划。

第二条　基本原则

本计划之制订和施行遵循以下基本原则：

（1）自愿参与原则：公司实施本计划遵循公司自主决定，激励对象自愿参加，公司不以摊派、强行分配等方式强制激励对象参加本计划。

（2）风险自担原则：本计划由激励对象盈亏自负、风险自担。

（3）合法透明原则：符合法律法规及公司章程的规定，依法保护全体股东权益，确保规则公开、程序公开、结果公开，杜绝暗箱操作，严禁利益输送。

第三条　适用范围

本计划适用于公司董事长确定的：

（1）公司（以及公司已有或未来不时设立之附属或关联公司，以下合称"附属公司"）任职的总监级全职管理人员、核心业务/技术骨干（以下合称"参与人"）；

（2）员工持股实体××（以下简称"员工持股实体"）及相关有限合伙份额，以及员工持股实体持有之公司股权。

参与人应与公司签订《期权授予协议》；本计划应构成《期权授予协议》的附件及组成部分。

第四条　期权

本计划所称"期权"，指公司授予参与人的一项权利，持有该项权利的参与人可以在约定的行权期限内以约定的行权价格向员工持股实体的普通合伙人购买一定数量的期权份额，并成为员工持股实体的有限合伙人，从而间接持有公司的股权；本计划所称"兑现股权"，指参与人行使期权并支付行权价格后所持有的员工持股实体合伙权益。参与人通过持有兑现股权，以期通过公司于中国境内或境外首次公开发行股票并在证券交易所上市（简称"上市"）或被第三方整体并购（合称"合格上市并购"）而获得退出收益。

4.1　在公司合格上市并购之前，若员工持股实体基于任何原因增持公司的股权，公司有权在不对已经授予各参与人的权益造成实质重大不利影响的前提下就该等增持股权另行制订员工持股计划或对本计划进行相应补充或修订。

4.2　在不对参与人已经取得的期权或兑现股权造成实质重大不利影响的前提下，公司有权根据实际情况决定对员工持股实体或其持有的公司股权进行重组，包括但不限于更换员工持股实体。

4.3　本计划的激励总量为公司注册资本的××%，设为不超过××股，相应期权计划为员工持股实体所持的不超过××股，对应不超过××份期权份额。

4.4　参与人应通过相应的员工持股实体，按其持有的兑现股权占公司总股本的比例，间接享有相应的公司分红及其他经济性权利。对于尚未根据本计划归属参与人所有的期权份额，其所对应的员工持股实体的分红及其他经济性权利应当归属员工持股实体的普通合伙人所有。

4.5　参与人不可撤销地委托员工持股实体的普通合伙人或其指定人士作为全权代理人，行使参与人在员工持股实体享有的一切表决权及其他非经济性权利（包括但不限于作为员工持股实体的合伙人签署任何有关员工持股实体及其持有的公司股权的文件）。

第五条　生效和期限

本计划已经公司股东大会通过，自公司及法定代表人签署之日（生效日）起生效，由公司董事长负责解释。除非公司董事长另行决议批准，本计划有效期三年，自生效日起算。若公司在有效期内拟提出上市申请或拟被整体并购的，则公司董事长有权要求参与人提前行权或终止本计划，参与人应予以配合。于本计划终止日，参与人已经授予但尚未兑现，以及已经兑现但尚未行权完毕的期权失效。

第六条　执行机构

本计划由公司董事长具体实施。公司董事长有权自行决定并执行以下事项：

（1）对本计划的条款、实施及管理进行解释；

（2）挑选及确定参与人；

（3）制定、修订、变更和废除与本计划相关的规章和制度，并就本计划的实施和管理作出其认为必要或适当的决定；

（4）对本计划的疏漏、瑕疵及尚未完善之处进行必要的修订和补充，但若该修正或补充可能对参与人已经取得的期权或兑现股权造成实质重大不利影响，须经持有届时所有已认购期权份额之 50% 以上之参与人的同意；

（5）按照本计划的规定决定任何期权分配、授予、兑现、行使或终止及其条款和条件，并随时修订、变更、取消或放弃任何该等条款和条件，及本计划规定的应当由公司或公司董事长决定的事项或行使的其他职权；

（6）公司董事长根据本方案规定作出的所有决定、决议和解释均应是最终及决定性的，并对所有参与人均具有约束力。

第七条　期权之分配和授予

7.1　基本原则

期权的授予对象系在公司或其附属公司任职的总监级全职管理人员或核心业务 / 技术骨干。

7.2　期权授予

公司董事长将根据公司的发展情况，酌情决定期权的分配及授予比例，公司董事长对此应有完全且独立的自由裁量权。各参与人之期权的授予，于《期权授予协议》约定。

除非公司董事长另行以书面方式同意，任何期权的授予，对于以全职核心员工身份参与本计划的参与人，均应以参与人于授权日仍在公司（或附属公司）任职或与公司（或附属公司）存在劳动关系为前提。

第八条　兑现和行权条件

8.1　除非公司董事长以书面方式同意，参与人在以下先决条件（合称"兑现条件"）得到满足后方有权兑现期权：

（1）参与人已经为公司（或附属公司）服务满一年；

（2）参与人在公司或其附属公司担任总监级全职管理人员或核心业务 / 技术骨干；

（3）参与人并未违反参与人和公司（或附属公司）签署的劳动合同、保密协议（包括《期权授予协议》之保密条款）、竞业限制协议及其他协议，亦未严重违反公司（或附属公司）的各项规章制度；

（4）参与人并未严重失职或营私舞弊，或基于其他原因或以其他方式严重损害公司（或附属公司）的权益；

（5）参与人并未违反《期权授予协议》及本计划，或非实质性违反但已在公司规定或要求的合理期限内予以纠正；

（6）参与人于兑现日（见下文定义）仍在公司（或附属公司）任职或与公司（或附属公司）存在劳动关系。

8.2 除非公司董事长以书面方式同意，参与人在以下先决条件（合称"行权条件"）均得到满足的前提下方有权行使已经兑现的期权：

（1）参与人并未违反参与人和公司（或附属公司）签署的劳动合同、保密协议（包括《期权授予协议》之保密条款）、竞业限制协议及其他协议，亦未严重违反公司（或附属公司）的各项规章制度；

（2）参与人并未严重失职或营私舞弊，或基于其他原因或以其他方式严重损害公司（或附属公司）的权益；

（3）参与人同意并已经签署必要的法律文件，同意接受公司及员工持股实体届时有效的章程、合伙协议、股东协议或其他组织性文件的约束；

（4）参与人并未违反《期权授予协议》及本计划，或非实质性违反但已在公司规定或要求的合理期限内予以纠正；

（5）参与人于行权之时仍在公司或其附属公司担任总监级全职管理人员或核心业务/技术骨干，并与公司（或附属公司）存在劳动关系。

8.3 任何期权之兑现条件或行权条件的满足或未能满足，不影响参与人因其他期权之兑现条件或行权条件的满足而享有的兑现或行使其他各期期权的权利。

第九条 兑现和行权

9.1 各参与人期权的兑现期于《期权授予协议》中约定。

9.2 公司董事长有权核查及确认参与人每期兑现期权的所有先决条件是

否均已得到满足。公司董事长应在兑现日（定义见下文）前，书面通知参与人，告知其该期兑现期权的所有兑现条件是否均已得到满足（或被公司董事长豁免）。

9.3　在满足兑现条件的前提下，该期期权于《期权授予协议》规定之相应兑现期届满之日（兑现日）兑现。若任何期权因兑现条件未能满足而未能兑现，除非公司董事长同意该等期权顺延，否则自兑现期届满之日起，该等期权自动失效；公司（或附属公司）及员工持股实体均无须就此向参与人承担任何责任或给予任何补偿。

9.4　参与人有权行使任何一期期权的期限为自该等期权的兑现日起五个月（行权期）。

9.5　在行权期内，参与人有权随时向公司董事长发出书面通知（行权通知），行使其部分或全部已兑现期权，按照本计划第10.2款支付行权价格后，获得相应的兑现股权。

9.6　公司董事长有权核查并确认参与人拟行使期权的所有行权条件是否均已得到满足。公司董事长原则上应于收到行权通知之日起十个工作日内书面通知参与人行权条件是否已得到满足。若参与人未能在行权期内发出行权通知以行使其已兑现期权，或该等已兑现期权因行权条件未能满足而无法行使，除非公司董事长同意在之后的年度予以行权，否则自行权期届满之日起，该等期权自动失效；公司（或附属公司）及员工持股实体均无须就此向参与人承担任何责任或给予任何补偿。

第十条　行权价格

10.1　除非公司董事长另行以书面方式同意，参与人为行使期权、认购约定的期权份额而需支付的认购价格（行权价格）按照公司整体估值××元计算，为××元/股。

10.2　就任何期权的行使，参与人应按照本计划第9.5款规定发出行权通知，并在公司董事长确认行权条件已得到满足后，在公司董事长要求的期限内根据公司董事长的指示，向员工持股实体普通合伙人一次性全额支付拟行权期权的行权款。若参与人未能按照前述要求支付行权款，除非公司董事长另行以书面方式同意，应视为参与人撤销本次期权的行使。

10.3 当且仅当参与人按照本计划及《期权授予协议》规定全额支付行权款后，员工持股实体方有义务向有权工商行政管理部门办理变更登记手续，将参与人登记为员工持股实体的有限合伙人。公司及员工持股实体有权在每个会计年度仅进行一次工商变更登记，但未办理工商变更登记手续不影响参与人享受其在公司及员工持股实体的股东/合伙人权益。

第十一条　转让及锁定期

11.1 在公司合格上市并购之前，除本计划另有约定或通过依法继承的方式转让兑现股权外，未经员工持股实体以书面方式同意，参与人不得以任何方式出售、转让、让予、质押、抵押、赠予或以其他方式处分其按照本计划及《期权授予协议》取得并持有的期权或兑现股权。若参与人的继承人继承兑现股权，继承人应同时承继本计划及《期权授予协议》规定的该等兑现股权的各项限制和条件，并遵守本计划及《期权授予协议》的规定。

11.2 在公司合格上市并购前，参与人在职期间同时满足以下条件的，经员工持股实体的普通合伙人同意，可以转让：

（1）转让时参与人所持有的兑现股份交割已满三年；

（2）受让对象符合本计划参与人之规定；

（3）转让方已将合伙份额转让涉及的个人所得税（如需）预支付至员工持股实体平台账户，用于员工持股实体代扣代缴。

11.3 在公司合格上市并购前，参与人若拟转让所持有的兑现股权，应以书面形式事先通知员工持股实体，该等通知须明确声明其希望进行该等转让，载明拟转让的股权数量、价格、受让方和其他适用条件和条款。员工持股实体在收到上述书面形式事先通知后的三十日内告知是否同意拟议转让。若同意转让，员工持股实体指定的主体享有以同等价格及条件优先购买部分或全部激励股权的权利。如员工持股实体未在前述三十日期限内告知是否同意拟议转让，则视为员工持股实体不同意该等转让。

11.4 公司上市后，参与人持有的兑现股权应根据相关证券监管机构及证券交易所的要求，并按照公司董事长确定的规则在规定期限（锁定期）内予以锁定。锁定期的截止日应不得早于员工持股实体持有的公司股份所适用的锁定期。

11.5 在锁定期内，除本计划另行规定或员工持股实体以书面方式同意外，参与人不得以任何方式出售、转让、让予、质押、抵押、赠予或以其他方式处分其所持有的兑现股权。

11.6 锁定期满，参与人有权按年度定期要求员工持股实体出售上市公司相关股份的权利，具体时间由员工持股实体的普通合伙人确定。员工持股实体依法在二级市场出售所持公司的股权后，将税后收益支付给参与人，参与人以退伙或减少持有员工持股实体财产份额等形式完成退出。

11.7 参与人持有的兑现股权还应当受限于公司的章程、投资协议及其他组织性文件中相关条款的规定（如有）。

第十二条 期权转换

参与人理解并确认，公司并不排除未来进行重组、以境外实体作为融资平台并寻求在中国境外上市（境外上市重组）的可能性。如公司进行境外上市重组，则公司有权将参与人持有的期权及兑现股权转换为相应境外实体中的期权或其他类似权利，但前提是该项转换不会对参与人拥有的、针对期权或兑现股权的预期利益造成实质重大不利影响。

第十三条 期权调整

如果公司进行资本公积转增注册资本，期权或兑现股权所对应之公司股权应当不受影响，但公司根据投资协议向投资方进行资本公积定向转增的除外；公司引入投资方并增资扩股，期权或兑现股权所对应之公司股权将被相应稀释。

第十四条 期权终止

14.1 如果出现以下情形之一，公司或员工持股实体有权终止授予参与人期权，宣布全部已经授予但尚未兑现，以及已经兑现但尚未行使完毕的期权失效；若任何期权已经行使完毕，公司或员工持股实体的指定方有权以参与人当时支付的行权价格与参与人所持兑现股权对应的最近一期末公司净资产孰低为对价回购，同时要求参与人返还因其持有兑现股权而获得的任何收益（包括获得的转让所得、利润分配等），并要求参与人从员工持股实体退伙；参与人还应当及时、足额赔偿公司因此遭受的损失：

（1）参与人因严重失职、渎职等原因，被判承担刑事责任或给公司（或附属公司）造成10万元以上经济损失；

（2）参与人违反公司（或附属公司）有关管理制度和规定，给公司（或附属公司）造成10万元以上经济损失，而被公司（或附属公司）解除劳动共同；

（3）参与人侵占公司（或附属公司）财产、实施关联交易、破坏公司形象；

（4）参与人违反与公司（或附属公司）签署的保密或竞业禁止协议，或从事与公司（或附属公司）相竞争的活动；

（5）参与人实质性违反《期权授予协议》及本计划，或非实质性违反但未在公司规定或要求的合理期限内予以纠正；

（6）未经公司董事长以书面方式同意，参与人擅自以任何方式出售、转让、让予、质押、抵押、赠予或以其他方式处分其所持有的兑现股权；

（7）参与人违反员工持股实体的合伙协议或其他组织性文件；

（8）在公司董事长发出相关通知后的五个工作日内，参与人应配合办妥全部退出手续，包括但不限于签署相关退伙文件、确认函等，相关税费由参与人承担。

14.2 自参与人支付行权价格之日起三年后，如果参与人存在以下情形之一，公司或员工持股实体的指定方有权要求参与人从员工持股实体退伙，并以如下价格回购参与人持有的兑现股权：回购价格＝参与人支付的行权价格＋年化6%的单利。

（1）参与人主动离职；

（2）参与人非因本协议第14.1款的原因被辞退；

（3）劳动合同期限届满，公司（或附属公司）决定不再续签；

（4）自回购价款支付之日起五个工作日内，参与人应配合办妥全部退出手续，包括但不限于签署相关退伙文件、确认函等，相关税费由参与人承担。

14.3　自参与人支付行权价格之日起三年内，如果参与人存在以下情形之一，公司或员工持股实体有权终止授予参与人期权，宣布全部已经授予但尚未兑现，以及已经兑现但尚未行使完毕的期权失效；若任何期权已经行使完毕，公司或员工持股实体的指定方有权要求参与人从员工持股实体退伙，以参与人当时支付的行权价格为对价回购：

（1）参与人主动离职；

（2）参与人非因本协议第 14.1 款的原因被辞退；

（3）劳动合同期限届满，公司（或附属公司）决定不再续签；

（4）自回购价款支付之日起五个工作日内，参与人应配合办妥全部退出手续，包括但不限于签署相关退伙文件、确认函等，相关税费由参与人承担。

第十五条　兑现期中止计算

15.1　在经公司（或附属公司）批准之下列情况下，参与人可保留参与本计划的资格：

（1）停薪留职；

（2）获准连续休假（包括但不限于年假、事假、病假）超过 90 日；

（3）一年内获准休假累积超过 90 日；

（4）内部调动（包括调动至附属公司），但前提是其新职位不应低于原职位。

参与人经调整或调动后职位低于/或高于原职位的，其参与本计划的资格及其有权获得的期权数额应当由公司董事长根据其调整或调动后职位善意确定和调整。

15.2　除非公司董事长另行决定，在停薪留职及休假超出第 15.1 款第（2）项或第（3）项规定期间，参与人依据本计划被授予期权的兑现期将中止计算。

第十六条　解散或清算

如果公司拟进行解散或清算，公司董事长应在公司股东（大）会作出解散或清算公司的决议后立即通知各参与人。员工持股实体因公司解散清算而获得的分配，按照参与人所持兑现股权的占比，对参与人进行分配。在任何情况下，已被授予但尚未兑现或行使完毕的期权应在员工持股实体或公司正式进入解散或清算程序后终止。

第十七条　合并或控制权变更

17.1　如果公司发生合并或控制权变更，公司董事长有权决定合理处置已授予的期权，参与人对此应予全力配合。

17.2　公司董事长将以书面形式通知参与人未行使期权行权期的具体起止日期，该等期权将在前述行权期届满之日终止。

17.3　特别地，如果公司拟以现金方式进行整体出售，公司董事长应在公司股东（大）会作出整体出售的决议后立即通知各参与人。员工持股实体因公司整体出售而获得的现金对价，按照参与人所持兑现股权的占比对参与人进行分配。已被授予但尚未兑现或行使完毕的期权应在整体出售后终止。

第十八条　预提所得税

参与人应自行承担因行使期权、持有及处置兑现股权而发生的个人所得税。公司有权依法从应付参与人的工资、奖金和其他款项中代扣代缴参与人因行使期权而发生的个人所得税，或要求参与人直接缴纳个人所得税。

第十九条　无权主张雇佣关系及期权授予

19.1　根据本计划授予期权，并不构成公司（或附属公司）持续聘用某一参与人的承诺，亦不影响公司（或附属公司）解除与该参与人订立之劳动合同的权利。

19.2　任何参与人均无权主张公司应向其授予期权，且公司并无义务一视同仁地对待各个参与人。公司并无义务就每项期权的条款与条件的制订和实施（以及公司董事长对此做出的决定和解释）保持一致。

第十节　员工持股计划合伙协议

本合伙协议（下称"本协议"）由本协议第九条列明的普通合伙人及有限合伙人于××年××月××日在中华人民共和国××市签署。

第一章　总则

第一条　依据《中华人民共和国合伙企业法》《中华人民共和国合伙企业登记管理办法》《中华人民共和国民法典》等法律法规，全体合伙人遵循自愿、平等、公平、诚实信用原则，订立本协议，依法设立合伙企业。

第二条　合伙企业类型为有限合伙企业。

合伙企业由普通合伙人和有限合伙人组成，普通合伙人对合伙企业债务承担无限连带责任，有限合伙人以其认缴的出资额为限对合伙企业债务承担责任。

第三条　本协议自生效之日起，即成为规范合伙企业的组织与行为、企业与合伙人、合伙人与合伙人之间权利义务关系的，具有法律约束力的文件。

第四条　本协议的各项条款与法律、法规、规章不符的，以法律、法规、规章的规定为准。

第二章　合伙企业的名称和主要经营场所

第五条　合伙企业名称：××（有限合伙）。

合伙企业主要经营场所：××

第三章　合伙目的、合伙经营范围、合伙期限

第六条　合伙目的：××公司（以下简称"目标公司"）吸引与保留优秀管理人才和业务骨干，有效平衡目标公司的短期目标与长期目标，长远、有效、健康发展。

第七条　合伙企业经营范围：投资兴办实业（具体项目另行申报）；投资咨询。

除非全体合伙人一致同意，合伙企业除对目标公司进行投资外，不得开展其他业务，不得对外借款，不得对外担保。

合伙企业根据实际情况，可以由执行事务合伙人决定改变经营范围，并应当于执行事务合伙人决定之日起××日内办理变更登记。

第八条 合伙企业的营业期限为永续经营，自合伙企业营业执照签发之日起计算。

第四章 合伙人及出资

第九条 合伙企业由以下（ ）位合伙人组成，其中：

普通合伙人1人：××，身份证号码为××，住所为××。

有限合伙人共（ ）人，本协议生效之时有限合伙人的基本情况如下（略）：

合伙人的上述住所信息变更的，应以书面方式及时通知合伙企业。

有限合伙人应当满足以下基本条件：

1. 为目标公司或其子/分公司的在职员工，认同目标公司的企业文化。

2. 担任目标公司或其子/分公司以下职务及符合相应任职年限的人员：担任目标公司或子/分公司总经理级、副总经理级、部门经理级、部门副经理、主管级职务满一年，或为目标公司或子/分公司中高级研发人员、核心技术（业务）人员、保密岗位人员。

3. 遵守所任职公司的规章制度，在职期间有良好的业绩表现。

4. 无刑事犯罪记录。

第十条 有限合伙人根据权利义务不同分为A、B两类，合伙人组成和类别详见下表（略）。

合伙企业出资总额为××万元。各合伙人认缴的出资额及出资比例如下表所示（略）。

第十一条 各合伙人应于目标公司申请变更为股份有限公司的改制基准日前缴付全部出资额，但至迟不得晚于××年12月31日。

第五章 利润分配与亏损分担

第十二条 合伙人按照以下约定分配利润、分担亏损：

1. 利润分配：按照合伙人实缴出资比例分配。

2. 亏损分担：按照合伙人实缴出资比例分担。

第六章 合伙事务执行

第十三条 全体合伙人共同委托普通合伙人李克俭为执行事务合伙人。

执行事务合伙人对全体合伙人负责，行使下列职权：

1. 代表合伙企业对外开展与持有或转让目标公司股份有关的业务；

2. 制定合伙企业的年度财务预算、决算方案；

3. 制定合伙企业的利润分配、亏损分担方案；

4. 决定合伙企业内部管理机构的设置；

5. 制定合伙企业的管理制度；

6. 聘任合伙企业的经营管理人员；

7. 在符合法律规定以及本协议约定的情况下，决定转让合伙企业持有的目标公司的股份；

8. 在法律规定或本协议赋予其的权限内，决定修改、补充本协议；

9. 决定合伙企业经营管理中的其他事项。

执行事务合伙人应当定期向其他合伙人报告事务执行情况以及合伙企业的经营和财务状况。

第十四条 有限合伙人不执行合伙事务，不得对外代表合伙企业。

有限合伙人的下列行为，不视为执行合伙事务：

1. 对合伙企业的经营管理提出建议；

2. 获取经审计的合伙企业财务会计报告；

3. 对涉及自身利益的情况，查阅合伙企业财务会计账簿等财务资料；

4. 依法为合伙企业提供担保。

除本协议另有约定外，合伙企业的下列事项应当经执行事务合伙人同意：

1. 改变合伙企业的名称；

2. 改变合伙企业的经营范围、主要经营场所的地点；

3. 处分合伙企业的不动产；

4. 转让或者处分合伙企业的知识产权和其他财产权利；

5. 转让合伙企业所持股企业的股份；

6. 聘任合伙人以外的人担任合伙企业的经营管理人员；

7. 合伙人向其他合伙人或合伙人以外的第三人转让其在合伙企业的全部或部分财产份额；

8. 合伙人以其在合伙企业中的财产份额出质；

9. 合伙人增加或者减少对合伙企业的出资；

10. 普通合伙人转变为有限合伙人，或者有限合伙人转变为普通合伙人；

11. 合伙企业设立分支机构；

12. 修改和补充本协议；

13. 合伙人的入伙、退伙。

第十五条 执行事务合伙人应当具备良好的职业道德、操守、品行和声誉，丰富的经营管理专业知识、工作经验，组织管理能力，熟悉并遵守中国法律、行政法规和规章，无重大违法行为。

执行事务合伙人因故意或重大过失导致合伙企业重大经济损失的，经其他合伙人一致同意，可以更换或除名；执行事务合伙人非有本协议约定的情形，不得更换或除名。

第七章 入伙、退伙

第十六条 合伙人入伙，必须经执行事务合伙人同意，并依法订立书面入伙协议。订立入伙协议时，执行事务合伙人应当向新合伙人如实告知原合伙企业的经营状况与财务状况。入伙的新合伙人与原合伙人享有同等权利，承担同等责任。

新入伙的有限合伙人对入伙前合伙企业的债务，以其认缴的出资额为限承担责任。

新入伙的普通合伙人对入伙前合伙企业的债务承担无限连带责任。

第十七条 在合伙协议约定的合伙企业经营期限内，有下列情形之一的，合伙人可以退伙：

1. 合伙协议约定的退伙事由出现；

2. 各合伙人根据其与目标公司和/或其他相关方签署的《××有限公司之员工股权认购协议》（以下简称《原认购协议》）《××有限公司员工股权认购协议之补充协议》（以下简称《补充协议》）或目标公司于××年××月通过的《××有限公司员工股权激励方案》及其不时之修订、补充、重述（以下简称《激励计划》，与《原认购协议》《补充协议》合称"激励文件"）的约定或规定需要转让、退还财产份额的事由出现的；

3. 发生合伙人难以继续参加合伙的事由出现；

4. 其他合伙人严重违反合伙协议约定的义务。

第十八条 普通合伙人有下列情形之一的，有限合伙人有下列第1项、第3至5项所列情形之一的，当然退伙：

1. 作为合伙人的自然人死亡或者被依法宣告死亡；

2. 个人丧失偿债能力；

3. 作为合伙人的法人或者其他组织依法被吊销营业执照、责令关闭、撤销，或者被宣告破产；

4. 法律规定或者合伙协议约定合伙人必须具有相关资格而丧失该资格；

5. 合伙人在合伙企业中的全部财产份额被人民法院强制执行。

退伙事由实际发生之日为退伙生效日。

作为普通合伙人的自然人被依法认定为无民事行为能力人或者限制民事行为能力人的，经其他合伙人一致同意，可以依法转为有限合伙人；其他合伙人未能一致同意的，该无民事行为能力或者限制民事行为能力的合伙人退伙。作为有限合伙人的自然人在合伙企业存续期间丧失民事行为能力的，其他合伙人不得因此要求其退伙。

第十九条 合伙人有下列情形之一的，经其他合伙人（除拟被除名人之外）一致同意，可以决议将其除名：

1. 未依照本协议及相关法律、法规规定按时、足额履行出资义务；

2. 因故意或重大过失行为被公安机关或检察机关立案调查，给合伙企业造成物质损失或名誉损害；

3.因违反本协议约定转让财产份额，给合伙企业造成物质损失或名誉损害；

4.合伙人与目标公司终止劳动关系（为免疑义，包括激励对象死亡、因职务变更不符合激励计划关于激励对象基本条件，下同）后以明示或默示的方式拒绝按照本协议、激励文件的相关约定或规定转让或退还财产份额；

5.违反本协议约定的不竞争、禁止关联交易义务；

6.发生本协议约定的其他事由。

对合伙人的除名决议应当书面通知被除名人。被除名人接到除名通知之日，除名生效，被除名人退伙；根据本协议第九条的住所送达除名通知的，通知送达之日，除名生效，被除名人退伙。

除名通知可以通过专人递送或以快递服务方式发出，除本协议另有约定外，发出任何通知均应写明被除名人通信地址。由专人送递或以快递服务递送的，送至收件方的通信地址并经签收时视为送达，拒绝签收或无人签收的，可参考《中华人民共和国民事诉讼法》的相关规定公告送达。

被除名人对除名决议有异议的，可以自接到除名通知（或除名通知送达）之日起三十日内，向有管辖权的人民法院起诉。

第二十条 合伙人退伙的方式包括：依照本协议的约定转让其财产份额；由执行事务合伙人或其指定的主体受让其财产份额；合伙企业退还其财产份额。具体方式应由执行事务合伙人决定。

第二十一条 除本协议另有约定外，未经执行事务合伙人同意，有限合伙人不得退伙或转让财产份额；如执行事务合伙人同意其转让合伙份额，受让对象应经执行事务合伙人同意。

第二十二条 合伙人违反本协议的约定转让或退还财产份额的，其行为无效，且合伙企业、其他合伙人有权拒绝配合完成相关的变更登记，由此给善意第三人或其他合伙人造成损失的，由行为人依法承担赔偿责任。

退伙之合伙人对给合伙企业或目标公司造成的损失负有赔偿责任的，相应扣减应当退还的财产份额或赔偿损失。

第二十三条　普通合伙人退伙后，应当对基于其退伙前的原因发生的合伙企业债务承担无限连带责任。有限合伙人退伙后，对基于其退伙前的原因发生的合伙企业债务，以其退伙时从合伙企业中取回的财产承担责任。

第二十四条　合伙企业仅剩有限合伙人的，应当解散；合伙企业仅剩普通合伙人的，转为普通合伙企业。

第八章　财产份额的转让、退还

第二十五条　普通合伙人可以将其在合伙企业中的部分财产份额转让给有限合伙人或其他人，该等转让无须取得有限合伙人的同意。

第二十六条　有限合伙人转让其在有限合伙企业中的全部或者部分财产份额时，除本协议另有约定外，须经执行事务合伙人同意，且应当遵守激励文件和适用的法律、法规、规范性文件、上市规则及/或监管部门关于该等份额（或该等份额对应的目标公司股权）转让限制的约定或规定。

第二十七条　除执行事务合伙人另行同意外，有限合伙人根据本协议的约定向执行事务合伙人或其指定的主体转让财产份额或退伙的价格和支付期限参照激励文件执行。

第二十八条　根据本协议的约定，合伙人转让其在合伙企业中的全部或部分财产份额，执行事务合伙人或其指定主体应享有优先购买权。合伙人以外的人依法受让合伙人在合伙企业中的财产份额的，经执行合伙事务合伙人同意并相应修改合伙协议即成为合伙企业的合伙人，依照修改后的合伙协议享有权利，履行义务。

第二十九条　合伙人的自有财产不足以清偿其与合伙企业无关的债务的，该合伙人可以以其从合伙企业中分取的收益用于清偿；债权人也可以依法请求人民法院强制执行该合伙人在合伙企业中的财产份额用于清偿。

人民法院强制执行合伙人的财产份额时，应当通知全体合伙人，执行事务合伙人或其指定的受让方有优先购买权。

第九章　合伙企业的财产、债务

第三十条　合伙人的出资、以合伙企业名义取得的收益和依法取得的其他财产，均为合伙企业的财产。

除法律另有规定或本协议另有约定外，合伙人在合伙企业清算前，不得请求分割合伙企业的财产。

第三十一条　合伙企业对其债务，应先以合伙企业全部财产进行清偿。

合伙企业不能清偿到期债务的，普通合伙人承担无限连带责任，有限合伙人以其认缴的出资额为限承担合伙企业债务。

第三十二条　合伙企业注销后，原普通合伙人对合伙企业存续期间的债务仍应承担无限连带责任。合伙企业依法被宣告破产的，原普通合伙人对合伙企业债务仍应承担无限连带责任。

第十章　有限合伙人与普通合伙人的相互转变程序

第三十三条　经执行事务合伙人同意，普通合伙人可以转变为有限合伙人，本协议另有约定的除外。普通合伙人转变为有限合伙人的，应对其作为普通合伙人期间合伙企业的债务承担无限连带责任。

第三十四条　经执行事务合伙人同意，有限合伙人可以转变为普通合伙人。有限合伙人转变为普通合伙人的，对其作为有限合伙人期间的合伙企业债务承担无限连带责任。

第十一章　不竞争、禁止关联交易

第三十五条　普通合伙人不得自营或者同他人合作经营与合伙企业、目标公司及其子/分公司相竞争的业务。

非经执行事务合伙人事先同意，有限合伙人不得自营或者同他人合作经营与合伙企业、目标公司及其子/分公司相竞争的业务。

第三十六条　普通合伙人不得同合伙企业进行交易。

非经执行合伙事务普通合伙人事先同意，有限合伙人不得同本合伙企业进行交易。

第十二章　合伙企业的财务、会计、税务

第三十七条　合伙企业依照法律、行政法规的规定建立企业财务、会计、纳税制度。合伙企业的生产经营所得和其他所得，按照国家有关税收法律法规

的规定，由合伙人分别缴纳所得税。

第十三章 合伙企业的解散、清算

第三十八条 合伙企业有下列情形之一的，应当解散：

1. 合伙期限届满，合伙人决定不再经营；

2. 本协议约定解散事由出现；

3. 全体合伙人决定解散；

4. 合伙人已不具备法定人数满三十天；

5. 合伙协议约定的合伙目的已经实现或者无法实现；

6. 依法被吊销营业执照、责令关闭或者被撤销；

7. 法律、行政法规规定的合伙企业解散的其他原因。

第三十九条 合伙企业解散，应当由清算人进行清算。

清算人由全体合伙人担任；经全体合伙人过半数同意，可以自合伙企业解散事由出现后十五日内指定一个或者数个合伙人，或者委托第三人担任清算人。

自合伙企业解散事由出现之日起十五日内未确定清算人的，合伙人或者其他利害关系人可以申请人民法院指定清算人。

第四十条 清算人在清算期间执行下列事务：

1. 清理合伙企业财产，分别编制资产负债表和财产清单；

2. 处理与清算有关的合伙企业未了结事务；

3. 清缴所欠税款；

4. 清理债权、债务；

5. 处理合伙企业清偿债务后的剩余财产；

6. 代表合伙企业参加诉讼或者仲裁活动。

第四十一条 清算人自被确定之日起十日内将合伙企业解散事项通知债权人，并于六十日内在报纸上公告。债权人应当自接到通知书之日起三十日内，未接到通知书的自公告之日起四十五日内，向清算人申报债权。

债权人申报债权，应当说明债权的有关事项，并提供证明材料。清算人应当对债权进行登记。

清算期间，合伙企业存续，但不得开展与清算无关的经营活动。

第四十二条　合伙企业财产在支付清算费用和职工工资、社会保险费用、法定补偿金以及缴纳所欠税款、清偿债务后的剩余财产，依照本协议第十二条规定的利润分配方法进行分配。

第四十三条　清算结束，清算人应当编制清算报告，经全体合伙人签名、盖章后，在十五日内向企业登记机关报送清算报告，申请办理合伙企业注销登记。

第四十四条　合伙企业注销后，原普通合伙人对合伙企业存续期间的债务仍应承担无限连带责任。

第四十五条　合伙企业不能清偿到期债务的，债权人可以依法向人民法院提出破产清算申请，也可以要求普通合伙人清偿。

合伙企业依法被宣告破产的，普通合伙人对合伙企业债务仍应承担无限连带责任。

第十四章　违约责任

第四十六条　合伙人未按照约定缴纳或足额缴纳出资的，应当赔偿由此给其他合伙人造成的损失；如果逾期三十日仍未足额缴纳出资，按退伙处理。

第四十七条　合伙人违反本协议约定以其在合伙企业中的财产份额出质的，其行为无效；由此给善意第三人或其他合伙人造成损失的，由行为人依法承担赔偿责任。

第四十八条　不具有事务执行权的合伙人擅自执行合伙事务，或未经授权以合伙企业名义与他人进行交易，给合伙企业或者其他合伙人造成损失的，该合伙人应当承担赔偿责任。

第四十九条　合伙人违反本协议的约定，从事与合伙企业、目标公司或其关联方相竞争的业务或者与本合伙企业进行交易的，该收益归目标公司所有；给合伙企业或者其他合伙人造成损失的，依法承担赔偿责任。

第五十条　合伙人存在违反本协议约定的其他行为，给合伙企业或其他合伙人造成损失的，依法承担赔偿责任。

第十五章 适用法律及争议解决方式

第五十一条 本协议的订立、有效性、解释和履行适用中华人民共和国法律。

第五十二条 因本协议引起或与本协议有关的任何争议，包括但不限于有关违反本协议、本协议的终止或有效性，各方首先应争取通过友好协商解决。

如各方无法通过协商解决争议，除本协议另有约定外，则任何一方均可将争议提交××国际仲裁院按照中国仲裁法和该仲裁委届时有效的仲裁规则进行仲裁。

仲裁期间，除正在进行仲裁的部分或直接和实质地受仲裁影响的部分外，本协议其余条款应继续履行。

第十六章 其他

第五十三条 本协议构成对普通合伙人及有限合伙人于××年××月××日签署的《××投资合伙企业（有限合伙）合伙协议》（以下简称《原合伙协议》）之重述。自本协议生效之日起，《原合伙协议》终止并被本协议完全取代。

第五十四条 除本协议另有约定外，如需合伙人对合伙企业有关事项作出决议，合伙人按照实缴出资比例行使表决权。合伙人作出决议，须经出席会议的合伙人所持表决权的二分之一以上（含）通过，并且表决同意的合伙人中必须包括执行事务合伙人。

第五十五条 执行事务合伙人有权单独决定修改或补充本协议，但本协议第四章、第五章除外；执行事务合伙人和相关修改、补充将对其根据本协议享有的权益产生重大不利影响的合伙人有权共同决定修改、补充本协议第四章、第五章；修改、补充内容与本协议相冲突的，以修改、补充后的内容为准。

第五十六条 全体有限合伙人同意并认可，目标公司股东会有权单独决定修订、补充《激励计划》，全体有限合伙人将遵守《激励计划》的规定，并同意执行事务合伙人根据《激励计划》不时之修订、补充对本协议进行相应调整。

第五十七条　如合伙企业所在的市场监督管理部门要求全体合伙人另行签署简版或登记使用的合伙协议（下称"简版协议"），全体合伙人将配合签署简版协议；简版协议与本协议存在任何冲突或矛盾的，以本协议约定为准。

第五十八条　本协议、简版协议与激励文件存在冲突或矛盾的，以激励文件的规定为准。

第五十九条　本协议未约定或者约定不明确的事项，由合伙人协商决定。协商不成的，依照国家有关法律、行政法规的规定处理。

第六十条　本协议一式（　）份，合伙人各执一份，报送登记机关一份，其余留存于合伙企业。

第六十一条　本协议自全体合伙人签字之日起生效。

第十一节　员工股权认购协议

甲方：【　】

法定代表人：【　】

地址：【　】

乙方：【　】

身份证号：【　】

地址：【　】

丙方：【　】

身份证号：【　】

地址：【　】

鉴于：

1. A公司系××年××月于××市场监督管理局登记设立的有限责任公司，原始注册资本为××万元；乙方为××；丙方为A下属公司的员工，职务为××，于××年××月入职。

2.为了增强员工的主人翁意识和企业归属感，并对核心员工进行激励，A公司拟对包括丙方在内的公司核心员工（以下简称"激励对象"）实施股权激励（以下简称"本次股权激励"），并制定了本协议附件所列××方案（以下简称"员工股权激励方案"），丙方拟参加本次股权激励。

3.根据员工股权激励方案，B投资合伙企业（有限合伙）（以下简称"合伙企业"或"有限合伙企业"）将作为公司员工持股主体直接持有公司10%的股权，激励对象通过持有有限合伙企业的合伙份额间接持有公司激励股权。乙方为有限合伙企业的普通合伙人、执行事务合伙人，激励对象将作为有限合伙企业的有限合伙人。

4.激励对象被分配的激励股权对应的有限合伙企业份额（以下简称"激励份额"）将一次性授予激励对象，授予价格为××元/财产份额。自激励对象首次获授激励份额之日起五年内，公司将对激励对象进行业绩考核，并根据其业绩考核情况对其持有的激励份额进行调整。

双方本着平等、自愿、公平及诚实信用的原则，经友好协商，根据《中华人民共和国民法典》《中华人民共和国公司法》《中华人民共和国合伙企业法》等相关法律、法规的规定以及员工股权激励方案、公司章程等规定，就丙方受让激励份额事宜达成如下协议，以兹共同遵守。

第一条 本次股权激励

1.为了增强员工的主人翁意识和企业归属感，并对核心员工进行激励，甲方拟对公司核心员工实施本次股权激励。

2.截至本协议签署之日，甲方的原始注册资本为××万元，有限合伙企业作为公司员工持股平台，持有A公司10%的股权（对应原始××万元注册资本）。乙方为有限合伙企业普通合伙人，激励对象将作为有限合伙企业的有限合伙人，间接持有A公司股权。

3.丙方知悉并认可本次股权激励的方案内容，自愿参加本次股权激励，并遵守员工股权激励方案的规定及员工持股平台合伙协议的约定。甲方、乙方一致认定丙方符合本次股权激励的激励对象标准，同意丙方参与本次股权激励。

第二条　激励份额的授予

1. 丙方同意以 ×× 元/财产份额的价格，认购有限合伙企业股权份额比例 ××%（×× 元），占该有限合伙企业的股份比例为 ××%，成为该有限合伙企业的有限合伙人。

2. 丙方应按照甲方、乙方的要求与其他激励对象签署有限合伙企业合伙协议及相关文件，并配合乙方办理有限合伙企业增加合伙人及出资额的工商变更登记手续。

第三条　业绩考核

1. 自丙方首次获授激励份额起五年内，甲方将对丙方进行五次业绩考核，并根据其业绩考核情况对其持有的激励份额进行调整，考核时间分别为丙方首次获得激励份额当年及之后的四个完整会计年度。具体考核及调整安排如下：

（1）丙方首次获得激励份额当年，公司对丙方进行第一次业绩考核，若丙方本期考核不合格，则应将其首次获得的激励份额的 ××% 回售给乙方或乙方指定的第三人，回售价格为其取得该等合伙份额时的原始投资成本加利息，利息按照转让时中国人民银行公布的同期定期存款基准利率计算（下同）；

（2）丙方首次获得激励份额之后的四个完整会计年度，公司分别对其进行第二次、第三次、第四次和第五次业绩考核，若丙方在考核期内任何一次考核不合格，则应将其首次获得的激励份额的 ××% 回售给乙方或乙方指定的第三人，回售价格为其取得该等合伙份额时的原始投资成本加利息。

2. 业绩考核由甲方董事会、人力资源部等有关部门实施，具体考核办法、程序由甲方制定。

3. 若甲方向中华人民共和国境内或境外任何证券管理机构（或其他类似机构）提交任何关于公司首次公开发行上市申请（或其他类似申请），甲方将视情况对丙方的考核时间进行调整。

第四条　禁售期及后续管理

丙方获得的激励份额的禁售期限及后续管理，均按照员工股权激励方案的规定执行。

第五条　本次股权激励的终止

各方同意，以下任一情形发生的，本协议将自动终止，且任何一方均不对其他方承担任何违约责任。

（1）公司在未来上市辅导、规范运作的过程中，根据聘请的专业中介机构的专业意见和上市地证券监管部门监管和审核要求，对员工股权激励方案进行调整，需要终止本协议，并且甲方向丙方发出终止本协议的书面通知。如激励计划提前终止，甲方应与丙方协商所持激励份额的补偿方式，公平、公正地维护丙方的合法利益。

（2）在本协议的履行过程中，因所适用的法律、法规、规范性文件和政策等的变化致使甲方无法履行本协议的。

（3）甲方因破产、解散、被注销、吊销营业执照等原因丧失民事主体资格或者不能继续营业的。

（4）按照本协议约定的其他原因。

在本协议有效期内，各方可协商一致以书面合意的方式提前终止本协议。

第六条　税费承担

各方在履行本协议的过程中根据中国法律法规的规定产生任何税费的，应当由各方依据法律法规的规定自行承担。如需甲方或合伙企业代扣代缴的，丙方同意按照相关规定执行。

第七条　保密条款

1.丙方对在本协议签署、履行过程中通过甲方、乙方提供的资料、口头陈述等知悉的保密信息，或通过其他途径获得的保密信息负有保密义务。除非经甲方书面同意，丙方不得直接和/或间接采取泄露、披露或其他任何形式将保密信息提供给第三方。

本条所称"保密信息"包含以下内容：

（1）本协议的内容，及签署、协商过程；

（2）与本次股权激励有关的持股结构、方案、协议、备忘录、声明、承诺、会议文件等信息；

（3）丙方因参与讨论、签订、履行本协议，参与或拟参与本次股权激励而知悉的有关甲方及其子公司的商业秘密；

（4）甲方、乙方认为不便于第三方知悉的其他信息。

2. 丙方的上述保密义务不会因为本协议解除、终止或丙方从甲方或其子公司退休、离职而解除。

3. 若根据有关法律、司法或行政程序，需要披露保密信息，则丙方应在披露有关保密信息之前的合理时间内通知甲方，并应配合甲方采取适当和有效的措施以依法避免或限制对保密信息的披露。

4. 保密信息部分公开，丙方仍有义务对保密信息的未被公开部分履行保密义务。

5. 若丙方违反保密义务，甲方及乙方有权以丙方取得激励份额的初始投资成本收回丙方持有的激励份额，尚未授予的激励份额将停止授予，并要求丙方赔偿由此给甲方、乙方造成的一切经济损失。若因丙方向第三人透露保密信息，甲方或乙方遭受第三人损害，丙方还应对该第三人造成的损害承担连带赔偿责任。

第八条　违约责任

1. 任何一方违反本协议下的约定，或未履行本协议下的义务，即构成违约。

2. 任何一方构成违约，对方均有权通过法律途径强制违约方履行本协议并要求其赔偿由此给守约方造成的一切经济损失，或终止本协议并要求其赔偿由此给守约方造成的一切经济损失。

第九条　法律适用和争议解决

1. 本协议的履行及解释，以及各方基于本协议而产生的法律关系应适用中华人民共和国法律，并依中华人民共和国法律进行解释。

2. 各方在履行本协议时出现的任何争议应首先友好协商解决。如争议产生后各方无法协商达成一致，任何一方应向甲方住所地的人民法院起诉。

第十条　附则

1. 本协议自各方签署、盖章之日起生效。

2. 如果本协议中的任何约定（或任何约定中的部分内容）被确认违法或不具有执行力，除非该条款或规定的无效在实质上已影响整个协议的继续履行，其他条款的合法性和可执行力将不受影响。

3. 本协议未尽事宜，由各方另行签订补充协议；补充协议与本协议具有同等效力。

4. 员工股权激励方案作为本协议附件，系本协议不可分割的组成部分。员工股权激励方案与本协议约定不一致的，以本协议为准；本协议未约定的，按照员工股权激励方案执行。

5. 本协议一式三份，多方各执一份，每份具有同等效力。

第十二节　股权代持协议

本协议于××年××月××日在××签署：

委托方：【　】（以下简称"甲方"）

　　　　住所：

　　　　法定代表人：

受托方：【　】（以下简称"乙方"）

　　　　住所：

　　　　法定代表人：

鉴于：

1. ××有限公司（企业注册号为××，以下简称"目标公司"）为中国境内合法设立且有效存续的有限责任公司，住所为××，法定代表人为××，注册资本为××万元。

2. 目标公司现登记在册的股东和股权架构（略）。

3. 甲方愿将其实际持有的目标公司××%的股权（以下简称"协议股权"）委托乙方持有，乙方接受甲方的委托。

甲、乙双方经友好协商一致，达成如下协议。

一、委托持股

甲方同意按本协议的条款和条件委托乙方持有协议股权，乙方同意按本协议的条款和条件接受委托，代为持有协议股权。

二、委托事项

1. 甲方将协议股权所代表的除所有权及收益权以外的其他权利委托乙方行使，包括但不限于：

（1）依目标公司章程被选举为目标公司董事、监事；

（2）代表甲方以目标公司股东的身份参加股东会议；

（3）依目标公司章程的规定，按照甲方指示内容，以其持有的协议股权享有表决权；

（4）目标公司章程规定股东享有的其他管理目标公司和监督目标公司运营的权利。

2. 甲方委托乙方代收由协议股权而产生的收益权和其他财产权益，包括：

（1）依据协议股权所享有的目标公司收益；

（2）转让协议股权的价款；

（3）由目标公司利润、资本公积金等转增的股权收益；

（4）优先认购目标公司增资的权利；

（5）目标公司清算后剩余财产的返还；

（6）目标公司章程规定股东应享有的其他财产权益。

乙方应及时代表甲方行使以上权利或权益，并于权利或权益取得的次日将所获得的收益转交甲方，或将所得到的权利交由甲方行使。

3. 乙方同意接受甲方的委托并依本协议无偿履行其受托义务。

三、甲方的权利和义务

1. 甲方根据本协议和目标公司章程的规定，依其持有的协议股权享有相关权益，即按其委托的协议股权最终享有目标公司的收益和相应的财产权益。

2. 甲方在任何时间均有权要求乙方将其持有的协议股权转让给甲方或者甲方指定的第三方。

3. 甲方是上述协议股权的实际出资人，依目标公司章程的规定以其所持协议股权为限承担责任。

4. 乙方在受托范围内行使权利所导致的任何责任均由甲方承担。

5. 本协议规定的由甲方履行的其他义务。

四、乙方的权利和义务

1. 乙方依据本协议第二条第 1 项的委托事项享有目标公司股东之权利。

2. 乙方在服从甲方委托指令的前提下，依据本协议第二条第 2 项的委托事项代为行使目标公司股东之权利。

3. 按本协议的规定接受甲方的委托。

4. 在甲方要求乙方将其持有的协议股权转让给甲方或者甲方指定的第三方时，乙方必须无条件予以配合。

5. 乙方应本着诚实信用的原则，忠实、尽职地履行本协议，并应尽合理的注意义务。

6. 乙方应善意行事，与甲方共同协商处理本协议未尽的事宜。

7. 本协议规定的由乙方履行的其他义务。

五、甲方的陈述与保证

1. 甲方具有完全民事行为能力。
2. 甲方拥有协议股权并有充分的权利签署本协议。
3. 本协议的签署和履行并不违反有关法规、目标公司章程或其他组织规则中的任何条款或与之相冲突。

六、乙方的陈述与保证

1. 乙方具有完全民事行为能力。
2. 乙方将忠实地依据甲方的意愿履行本协议项下的委托事项，并承诺除非委托期限届满或发生本协议第八条或法律法规规定的终止情况，乙方将不辞去本协议项下的委托。
3. 除非在甲方书面同意的情况下，乙方不得再将本协议项下的委托事宜委托他人。
4. 乙方承诺并保证不将应由甲方享有协议股权的收益据为己有。
5. 乙方承诺在行使本协议第二条之委托事项时，将尽责地通知甲方，在不违反目标公司章程有关规定的前提下，最大限度地按甲方的意愿行使权利。
6. 乙方不得将协议股权在未经甲方书面同意的情况下转让给第三方。
7. 乙方不得在未经甲方书面同意的情况下，在协议股权上设置任何妨害协议股权行使的权利，包括但不限于设置抵押、质押、留置等担保权利。

七、委托期限和终止条件

1. 本协议项下的委托期限自本协议签署之日起五年。
2. 如发生下列情况之一，应提前终止本协议：
（1）目标公司在委托期限内解散、清算或破产；
（2）法律法规规定的其他需要终止本协议的情况。

3. 如发生下列情况之一时，可提前终止本协议：

（1）乙方发生重大事项以至于威胁到本协议的履行；

（2）有关法律、法规、政策环境或目标公司的实际情况发生变化，使本协议的安排不必要时。

发生本条所列各种情况之一时，甲乙双方可以书面形式终止本委托协议，任何一方不必承担解约责任，但乙方应履行协助甲方变更股权的义务。

4. 本委托届满前30天，如未发生需要终止委托的情形，甲乙双方应当以书面形式再续签委托协议，委托期限可视当时实际情况具体协商。

八、协议的变更和解除

发生下列情况之一时，可变更或解除本协议，但双方必须就此签署书面协议：

（1）由于不可抗力或一方当事人虽无过失但无法防止的外因，致使本协议无法履行；

（2）由于任何一方违约，严重影响了守约方的利益，使本协议的履行不必要。

九、争议的解决

凡因本协议引起的或与本协议有关的任何争议，由双方协商解决。

十、生效

本协议经甲方、乙方签字后立即生效。

十一、其他

本协议正本一式（　）份，甲、乙双方各执（　）份，共同提交目标公司（　）份，每份文本具有同等法律效力。

附 录

附录一 陈某、深圳市 F 家居用品股份有限公司合同纠纷

1. 案情介绍

2007 年 6 月 20 日,深圳市 F 家居用品股份有限公司(以下简称"F 公司")召开第一次临时股东大会,审议通过了《F 公司限制性股票激励计划(草案)》,同意 F 公司以定向发行新股的方式,向高级管理人员及主要业务骨干发行 700 万股限制性股票,发行价格为 1.45 元 / 股。

2008 年 3 月 4 日,F 公司召开第一届董事会第九次会议,会议达成了《关于终止〈F 公司限制性股票激励计划(草案)的议案〉》,主要内容如下。

终止实施《F 公司限制性股票激励计划(草案)》,拟对 109 名激励对象所持有的 700 万股限制性股票进行如下处理:给予限制性股票持有人股票回售选择权,对于放弃股票回售选择权的限制性股票持有人,其持有的限制性股票全部转换为同股数的无限制性的公司普通股,与公司其他普通股股东所持有的股票同股同权。

该草案"特别提示"部分规定:"本限制性股票激励计划的期限为 4.5 年,包括禁售期 1.5 年、限售期 3 年。自激励对象获授限制性股票之日起 1.5 年(即 2007 年下半年及 2008 年度),为限制性股票禁售期。"第一条"释义"部分规定:"限制性股票指 F 公司根据本计划授予激励对象的、转让受

到限制的F公司人民币普通股,以及因公司送红股或转增股本而新增的相应股份。"第十条"限制性股票的授予和解锁程序"部分规定:"激励对象在获授限制性股票后,享有与公司普通股股东相同的权利,承担相同的义务,但限制性股票的转让受本计划限制。"第十一条"限制性股票的回购、再授予与注销"部分规定:"在本限制性股票禁售期和限售期内,激励对象因辞职而终止与公司的劳动关系时,公司有权根据公司上一年度经审计的每股净资产作价回购其所持限制性股票","激励对象因触犯法律、违反职业道德、泄露公司机密、失职或渎职等行为严重损害公司利益或声誉,公司有权根据限制性股票认购成本价回购其所持限制性股票"。

2008年3月20日,F公司召开2008年第二次临时股东大会,审议通过了《关于终止〈F公司限制性股票激励计划(草案)的议案〉》。同日,常某出具确认函及承诺函,其中确认函内容为:"本人常某,根据公司2007年第三次临时股东大会审议通过的《F公司限制性股票激励计划(草案)》的有关约定,现持有公司限制性股票××股。根据公司2008年第二次临时股东大会审议通过的《关于终止〈F公司限制性股票激励计划(草案)的议案〉》的有关约定,本人同意将持有的公司限制性股票转换为同股数的无限制性的公司普通股,与公司其他普通股股东所持有的股票同股同权。"承诺函内容为:"本人常某,为F公司的股东。截至本承诺函签署日,本人持有公司股份××股。鉴于本人在公司任职,且是以优惠的条件获得上述股份,本人在此自愿向公司承诺:自本承诺函签署日至公司申请首次公开发行A股并上市之日起三年内,本人不以书面的形式向公司提出辞职,不连续旷工超过七日,不发生侵占公司资产并导致公司利益受损的行为,不发生收受商业贿赂并导致公司利益受损的行为;若发生上述违反承诺的情形,本人自愿承担对公司的违约责任并向公司支付违约金,违约金=(本人持有的公司股票在证券市场可以公开抛售之日的收盘价-本人发生上述违反承诺的情形之日的上一年度的公司经审计的每股净资产)×(本承诺函签署日本人持有的股份+本人持有的公司股票在证券市场可以公开出售之日前赠送的红股);若发生上述违反承诺的情形,本人应在持有公司的股票在证券市场可以公开出售之日后三个交易日内向公司支付违约金。"

其中，离职骨干陈某因与 F 公司合同纠纷一案，不服广东省深圳市中级人民法院民事判决，向广东省高级人民法院申请再审，陈某申请再审称："本案不属于人民法院受理民事诉讼范围，应由劳动争议仲裁部门先行处理；本案争议焦点应为承诺函是否真实、合法有效以及我是否违反承诺函约定的以书面方式提出辞职，而非二审判决所归纳的；二审判决认定主要事实的证据包括承诺函、2008 年 7 月 9 日员工离职交接单、证人张某和韦某的证言、盖章登记本、F 公司人力资源管理制度均是虚假的；二审判决认定事实有误，F 公司未能提交劳动合同续签意向书，也未能证明我提交书面辞职申请报告，而离职证明的证明力明显较大，二审法院认定 F 公司证据占优违反最高人民法院《关于民事诉讼证据的若干规定》，且本案并非股权激励合同纠纷，F 公司通过承诺函将《F 公司限制性股票激励计划（草案）》（以下简称《股票激励计划》）中的回购股票转化为股东向公司支付违约金，属以合法形式掩盖非法目的无效民事行为，认定承诺函是《股票激励计划》的变通或延续没有法律依据；此外，F 公司的诉讼请求已超过诉讼时效期间；原审判决认定承诺函合法有效有误，承诺函违反《中华人民共和国劳动合同法》《中华人民共和国公司法》关于同股同权和公司不得购买本公司股份，《中华人民共和国民法典》关于格式条款的规定，且承诺函约定的违约金也过高，即使被认定为真实有效也应予减少；一审法院未准许我调查取证申请，未告知我对司法鉴定有异议权利，未通知鉴定人出庭作证，未准许我重新鉴定申请，程序违法。

F 公司提交意见称："二审判决认定本案为股权激励合同纠纷而非劳动争议纠纷正确，且系列再审案件均认同该法律关系认定；二审判决认定的争议焦点无误，陈某依照承诺函变更其劳动合同有效期至公司上市后第三年，其离开公司属劳动合同期限未满提出书面辞职，连续旷工七日，已有生效判决认定劳动合同到期未续签，继续工作一段时间后离职违反了承诺函，且二审阶段证人已出庭作证，证言能与员工离职交接清单、人力资源管理制度相互印证，足以证明陈某违约,离职证明的出具时间也能证明我司于2008年6月25日不同意陈某离职;陈某主张相关证据伪造没有任何依据,所有承诺函均被确认为真实有效,其提出重新鉴定不符合法律规定,而离职证明只能表明双方办理了离职手续,我司对员工离职交接清单已合理陈述,且提交的盖章登记本也是原件;承诺函是《股票激励计划》回购条款的变通和延续,激励对象按照承诺函向我司支付"违约金"后所能获得的利益仍为激励对象违反承诺日上一年度经审计的每股净资产值,承诺函继续对提前解约的激励对象所能获得的股份投资收益予以限制不违反公平原则,是合法有效的;诉讼时效应自2013年1月9日起算,我司2012年12月26日起诉未超过诉讼时效;承诺函不属格式条款,其对当事人设定一定程度的行为限制具有正当性,是合法有效的;违约金是我司先期给付陈某利益的返还,不存在过高应调整的问题;与本案同批次相关联的再审案件均已驳回再审申请,且大部分已执行完毕,为保证同案同判,应驳回陈某的再审申请。"

2. 争议焦点

本案是否属于劳动争议纠纷;承诺函是否有效;F公司的请求是否已超过诉讼时效;陈某是否违反承诺函的约定,是否应承担相应的违约责任。

广东省高级人民法院经审理认为:

1. 关于本案是否属于劳动争议纠纷

F公司根据《股票激励计划》向高级管理人员及主要业务骨干发行限制性股票,陈某据此持有公司股份。因股权激励合同是劳动者薪资等基本劳动权利保护外为优化薪酬制度额外实施的,由其产生的股票收益不属于《中华人民共和国劳动法》意义上的工资等劳动报酬,该收益属于奖励,同时起到支付竞业禁止补偿的作用,而激励对象有权选择是否参加,且此类合同反映了收益与风险对等的商业原则,符合商业行为盈利与风险相一致的特征,故二审判决确认双方的法律纠纷属一般民商事合同纠纷并无不当,陈某主张本案属劳动争议纠纷理据不足。

2.关于承诺函是否有效

根据《股票激励计划》的内容，限制性股份是激励对象（高级管理人员及主要业务骨干）自愿认购、转让受公司内部一定限制的普通股，该激励计划有利于增强F公司经营团队的稳定性及工作积极性，增进F公司与股东的利益，不违反法律强制性规定，是合法有效的。F公司在终止《股票激励计划》后，根据自愿原则，给予限制性股票持有人回售选择权，对于将所持限制性股份转化为无限制普通股的激励对象，采用由激励对象出具承诺书的方式继续对激励对象进行约束。据此，二审判决认为承诺书是《股票激励计划》的变通与延续并无不当，陈某自愿向F公司出具承诺函不违反公平原则，合法有效。陈某主张承诺函非其本人签署捺印，但未能提交证据足以证明，《痕迹司法鉴定意见书》及《文书司法鉴定意见书》表明承诺函上的签名、指印是陈某本人所签所捺，而承诺函签订及打印时间与载明日期不符不能否定签名及指印的真实性，结合陈某主张重新鉴定缺乏法律依据，二审判决对陈某的主张不予支持并无不当。

3.关于F公司的请求是否已超过诉讼时效

根据承诺函的内容，若发生违反承诺情形，陈某应在持有公司股票在证券市场可公开出售之日后三个交易日内向公司支付违约金。据此，F公司在陈某支付违约金履行期限届满时才知道权利是否被侵害，而涉及股票可上市交易之日后三个交易日前为2013年1月8日前，即诉讼期间应自2013年1月9日起算，故二审判决确认F公司于2012年12月26日起诉未超过诉讼时效并无不当。

4.关于陈某是否违反承诺函约定，是否应承担相应的违约责任

根据承诺函的内容，陈某在F公司股票上市之日起三年内不得辞职，否则应支付违约金。双方就陈某的离职原因主张不一，陈某主张是F公司解除双方劳动关系，而F公司则主张是陈某主动离职。对此，F公司提交了两份员工离职交接清单、证人张某经公证的证明、盖章登记本、人力资源管理制度等，并申请了已离职前人事部员工张某及主管人力资源部门时任总裁助理韦某出庭作证，上述证言能相互印证，张某的证言能与盖章登记本佐证，也印证了2008年7月9日员工离职交接清单中陈某签名非本人的鉴定结论，且盖章登记本记

载具体全面；反之，陈某提交的离职证明无法证明是 F 公司主动提出解除劳动关系，而其主张 F 公司提交的证据虚假亦缺乏证据证明，故二审判决综合双方提交的证据及案件事实采信 F 公司的主张，认定陈某的离职违反承诺函并无不当。关于违约责任问题，因承诺函系对《股票激励计划》的变通与延续，而陈某在承诺函中约定的收益限制条件属《股票激励计划》中合同解除条款，故其离职违反承诺函约定，应以"违约金"形式向 F 公司返还相应财产。结合 F 公司起诉要求支付"违约金"时，陈某对该债务不予确认，二审判决依据承诺函的约定计算应返还财产金额并支持相应利息并无不当。陈某主张违约金约定金额过高应予调整，但该违约金实质是陈某依约将被限制的部分收益返还给 F 公司，因此并不存在调整的问题。

附录二　中华人民共和国合伙企业法

第一章　总则

第一条　为了规范合伙企业的行为，保护合伙企业及其合伙人、债权人的合法权益，维护社会经济秩序，促进社会主义市场经济的发展，制定本法。

第二条　本法所称合伙企业，是指自然人、法人和其他组织依照本法在中国境内设立的普通合伙企业和有限合伙企业。

普通合伙企业由普通合伙人组成，合伙人对合伙企业债务承担无限连带责任。本法对普通合伙人承担责任的形式有特别规定的，从其规定。

有限合伙企业由普通合伙人和有限合伙人组成，普通合伙人对合伙企业债务承担无限连带责任，有限合伙人以其认缴的出资额为限对合伙企业债务承担责任。

第三条　国有独资公司、国有企业、上市公司以及公益性的事业单位、社会团体不得成为普通合伙人。

第四条　合伙协议依法由全体合伙人协商一致、以书面形式订立。

第五条　订立合伙协议、设立合伙企业，应当遵循自愿、平等、公平、诚实信用原则。

第六条　合伙企业的生产经营所得和其他所得，按照国家有关税收规定，由合伙人分别缴纳所得税。

第七条　合伙企业及其合伙人必须遵守法律、行政法规，遵守社会公德、商业道德，承担社会责任。

第八条　合伙企业及其合伙人的合法财产及其权益受法律保护。

第九条　申请设立合伙企业，应当向企业登记机关提交登记申请书、合伙协议书、合伙人身份证明等文件。

合伙企业的经营范围中有属于法律、行政法规规定在登记前须经批准的项目的，该项经营业务应当依法经过批准，并在登记时提交批准文件。

第十条　申请人提交的登记申请材料齐全、符合法定形式，企业登记机关能够当场登记的，应予当场登记，发给营业执照。

除前款规定情形外，企业登记机关应当自受理申请之日起二十日内，作出是否登记的决定。予以登记的，发给营业执照；不予登记的，应当给予书面答复，并说明理由。

第十一条　合伙企业的营业执照签发日期，为合伙企业成立日期。

合伙企业领取营业执照前，合伙人不得以合伙企业名义从事合伙业务。

第十二条　合伙企业设立分支机构，应当向分支机构所在地的企业登记机关申请登记，领取营业执照。

第十三条　合伙企业登记事项发生变更的，执行合伙事务的合伙人应当自作出变更决定或者发生变更事由之日起十五日内，向企业登记机关申请办理变更登记。

第二章　普通合伙企业

第一节　合伙企业设立

第十四条　设立合伙企业，应当具备下列条件：

（一）有二个以上合伙人。合伙人为自然人的，应当具有完全民事行为能力；

（二）有书面合伙协议；

（三）有合伙人认缴或者实际缴付的出资；

（四）有合伙企业的名称和生产经营场所；

（五）法律、行政法规规定的其他条件。

第十五条　合伙企业名称中应当标明"普通合伙"字样。

第十六条　合伙人可以用货币、实物、知识产权、土地使用权或者其他财产权利出资，也可以用劳务出资。

合伙人以实物、知识产权、土地使用权或者其他财产权利出资，需要评估作价的，可以由全体合伙人协商确定，也可以由全体合伙人委托法定评估机构评估。

合伙人以劳务出资的，其评估办法由全体合伙人协商确定，并在合伙协议中载明。

第十七条　合伙人应当按照合伙协议约定的出资方式、数额和缴付期限，履行出资义务。

以非货币财产出资的，依照法律、行政法规的规定，需要办理财产权转移手续的，应当依法办理。

第十八条　合伙协议应当载明下列事项：

（一）合伙企业的名称和主要经营场所的地点；

（二）合伙目的和合伙经营范围；

（三）合伙人的姓名或者名称、住所；

（四）合伙人的出资方式、数额和缴付期限；

（五）利润分配、亏损分担方式；

（六）合伙事务的执行；

（七）入伙与退伙；

（八）争议解决办法；

（九）合伙企业的解散与清算；

（十）违约责任。

第十九条　合伙协议经全体合伙人签名、盖章后生效。合伙人按照合伙协议享有权利，履行义务。

修改或者补充合伙协议，应当经全体合伙人一致同意；但是，合伙协议另有约定的除外。

合伙协议未约定或者约定不明确的事项，由合伙人协商决定；协商不成的，依照本法和其他有关法律、行政法规的规定处理。

第二节　合伙企业财产

第二十条　合伙人的出资、以合伙企业名义取得的收益和依法取得的其他财产，均为合伙企业的财产。

第二十一条　合伙人在合伙企业清算前，不得请求分割合伙企业的财产；但是，本法另有规定的除外。

合伙人在合伙企业清算前私自转移或者处分合伙企业财产的，合伙企业不得以此对抗善意第三人。

第二十二条　除合伙协议另有约定外，合伙人向合伙人以外的人转让其在合伙企业中的全部或者部分财产份额时，须经其他合伙人一致同意。

合伙人之间转让在合伙企业中的全部或者部分财产份额时，应当通知其他合伙人。

第二十三条　合伙人向合伙人以外的人转让其在合伙企业中的财产份额的，在同等条件下，其他合伙人有优先购买权；但是，合伙协议另有约定的除外。

第二十四条　合伙人以外的人依法受让合伙人在合伙企业中的财产份额的，经修改合伙协议即成为合伙企业的合伙人，依照本法和修改后的合伙协议享有权利，履行义务。

第二十五条　合伙人以其在合伙企业中的财产份额出质的，须经其他合伙人一致同意；未经其他合伙人一致同意，其行为无效，由此给善意第三人造成损失的，由行为人依法承担赔偿责任。

第三节 合伙事务执行

第二十六条 合伙人对执行合伙事务享有同等的权利。

按照合伙协议的约定或者经全体合伙人决定,可以委托一个或者数个合伙人对外代表合伙企业,执行合伙事务。

作为合伙人的法人、其他组织执行合伙事务的,由其委派的代表执行。

第二十七条 依照本法第二十六条第二款规定委托一个或者数个合伙人执行合伙事务的,其他合伙人不再执行合伙事务。

不执行合伙事务的合伙人有权监督执行事务合伙人执行合伙事务的情况。

第二十八条 由一个或者数个合伙人执行合伙事务的,执行事务合伙人应当定期向其他合伙人报告事务执行情况以及合伙企业的经营和财务状况,其执行合伙事务所产生的收益归合伙企业,所产生的费用和亏损由合伙企业承担。

合伙人为了解合伙企业的经营状况和财务状况,有权查阅合伙企业会计账簿等财务资料。

第二十九条 合伙人分别执行合伙事务的,执行事务合伙人可以对其他合伙人执行的事务提出异议。提出异议时,应当暂停该项事务的执行。如果发生争议,依照本法第三十条规定作出决定。

受委托执行合伙事务的合伙人不按照合伙协议或者全体合伙人的决定执行事务的,其他合伙人可以决定撤销该委托。

第三十条 合伙人对合伙企业有关事项作出决议,按照合伙协议约定的表决办法办理。合伙协议未约定或者约定不明确的,实行合伙人一人一票并经全体合伙人过半数通过的表决办法。

本法对合伙企业的表决办法另有规定的,从其规定。

第三十一条 除合伙协议另有约定外,合伙企业的下列事项应当经全体合伙人一致同意:

(一)改变合伙企业的名称;

(二)改变合伙企业的经营范围、主要经营场所的地点;

(三)处分合伙企业的不动产;

（四）转让或者处分合伙企业的知识产权和其他财产权利；

（五）以合伙企业名义为他人提供担保；

（六）聘任合伙人以外的人担任合伙企业的经营管理人员。

第三十二条　合伙人不得自营或者同他人合作经营与本合伙企业相竞争的业务。

除合伙协议另有约定或者经全体合伙人一致同意外，合伙人不得同本合伙企业进行交易。

合伙人不得从事损害本合伙企业利益的活动。

第三十三条　合伙企业的利润分配、亏损分担，按照合伙协议的约定办理；合伙协议未约定或者约定不明确的，由合伙人协商决定；协商不成的，由合伙人按照实缴出资比例分配、分担；无法确定出资比例的，由合伙人平均分配、分担。

合伙协议不得约定将全部利润分配给部分合伙人或者由部分合伙人承担全部亏损。

第三十四条　合伙人按照合伙协议的约定或者经全体合伙人决定，可以增加或者减少对合伙企业的出资。

第三十五条　被聘任的合伙企业的经营管理人员应当在合伙企业授权范围内履行职务。

被聘任的合伙企业的经营管理人员，超越合伙企业授权范围履行职务，或者在履行职务过程中因故意或者重大过失给合伙企业造成损失的，依法承担赔偿责任。

第三十六条　合伙企业应当依照法律、行政法规的规定建立企业财务、会计制度。

第四节　合伙企业与第三人关系

第三十七条　合伙企业对合伙人执行合伙事务以及对外代表合伙企业权利的限制，不得对抗善意第三人。

第三十八条　合伙企业对其债务，应先以其全部财产进行清偿。

第三十九条　合伙企业不能清偿到期债务的，合伙人承担无限连带责任。

第四十条　合伙人由于承担无限连带责任，清偿数额超过本法第三十三条第一款规定的其亏损分担比例的，有权向其他合伙人追偿。

第四十一条　合伙人发生与合伙企业无关的债务，相关债权人不得以其债权抵销其对合伙企业的债务；也不得代位行使合伙人在合伙企业中的权利。

第四十二条　合伙人的自有财产不足清偿其与合伙企业无关的债务的，该合伙人可以以其从合伙企业中分取的收益用于清偿；债权人也可以依法请求人民法院强制执行该合伙人在合伙企业中的财产份额用于清偿。

人民法院强制执行合伙人的财产份额时，应当通知全体合伙人，其他合伙人有优先购买权；其他合伙人未购买，又不同意将该财产份额转让给他人的，依照本法第五十一条的规定为该合伙人办理退伙结算，或者办理削减该合伙人相应财产份额的结算。

第五节　入伙、退伙

第四十三条　新合伙人入伙，除合伙协议另有约定外，应当经全体合伙人一致同意，并依法订立书面入伙协议。

订立入伙协议时，原合伙人应当向新合伙人如实告知原合伙企业的经营状况和财务状况。

第四十四条　入伙的新合伙人与原合伙人享有同等权利，承担同等责任。入伙协议另有约定的，从其约定。

新合伙人对入伙前合伙企业的债务承担无限连带责任。

第四十五条　合伙协议约定合伙期限的，在合伙企业存续期间，有下列情形之一的，合伙人可以退伙：

（一）合伙协议约定的退伙事由出现；

（二）经全体合伙人一致同意；

（三）发生合伙人难以继续参加合伙的事由；

（四）其他合伙人严重违反合伙协议约定的义务。

第四十六条　合伙协议未约定合伙期限的，合伙人在不给合伙企业事务执行造成不利影响的情况下，可以退伙，但应当提前三十日通知其他合伙人。

第四十七条　合伙人违反本法第四十五条、第四十六条的规定退伙的，应当赔偿由此给合伙企业造成的损失。

第四十八条　合伙人有下列情形之一的，当然退伙：

（一）作为合伙人的自然人死亡或者被依法宣告死亡；

（二）个人丧失偿债能力；

（三）作为合伙人的法人或者其他组织依法被吊销营业执照、责令关闭、撤销，或者被宣告破产；

（四）法律规定或者合伙协议约定合伙人必须具有相关资格而丧失该资格；

（五）合伙人在合伙企业中的全部财产份额被人民法院强制执行。

合伙人被依法认定为无民事行为能力人或者限制民事行为能力人的，经其他合伙人一致同意，可以依法转为有限合伙人，普通合伙企业依法转为有限合伙企业。其他合伙人未能一致同意的，该无民事行为能力或者限制民事行为能力的合伙人退伙。

退伙事由实际发生之日为退伙生效日。

第四十九条　合伙人有下列情形之一的，经其他合伙人一致同意，可以决议将其除名：

（一）未履行出资义务；

（二）因故意或者重大过失给合伙企业造成损失；

（三）执行合伙事务时有不正当行为；

（四）发生合伙协议约定的事由。

对合伙人的除名决议应当书面通知被除名人。被除名人接到除名通知之日，除名生效，被除名人退伙。

被除名人对除名决议有异议的，可以自接到除名通知之日起三十日内，向人民法院起诉。

第五十条　合伙人死亡或者被依法宣告死亡的，对该合伙人在合伙企业中的财产份额享有合法继承权的继承人，按照合伙协议的约定或者经全体合伙人一致同意，从继承开始之日起，取得该合伙企业的合伙人资格。

有下列情形之一的，合伙企业应当向合伙人的继承人退还被继承合伙人的财产份额：

（一）继承人不愿意成为合伙人；

（二）法律规定或者合伙协议约定合伙人必须具有相关资格，而该继承人未取得该资格；

（三）合伙协议约定不能成为合伙人的其他情形。

合伙人的继承人为无民事行为能力人或者限制民事行为能力人的，经全体合伙人一致同意，可以依法成为有限合伙人，普通合伙企业依法转为有限合伙企业。全体合伙人未能一致同意的，合伙企业应当将被继承合伙人的财产份额退还该继承人。

第五十一条　合伙人退伙，其他合伙人应当与该退伙人按照退伙时的合伙企业财产状况进行结算，退还退伙人的财产份额。退伙人对给合伙企业造成的损失负有赔偿责任的，相应扣减其应当赔偿的数额。

退伙时有未了结的合伙企业事务的，待该事务了结后进行结算。

第五十二条　退伙人在合伙企业中财产份额的退还办法，由合伙协议约定或者由全体合伙人决定，可以退还货币，也可以退还实物。

第五十三条　退伙人对基于其退伙前的原因发生的合伙企业债务，承担无限连带责任。

第五十四条　合伙人退伙时，合伙企业财产少于合伙企业债务的，退伙人应当依照本法第三十三条第一款的规定分担亏损。

第六节　特殊的普通合伙企业

第五十五条　以专业知识和专门技能为客户提供有偿服务的专业服务机构，可以设立为特殊的普通合伙企业。

特殊的普通合伙企业是指合伙人依照本法第五十七条的规定承担责任的普通合伙企业。

特殊的普通合伙企业适用本节规定；本节未作规定的，适用本章第一节至

第五节的规定。

第五十六条 特殊的普通合伙企业名称中应当标明"特殊普通合伙"字样。

第五十七条 一个合伙人或者数个合伙人在执业活动中因故意或者重大过失造成合伙企业债务的，应当承担无限责任或者无限连带责任，其他合伙人以其在合伙企业中的财产份额为限承担责任。

合伙人在执业活动中非因故意或者重大过失造成的合伙企业债务以及合伙企业的其他债务，由全体合伙人承担无限连带责任。

第五十八条 合伙人执业活动中因故意或者重大过失造成的合伙企业债务，以合伙企业财产对外承担责任后，该合伙人应当按照合伙协议的约定对给合伙企业造成的损失承担赔偿责任。

第五十九条 特殊的普通合伙企业应当建立执业风险基金、办理职业保险。

执业风险基金用于偿付合伙人执业活动造成的债务。执业风险基金应当单独立户管理。具体管理办法由国务院规定。

第三章 有限合伙企业

第六十条 有限合伙企业及其合伙人适用本章规定；本章未作规定的，适用本法第二章第一节至第五节关于普通合伙企业及其合伙人的规定。

第六十一条 有限合伙企业由二个以上五十个以下合伙人设立；但是，法律另有规定的除外。

有限合伙企业至少应当有一个普通合伙人。

第六十二条 有限合伙企业名称中应当标明"有限合伙"字样。

第六十三条 合伙协议除符合本法第十八条的规定外，还应当载明下列事项：

（一）普通合伙人和有限合伙人的姓名或者名称、住所；

（二）执行事务合伙人应具备的条件和选择程序；

（三）执行事务合伙人权限与违约处理办法；

（四）执行事务合伙人的除名条件和更换程序；

（五）有限合伙人入伙、退伙的条件、程序以及相关责任；

（六）有限合伙人和普通合伙人相互转变程序。

第六十四条　有限合伙人可以用货币、实物、知识产权、土地使用权或者其他财产权利作价出资。

有限合伙人不得以劳务出资。

第六十五条　有限合伙人应当按照合伙协议的约定按期足额缴纳出资；未按期足额缴纳的，应当承担补缴义务，并对其他合伙人承担违约责任。

第六十六条　有限合伙企业登记事项中应当载明有限合伙人的姓名或者名称及认缴的出资数额。

第六十七条　有限合伙企业由普通合伙人执行合伙事务。执行事务合伙人可以要求在合伙协议中确定执行事务的报酬及报酬提取方式。

第六十八条　有限合伙人不执行合伙事务，不得对外代表有限合伙企业。

有限合伙人的下列行为，不视为执行合伙事务：

（一）参与决定普通合伙人入伙、退伙；

（二）对企业的经营管理提出建议；

（三）参与选择承办有限合伙企业审计业务的会计师事务所；

（四）获取经审计的有限合伙企业财务会计报告；

（五）对涉及自身利益的情况，查阅有限合伙企业财务会计账簿等财务资料；

（六）在有限合伙企业中的利益受到侵害时，向有责任的合伙人主张权利或者提起诉讼；

（七）执行事务合伙人怠于行使权利时，督促其行使权利或者为了本企业的利益以自己的名义提起诉讼；

（八）依法为本企业提供担保。

第六十九条　有限合伙企业不得将全部利润分配给部分合伙人；但是，合伙协议另有约定的除外。

第七十条　有限合伙人可以同本有限合伙企业进行交易；但是，合伙协议另有约定的除外。

第七十一条　有限合伙人可以自营或者同他人合作经营与本有限合伙企业相竞争的业务；但是，合伙协议另有约定的除外。

第七十二条　有限合伙人可以将其在有限合伙企业中的财产份额出质；但是，合伙协议另有约定的除外。

第七十三条　有限合伙人可以按照合伙协议的约定向合伙人以外的人转让其在有限合伙企业中的财产份额，但应当提前三十日通知其他合伙人。

第七十四条　有限合伙人的自有财产不足清偿其与合伙企业无关的债务的，该合伙人可以以其从有限合伙企业中分取的收益用于清偿；债权人也可以依法请求人民法院强制执行该合伙人在有限合伙企业中的财产份额用于清偿。

人民法院强制执行有限合伙人的财产份额时，应当通知全体合伙人。在同等条件下，其他合伙人有优先购买权。

第七十五条　有限合伙企业仅剩有限合伙人的，应当解散；有限合伙企业仅剩普通合伙人的，转为普通合伙企业。

第七十六条　第三人有理由相信有限合伙人为普通合伙人并与其交易的，该有限合伙人对该笔交易承担与普通合伙人同样的责任。

有限合伙人未经授权以有限合伙企业名义与他人进行交易，给有限合伙企业或者其他合伙人造成损失的，该有限合伙人应当承担赔偿责任。

第七十七条　新入伙的有限合伙人对入伙前有限合伙企业的债务，以其认缴的出资额为限承担责任。

第七十八条　有限合伙人有本法第四十八条第一款第一项、第三项至第五项所列情形之一的，当然退伙。

第七十九条　作为有限合伙人的自然人在有限合伙企业存续期间丧失民事行为能力的，其他合伙人不得因此要求其退伙。

第八十条　作为有限合伙人的自然人死亡、被依法宣告死亡或者作为有限合伙人的法人及其他组织终止时，其继承人或者权利承受人可以依法取得该有限合伙人在有限合伙企业中的资格。

第八十一条　有限合伙人退伙后，对基于其退伙前的原因发生的有限合伙企业债务，以其退伙时从有限合伙企业中取回的财产承担责任。

第八十二条　除合伙协议另有约定外，普通合伙人转变为有限合伙人，或者有限合伙人转变为普通合伙人，应当经全体合伙人一致同意。

第八十三条　有限合伙人转变为普通合伙人的，对其作为有限合伙人期间有限合伙企业发生的债务承担无限连带责任。

第八十四条　普通合伙人转变为有限合伙人的，对其作为普通合伙人期间合伙企业发生的债务承担无限连带责任。

第四章　合伙企业解散、清算

第八十五条　合伙企业有下列情形之一的，应当解散：

（一）合伙期限届满，合伙人决定不再经营；

（二）合伙协议约定的解散事由出现；

（三）全体合伙人决定解散；

（四）合伙人已不具备法定人数满三十天；

（五）合伙协议约定的合伙目的已经实现或者无法实现；

（六）依法被吊销营业执照、责令关闭或者被撤销；

（七）法律、行政法规规定的其他原因。

第八十六条　合伙企业解散，应当由清算人进行清算。

清算人由全体合伙人担任；经全体合伙人过半数同意，可以自合伙企业解散事由出现后十五日内指定一个或者数个合伙人，或者委托第三人，担任清算人。

自合伙企业解散事由出现之日起十五日内未确定清算人的，合伙人或者其他利害关系人可以申请人民法院指定清算人。

第八十七条　清算人在清算期间执行下列事务：

（一）清理合伙企业财产，分别编制资产负债表和财产清单；

（二）处理与清算有关的合伙企业未了结事务；

（三）清缴所欠税款；

（四）清理债权、债务；

（五）处理合伙企业清偿债务后的剩余财产；

（六）代表合伙企业参加诉讼或者仲裁活动。

第八十八条　清算人自被确定之日起十日内将合伙企业解散事项通知债权人，并于六十日内在报纸上公告。债权人应当自接到通知书之日起三十日内，未接到通知书的自公告之日起四十五日内，向清算人申报债权。

债权人申报债权，应当说明债权的有关事项，并提供证明材料。清算人应当对债权进行登记。

清算期间，合伙企业存续，但不得开展与清算无关的经营活动。

第八十九条　合伙企业财产在支付清算费用和职工工资、社会保险费用、法定补偿金以及缴纳所欠税款、清偿债务后的剩余财产，依照本法第三十三条第一款的规定进行分配。

第九十条　清算结束，清算人应当编制清算报告，经全体合伙人签名、盖章后，在十五日内向企业登记机关报送清算报告，申请办理合伙企业注销登记。

第九十一条　合伙企业注销后，原普通合伙人对合伙企业存续期间的债务仍应承担无限连带责任。

第九十二条　合伙企业不能清偿到期债务的，债权人可以依法向人民法院提出破产清算申请，也可以要求普通合伙人清偿。

合伙企业依法被宣告破产的，普通合伙人对合伙企业债务仍应承担无限连带责任。

第五章　法律责任

第九十三条　违反本法规定，提交虚假文件或者采取其他欺骗手段，取得合伙企业登记的，由企业登记机关责令改正，处以五千元以上五万元以下的罚款；情节严重的，撤销企业登记，并处以五万元以上二十万元以下的罚款。

第九十四条　违反本法规定，合伙企业未在其名称中标明"普通合伙"、"特殊普通合伙"或者"有限合伙"字样的，由企业登记机关责令限期改正，处以二千元以上一万元以下的罚款。

第九十五条 违反本法规定,未领取营业执照,而以合伙企业或者合伙企业分支机构名义从事合伙业务的,由企业登记机关责令停止,处以五千元以上五万元以下的罚款。

合伙企业登记事项发生变更时,未依照本法规定办理变更登记的,由企业登记机关责令限期登记;逾期不登记的,处以二千元以上二万元以下的罚款。

合伙企业登记事项发生变更,执行合伙事务的合伙人未按期申请办理变更登记的,应当赔偿由此给合伙企业、其他合伙人或者善意第三人造成的损失。

第九十六条 合伙人执行合伙事务,或者合伙企业从业人员利用职务上的便利,将应当归合伙企业的利益据为己有的,或者采取其他手段侵占合伙企业财产的,应当将该利益和财产退还合伙企业;给合伙企业或者其他合伙人造成损失的,依法承担赔偿责任。

第九十七条 合伙人对本法规定或者合伙协议约定必须经全体合伙人一致同意始得执行的事务擅自处理,给合伙企业或者其他合伙人造成损失的,依法承担赔偿责任。

第九十八条 不具有事务执行权的合伙人擅自执行合伙事务,给合伙企业或者其他合伙人造成损失的,依法承担赔偿责任。

第九十九条 合伙人违反本法规定或者合伙协议的约定,从事与本合伙企业相竞争的业务或者与本合伙企业进行交易的,该收益归合伙企业所有;给合伙企业或者其他合伙人造成损失的,依法承担赔偿责任。

第一百条 清算人未依照本法规定向企业登记机关报送清算报告,或者报送清算报告隐瞒重要事实,或者有重大遗漏的,由企业登记机关责令改正。由此产生的费用和损失,由清算人承担和赔偿。

第一百零一条 清算人执行清算事务,牟取非法收入或者侵占合伙企业财产的,应当将该收入和侵占的财产退还合伙企业;给合伙企业或者其他合伙人造成损失的,依法承担赔偿责任。

第一百零二条 清算人违反本法规定,隐匿、转移合伙企业财产,对资产负债表或者财产清单作虚假记载，或者在未清偿债务前分配财产，损害债权人利益的，依法承担赔偿责任。

第一百零三条　合伙人违反合伙协议的，应当依法承担违约责任。

合伙人履行合伙协议发生争议的，合伙人可以通过协商或者调解解决。不愿通过协商、调解解决或者协商、调解不成的，可以按照合伙协议约定的仲裁条款或者事后达成的书面仲裁协议，向仲裁机构申请仲裁。合伙协议中未订立仲裁条款，事后又没有达成书面仲裁协议的，可以向人民法院起诉。

第一百零四条　有关行政管理机关的工作人员违反本法规定，滥用职权、徇私舞弊、收受贿赂、侵害合伙企业合法权益的，依法给予行政处分。

第一百零五条　违反本法规定，构成犯罪的，依法追究刑事责任。

第一百零六条　违反本法规定，应当承担民事赔偿责任和缴纳罚款、罚金，其财产不足以同时支付的，先承担民事赔偿责任。

第六章　附则

第一百零七条　非企业专业服务机构依据有关法律采取合伙制的，其合伙人承担责任的形式可以适用本法关于特殊的普通合伙企业合伙人承担责任的规定。

第一百零八条　外国企业或者个人在中国境内设立合伙企业的管理办法由国务院规定。

第一百零九条　本法自2007年6月1日起施行。

附录三　上市公司股权激励管理办法

第一章　总则

第一条　为进一步促进上市公司建立健全激励与约束机制，依据《中华人民共和国公司法》（以下简称《公司法》）、《中华人民共和国证券法》（以下简称《证券法》）及其他法律、行政法规的规定，制定本办法。

第二条　本办法所称股权激励是指上市公司以本公司股票为标的，对其董事、高级管理人员及其他员工进行的长期性激励。

上市公司以限制性股票、股票期权实行股权激励的，适用本办法；以法律、行政法规允许的其他方式实行股权激励的，参照本办法有关规定执行。

第三条　上市公司实行股权激励，应当符合法律、行政法规、本办法和公司章程的规定，有利于上市公司的持续发展，不得损害上市公司利益。

上市公司的董事、监事和高级管理人员在实行股权激励中应当诚实守信，勤勉尽责，维护公司和全体股东的利益。

第四条　上市公司实行股权激励，应当严格按照本办法和其他相关规定的要求履行信息披露义务。

第五条　为上市公司股权激励计划出具意见的证券中介机构和人员，应当诚实守信、勤勉尽责，保证所出具的文件真实、准确、完整。

第六条　任何人不得利用股权激励进行内幕交易、操纵证券市场等违法活动。

第二章　一般规定

第七条　上市公司具有下列情形之一的，不得实行股权激励：

（一）最近一个会计年度财务会计报告被注册会计师出具否定意见或者无法表示意见的审计报告；

（二）最近一个会计年度财务报告内部控制被注册会计师出具否定意见或无法表示意见的审计报告；

（三）上市后最近36个月内出现过未按法律法规、公司章程、公开承诺进行利润分配的情形；

（四）法律法规规定不得实行股权激励的；

（五）中国证监会认定的其他情形。

第八条　激励对象可以包括上市公司的董事、高级管理人员、核心技术人员或者核心业务人员，以及公司认为应当激励的对公司经营业绩和未来发展有直接影响的其他员工，但不应当包括独立董事和监事。外籍员工任职上市公司董事、高级管理人员、核心技术人员或者核心业务人员的，可以成为激励对象。

单独或合计持有上市公司 5% 以上股份的股东或实际控制人及其配偶、父母、子女，不得成为激励对象。下列人员也不得成为激励对象：

（一）最近 12 个月内被证券交易所认定为不适当人选；

（二）最近 12 个月内被中国证监会及其派出机构认定为不适当人选；

（三）最近 12 个月内因重大违法违规行为被中国证监会及其派出机构行政处罚或者采取市场禁入措施；

（四）具有《公司法》规定的不得担任公司董事、高级管理人员情形的；

（五）法律法规规定不得参与上市公司股权激励的；

（六）中国证监会认定的其他情形。

第九条　上市公司依照本办法制定股权激励计划的，应当在股权激励计划中载明下列事项：

（一）股权激励的目的；

（二）激励对象的确定依据和范围；

（三）拟授出的权益数量，拟授出权益涉及的标的股票种类、来源、数量及占上市公司股本总额的百分比；分次授出的，每次拟授出的权益数量、涉及的标的股票数量及占股权激励计划涉及的标的股票总额的百分比、占上市公司股本总额的百分比；设置预留权益的，拟预留权益的数量、涉及标的股票数量及占股权激励计划的标的股票总额的百分比；

（四）激励对象为董事、高级管理人员的，其各自可获授的权益数量、占股权激励计划拟授出权益总量的百分比；其他激励对象（各自或者按适当分类）的姓名、职务、可获授的权益数量及占股权激励计划拟授出权益总量的百分比；

（五）股权激励计划的有效期，限制性股票的授予日、限售期和解除限售安排，股票期权的授权日、可行权日、行权有效期和行权安排；

（六）限制性股票的授予价格或者授予价格的确定方法，股票期权的行权价格或者行权价格的确定方法；

（七）激励对象获授权益、行使权益的条件；

（八）上市公司授出权益、激励对象行使权益的程序；

（九）调整权益数量、标的股票数量、授予价格或者行权价格的方法和程序；

（十）股权激励会计处理方法、限制性股票或股票期权公允价值的确定方法、涉及估值模型重要参数取值合理性、实施股权激励应当计提费用及对上市公司经营业绩的影响；

（十一）股权激励计划的变更、终止；

（十二）上市公司发生控制权变更、合并、分立以及激励对象发生职务变更、离职、死亡等事项时股权激励计划的执行；

（十三）上市公司与激励对象之间相关纠纷或争端解决机制；

（十四）上市公司与激励对象的其他权利义务。

第十条　上市公司应当设立激励对象获授权益、行使权益的条件。拟分次授出权益的，应当就每次激励对象获授权益分别设立条件；分期行权的，应当就每次激励对象行使权益分别设立条件。

激励对象为董事、高级管理人员的，上市公司应当设立绩效考核指标作为激励对象行使权益的条件。

第十一条　绩效考核指标应当包括公司业绩指标和激励对象个人绩效指标。相关指标应当客观公开、清晰透明，符合公司的实际情况，有利于促进公司竞争力的提升。

上市公司可以公司历史业绩或同行业可比公司相关指标作为公司业绩指标对照依据，公司选取的业绩指标可以包括净资产收益率、每股收益、每股分红等能够反映股东回报和公司价值创造的综合性指标，以及净利润增长率、主营业务收入增长率等能够反映公司盈利能力和市场价值的成长性指标。以同行业可比公司相关指标作为对照依据的，选取的对照公司不少于3家。

激励对象个人绩效指标由上市公司自行确定。

上市公司应当在公告股权激励计划草案的同时披露所设定指标的科学性和合理性。

第十二条　拟实行股权激励的上市公司，可以下列方式作为标的股票来源：

（一）向激励对象发行股份；

（二）回购本公司股份；

（三）法律、行政法规允许的其他方式。

第十三条　股权激励计划的有效期从首次授予权益日起不得超过10年。

第十四条　上市公司可以同时实行多期股权激励计划。同时实行多期股权激励计划的，各期激励计划设立的公司业绩指标应当保持可比性，后期激励计划的公司业绩指标低于前期激励计划的，上市公司应当充分说明其原因与合理性。

上市公司全部在有效期内的股权激励计划所涉及的标的股票总数累计不得超过公司股本总额的10%。非经股东大会特别决议批准，任何一名激励对象通过全部在有效期内的股权激励计划获授的本公司股票，累计不得超过公司股本总额的1%。

本条第二款所称股本总额是指股东大会批准最近一次股权激励计划时公司已发行的股本总额。

第十五条　上市公司在推出股权激励计划时，可以设置预留权益，预留比例不得超过本次股权激励计划拟授予权益数量的20%。

上市公司应当在股权激励计划经股东大会审议通过后12个月内明确预留权益的授予对象；超过12个月未明确激励对象的，预留权益失效。

第十六条　相关法律、行政法规、部门规章对上市公司董事、高级管理人员买卖本公司股票的期间有限制的，上市公司不得在相关限制期间内向激励对象授出限制性股票，激励对象也不得行使权益。

第十七条　上市公司启动及实施增发新股、并购重组、资产注入、发行可转债、发行公司债券等重大事项期间，可以实行股权激励计划。

第十八条 上市公司发生本办法第七条规定的情形之一的，应当终止实施股权激励计划，不得向激励对象继续授予新的权益，激励对象根据股权激励计划已获授但尚未行使的权益应当终止行使。

在股权激励计划实施过程中，出现本办法第八条规定的不得成为激励对象情形的，上市公司不得继续授予其权益，其已获授但尚未行使的权益应当终止行使。

第十九条 激励对象在获授限制性股票或者对获授的股票期权行使权益前后买卖股票的行为，应当遵守《证券法》《公司法》等相关规定。

上市公司应当在本办法第二十条规定的协议中，就前述义务向激励对象作出特别提示。

第二十条 上市公司应当与激励对象签订协议，确认股权激励计划的内容，并依照本办法约定双方的其他权利义务。

上市公司应当承诺，股权激励计划相关信息披露文件不存在虚假记载、误导性陈述或者重大遗漏。

所有激励对象应当承诺，上市公司因信息披露文件中有虚假记载、误导性陈述或者重大遗漏，导致不符合授予权益或行使权益安排的，激励对象应当自相关信息披露文件被确认存在虚假记载、误导性陈述或者重大遗漏后，将由股权激励计划所获得的全部利益返还公司。

第二十一条 激励对象参与股权激励计划的资金来源应当合法合规，不得违反法律、行政法规及中国证监会的相关规定。

上市公司不得为激励对象依股权激励计划获取有关权益提供贷款以及其他任何形式的财务资助，包括为其贷款提供担保。

第三章 限制性股票

第二十二条 本办法所称限制性股票是指激励对象按照股权激励计划规定的条件，获得的转让等部分权利受到限制的本公司股票。

限制性股票在解除限售前不得转让、用于担保或偿还债务。

第二十三条　上市公司在授予激励对象限制性股票时，应当确定授予价格或授予价格的确定方法。授予价格不得低于股票票面金额，且原则上不得低于下列价格较高者：

（一）股权激励计划草案公布前 1 个交易日的公司股票交易均价的 50%；

（二）股权激励计划草案公布前 20 个交易日、60 个交易日或者 120 个交易日的公司股票交易均价之一的 50%。

上市公司采用其他方法确定限制性股票授予价格的，应当在股权激励计划中对定价依据及定价方式作出说明。

第二十四条　限制性股票授予日与首次解除限售日之间的间隔不得少于 12 个月。

第二十五条　在限制性股票有效期内，上市公司应当规定分期解除限售，每期时限不得少于 12 个月，各期解除限售的比例不得超过激励对象获授限制性股票总额的 50%。

当期解除限售的条件未成就的，限制性股票不得解除限售或递延至下期解除限售，应当按照本办法第二十六条规定处理。

第二十六条　出现本办法第十八条、第二十五条规定情形，或者其他终止实施股权激励计划的情形或激励对象未达到解除限售条件的，上市公司应当回购尚未解除限售的限制性股票，并按照《公司法》的规定进行处理。

对出现本办法第十八条第一款情形负有个人责任的，或出现本办法第十八条第二款情形的，回购价格不得高于授予价格；出现其他情形的，回购价格不得高于授予价格加上银行同期存款利息之和。

第二十七条　上市公司应当在本办法第二十六条规定的情形出现后及时召开董事会审议回购股份方案，并依法将回购股份方案提交股东大会批准。回购股份方案包括但不限于以下内容：

（一）回购股份的原因；

（二）回购股份的价格及定价依据；

（三）拟回购股份的种类、数量及占股权激励计划所涉及的标的股票的比例、占总股本的比例；

（四）拟用于回购的资金总额及资金来源；

（五）回购后公司股本结构的变动情况及对公司业绩的影响。

律师事务所应当就回购股份方案是否符合法律、行政法规、本办法的规定和股权激励计划的安排出具专业意见。

第四章 股票期权

第二十八条　本办法所称股票期权是指上市公司授予激励对象在未来一定期限内以预先确定的条件购买本公司一定数量股份的权利。

激励对象获授的股票期权不得转让、用于担保或偿还债务。

第二十九条　上市公司在授予激励对象股票期权时，应当确定行权价格或者行权价格的确定方法。行权价格不得低于股票票面金额，且原则上不得低于下列价格较高者：

（一）股权激励计划草案公布前 1 个交易日的公司股票交易均价；

（二）股权激励计划草案公布前 20 个交易日、60 个交易日或者 120 个交易日的公司股票交易均价之一。

上市公司采用其他方法确定行权价格的，应当在股权激励计划中对定价依据及定价方式作出说明。

第三十条　股票期权授权日与获授股票期权首次可行权日之间的间隔不得少于 12 个月。

第三十一条　在股票期权有效期内，上市公司应当规定激励对象分期行权，每期时限不得少于 12 个月，后一行权期的起算日不得早于前一行权期的届满日。每期可行权的股票期权比例不得超过激励对象获授股票期权总额的 50%。

当期行权条件未成就的，股票期权不得行权或递延至下期行权，并应当按照本办法第三十二条第二款规定处理。

第三十二条　股票期权各行权期结束后，激励对象未行权的当期股票期权应当终止行权，上市公司应当及时注销。

出现本办法第十八条、第三十一条规定情形，或者其他终止实施股权激励计划的情形或激励对象不符合行权条件的，上市公司应当注销对应的股票期权。

第五章　实施程序

第三十三条　上市公司董事会下设的薪酬与考核委员会负责拟订股权激励计划草案。

第三十四条　上市公司实行股权激励，董事会应当依法对股权激励计划草案作出决议，拟作为激励对象的董事或与其存在关联关系的董事应当回避表决。

董事会审议本办法第四十六条、第四十七条、第四十八条、第四十九条、第五十条、第五十一条规定中有关股权激励计划实施的事项时，拟作为激励对象的董事或与其存在关联关系的董事应当回避表决。

董事会应当在依照本办法第三十七条、第五十四条的规定履行公示、公告程序后，将股权激励计划提交股东大会审议。

第三十五条　独立董事及监事会应当就股权激励计划草案是否有利于上市公司的持续发展，是否存在明显损害上市公司及全体股东利益的情形发表意见。

独立董事或监事会认为有必要的，可以建议上市公司聘请独立财务顾问，对股权激励计划的可行性、是否有利于上市公司的持续发展、是否损害上市公司利益以及对股东利益的影响发表专业意见。上市公司未按照建议聘请独立财务顾问的，应当就此事项作特别说明。

第三十六条　上市公司未按照本办法第二十三条、第二十九条定价原则，而采用其他方法确定限制性股票授予价格或股票期权行权价格的，应当聘请独立财务顾问，对股权激励计划的可行性、是否有利于上市公司的持续发展、相关定价依据和定价方法的合理性、是否损害上市公司利益以及对股东利益的影响发表专业意见。

第三十七条　上市公司应当在召开股东大会前，通过公司网站或者其他途径，在公司内部公示激励对象的姓名和职务，公示期不少于10天。

监事会应当对股权激励名单进行审核，充分听取公示意见。上市公司应当在股东大会审议股权激励计划前5日披露监事会对激励名单审核及公示情况的说明。

第三十八条 上市公司应当对内幕信息知情人在股权激励计划草案公告前6个月内买卖本公司股票及其衍生品种的情况进行自查，说明是否存在内幕交易行为。

知悉内幕信息而买卖本公司股票的，不得成为激励对象，法律、行政法规及相关司法解释规定不属于内幕交易的情形除外。

泄露内幕信息而导致内幕交易发生的，不得成为激励对象。

第三十九条 上市公司应当聘请律师事务所对股权激励计划出具法律意见书，至少对以下事项发表专业意见：

（一）上市公司是否符合本办法规定的实行股权激励的条件；

（二）股权激励计划的内容是否符合本办法的规定；

（三）股权激励计划的拟订、审议、公示等程序是否符合本办法的规定；

（四）股权激励对象的确定是否符合本办法及相关法律法规的规定；

（五）上市公司是否已按照中国证监会的相关要求履行信息披露义务；

（六）上市公司是否为激励对象提供财务资助；

（七）股权激励计划是否存在明显损害上市公司及全体股东利益和违反有关法律、行政法规的情形；

（八）拟作为激励对象的董事或与其存在关联关系的董事是否根据本办法的规定进行了回避；

（九）其他应当说明的事项。

第四十条 上市公司召开股东大会审议股权激励计划时，独立董事应当就股权激励计划向所有的股东征集委托投票权。

第四十一条 股东大会应当对本办法第九条规定的股权激励计划内容进行表决，并经出席会议的股东所持表决权的2/3以上通过。除上市公司董事、监事、高级管理人员、单独或合计持有上市公司 5% 以上股份的股东以外，其他股东的投票情况应当单独统计并予以披露。

上市公司股东大会审议股权激励计划时，拟为激励对象的股东或者与激励对象存在关联关系的股东，应当回避表决。

第四十二条　上市公司董事会应当根据股东大会决议，负责实施限制性股票的授予、解除限售和回购以及股票期权的授权、行权和注销。

上市公司监事会应当对限制性股票授予日及期权授予日激励对象名单进行核实并发表意见。

第四十三条　上市公司授予权益与回购限制性股票、激励对象行使权益前，上市公司应当向证券交易所提出申请，经证券交易所确认后，由证券登记结算机构办理登记结算事宜。

第四十四条　股权激励计划经股东大会审议通过后，上市公司应当在 60 日内授予权益并完成公告、登记；有获授权益条件的，应当在条件成就后 60 日内授出权益并完成公告、登记。上市公司未能在 60 日内完成上述工作的，应当及时披露未完成的原因，并宣告终止实施股权激励，自公告之日起 3 个月内不得再次审议股权激励计划。根据本办法规定上市公司不得授出权益的期间不计算在 60 日内。

第四十五条　上市公司应当按照证券登记结算机构的业务规则，在证券登记结算机构开设证券账户，用于股权激励的实施。

激励对象为外籍员工的，可以向证券登记结算机构申请开立证券账户。

尚未行权的股票期权，以及不得转让的标的股票，应当予以锁定。

第四十六条　上市公司在向激励对象授出权益前，董事会应当就股权激励计划设定的激励对象获授权益的条件是否成就进行审议，独立董事及监事会应当同时发表明确意见。律师事务所应当对激励对象获授权益的条件是否成就出具法律意见。

上市公司向激励对象授出权益与股权激励计划的安排存在差异时，独立董事、监事会（当激励对象发生变化时）、律师事务所、独立财务顾问（如有）

应当同时发表明确意见。

第四十七条 激励对象在行使权益前,董事会应当就股权激励计划设定的激励对象行使权益的条件是否成就进行审议,独立董事及监事会应当同时发表明确意见。律师事务所应当对激励对象行使权益的条件是否成就出具法律意见。

第四十八条 因标的股票除权、除息或者其他原因需要调整权益价格或者数量的,上市公司董事会应当按照股权激励计划规定的原则、方式和程序进行调整。

律师事务所应当就上述调整是否符合本办法、公司章程的规定和股权激励计划的安排出具专业意见。

第四十九条 分次授出权益的,在每次授出权益前,上市公司应当召开董事会,按照股权激励计划的内容及首次授出权益时确定的原则,决定授出的权益价格、行使权益安排等内容。

当次授予权益的条件未成就时,上市公司不得向激励对象授予权益,未授予的权益也不得递延下期授予。

第五十条 上市公司在股东大会审议通过股权激励方案之前可对其进行变更。变更需经董事会审议通过。

上市公司对已通过股东大会审议的股权激励方案进行变更的,应当及时公告并提交股东大会审议,且不得包括下列情形:

(一)导致加速行权或提前解除限售的情形;

(二)降低行权价格或授予价格的情形。

独立董事、监事会应当就变更后的方案是否有利于上市公司的持续发展,是否存在明显损害上市公司及全体股东利益的情形发表独立意见。律师事务所应当就变更后的方案是否符合本办法及相关法律法规的规定、是否存在明显损害上市公司及全体股东利益的情形发表专业意见。

第五十一条 上市公司在股东大会审议股权激励计划之前拟终止实施股权激励的,需经董事会审议通过。

上市公司在股东大会审议通过股权激励计划之后终止实施股权激励的,应当由股东大会审议决定。

律师事务所应当就上市公司终止实施激励是否符合本办法及相关法律法规的规定、是否存在明显损害上市公司及全体股东利益的情形发表专业意见。

第五十二条 上市公司股东大会或董事会审议通过终止实施股权激励计划决议，或者股东大会审议未通过股权激励计划的，自决议公告之日起 3 个月内，上市公司不得再次审议股权激励计划。

第六章 信息披露

第五十三条 上市公司实行股权激励，应当真实、准确、完整、及时、公平地披露或者提供信息，不得有虚假记载、误导性陈述或者重大遗漏。

第五十四条 上市公司应当在董事会审议通过股权激励计划草案后，及时公告董事会决议、股权激励计划草案、独立董事意见及监事会意见。

上市公司实行股权激励计划依照规定需要取得有关部门批准的，应当在取得有关批复文件后的 2 个交易日内进行公告。

第五十五条 股东大会审议股权激励计划前，上市公司拟对股权激励方案进行变更的，变更议案经董事会审议通过后，上市公司应当及时披露董事会决议公告，同时披露变更原因、变更内容及独立董事、监事会、律师事务所意见。

第五十六条 上市公司在发出召开股东大会审议股权激励计划的通知时，应当同时公告法律意见书；聘请独立财务顾问的，还应当同时公告独立财务顾问报告。

第五十七条 股东大会审议通过股权激励计划及相关议案后，上市公司应当及时披露股东大会决议公告、经股东大会审议通过的股权激励计划，以及内幕信息知情人买卖本公司股票情况的自查报告。股东大会决议公告中应当包括中小投资者单独计票结果。

第五十八条 上市公司分次授出权益的，分次授出权益的议案经董事会审议通过后，上市公司应当及时披露董事会决议公告，对拟授出的权益价格、行使权益安排、是否符合股权激励计划的安排等内容进行说明。

第五十九条 因标的股票除权、除息或者其他原因调整权益价格或者数量的，调整议案经董事会审议通过后，上市公司应当及时披露董事会决议公告，同时公告律师事务所意见。

第六十条　上市公司董事会应当在授予权益及股票期权行权登记完成后、限制性股票解除限售前，及时披露相关实施情况的公告。

第六十一条　上市公司向激励对象授出权益时，应当按照本办法第四十四条规定履行信息披露义务，并再次披露股权激励会计处理方法、公允价值确定方法、涉及估值模型重要参数取值的合理性、实施股权激励应当计提的费用及对上市公司业绩的影响。

第六十二条　上市公司董事会按照本办法第四十六条、第四十七条规定对激励对象获授权益、行使权益的条件是否成就进行审议的，上市公司应当及时披露董事会决议公告，同时公告独立董事、监事会、律师事务所意见以及独立财务顾问意见（如有）。

第六十三条　上市公司董事会按照本办法第二十七条规定审议限制性股票回购方案的，应当及时公告回购股份方案及律师事务所意见。回购股份方案经股东大会批准后，上市公司应当及时公告股东大会决议。

第六十四条　上市公司终止实施股权激励的，终止实施议案经股东大会或董事会审议通过后，上市公司应当及时披露股东大会决议公告或董事会决议公告，并对终止实施股权激励的原因、股权激励已筹划及实施进展、终止实施股权激励对上市公司的可能影响等作出说明，并披露律师事务所意见。

第六十五条　上市公司应当在定期报告中披露报告期内股权激励的实施情况，包括：

（一）报告期内激励对象的范围；

（二）报告期内授出、行使和失效的权益总额；

（三）至报告期末累计已授出但尚未行使的权益总额；

（四）报告期内权益价格、权益数量历次调整的情况以及经调整后的最新权益价格与权益数量；

（五）董事、高级管理人员各自的姓名、职务以及在报告期内历次获授、行使权益的情况和失效的权益数量；

（六）因激励对象行使权益所引起的股本变动情况；

（七）股权激励的会计处理方法及股权激励费用对公司业绩的影响；

（八）报告期内激励对象获授权益、行使权益的条件是否成就的说明；

（九）报告期内终止实施股权激励的情况及原因。

第七章　监督管理

第六十六条　上市公司股权激励不符合法律、行政法规和本办法规定，或者上市公司未按照本办法、股权激励计划的规定实施股权激励的，上市公司应当终止实施股权激励，中国证监会及其派出机构责令改正，并书面通报证券交易所和证券登记结算机构。

第六十七条　上市公司未按照本办法及其他相关规定披露股权激励相关信息或者所披露的信息有虚假记载、误导性陈述或者重大遗漏的，中国证监会及其派出机构对公司及相关责任人员采取责令改正、监管谈话、出具警示函等监管措施；情节严重的，依照《证券法》予以处罚；涉嫌犯罪的，依法移交司法机关追究刑事责任。

第六十八条　上市公司因信息披露文件有虚假记载、误导性陈述或者重大遗漏，导致不符合授予权益或行使权益安排的，未行使权益应当统一回购注销，已经行使权益的，所有激励对象应当返还已获授权益。对上述事宜不负有责任的激励对象因返还已获授权益而遭受损失的，可按照股权激励计划相关安排，向上市公司或负有责任的对象进行追偿。

董事会应当按照前款规定和股权激励计划相关安排收回激励对象所得收益。

第六十九条　上市公司实施股权激励过程中，上市公司独立董事及监事未按照本办法及相关规定履行勤勉尽责义务的，中国证监会及其派出机构采取责令改正、监管谈话、出具警示函、认定为不适当人选等措施；情节严重的，依照《证券法》予以处罚；涉嫌犯罪的，依法移交司法机关追究刑事责任。

第七十条　利用股权激励进行内幕交易或者操纵证券市场的，中国证监会及其派出机构依照《证券法》予以处罚；情节严重的，对相关责任人员实施市场禁入等措施；涉嫌犯罪的，依法移交司法机关追究刑事责任。

第七十一条　为上市公司股权激励计划出具专业意见的证券服务机构和人员未履行勤勉尽责义务，所发表的专业意见存在虚假记载、误导性陈述或者重大遗漏的，中国证监会及其派出机构对相关机构及签字人员采取责令改正、监管谈话、出具警示函等措施；情节严重的，依照《证券法》予以处罚；涉嫌犯罪的，依法移交司法机关追究刑事责任。

第八章　附则

第七十二条　本办法下列用语具有如下含义：

标的股票：指根据股权激励计划，激励对象有权获授或者购买的上市公司股票。

权益：指激励对象根据股权激励计划获得的上市公司股票、股票期权。

授出权益（授予权益、授权）：指上市公司根据股权激励计划的安排，授予激励对象限制性股票、股票期权的行为。

行使权益（行权）：指激励对象根据股权激励计划的规定，解除限制性股票的限售、行使股票期权购买上市公司股份的行为。

分次授出权益（分次授权）：指上市公司根据股权激励计划的安排，向已确定的激励对象分次授予限制性股票、股票期权的行为。

分期行使权益（分期行权）：指根据股权激励计划的安排，激励对象已获授的限制性股票分期解除限售、已获授的股票期权分期行权的行为。

预留权益：指股权激励计划推出时未明确激励对象、股权激励计划实施过程中确定激励对象的权益。

授予日或者授权日：指上市公司向激励对象授予限制性股票、股票期权的日期。授予日、授权日必须为交易日。

限售期：指股权激励计划设定的激励对象行使权益的条件尚未成就，限制性股票不得转让、用于担保或偿还债务的期间，自激励对象获授限制性股票完成登记之日起算。

可行权日：指激励对象可以开始行权的日期。可行权日必须为交易日。

授予价格：上市公司向激励对象授予限制性股票时所确定的、激励对象获得上市公司股份的价格。

行权价格：上市公司向激励对象授予股票期权时所确定的、激励对象购买上市公司股份的价格。

标的股票交易均价：标的股票交易总额/标的股票交易总量。

本办法所称的"以上""以下"含本数，"超过""低于""少于"不含本数。

第七十三条　国有控股上市公司实施股权激励，国家有关部门对其有特别规定的，应当同时遵守其规定。

第七十四条　本办法适用于股票在上海、深圳证券交易所上市的公司。

第七十五条　本办法自2016年8月13日起施行。原《上市公司股权激励管理办法（试行）》（证监公司字〔2005〕151号）及相关配套制度同时废止。

附录四　关于完善股权激励和技术入股有关所得税政策的通知

各省、自治区、直辖市、计划单列市财政厅（局）、国家税务局、地方税务局，新疆生产建设兵团财务局：

为支持国家大众创业、万众创新战略的实施，促进我国经济结构转型升级，经国务院批准，现就完善股权激励和技术入股有关所得税政策通知如下：

一、对符合条件的非上市公司股票期权、股权期权、限制性股票和股权奖励实行递延纳税政策

（一）非上市公司授予本公司员工的股票期权、股权期权、限制性股票和股权奖励，符合规定条件的，经向主管税务机关备案，可实行递延纳税政策，即员工在取得股权激励时可暂不纳税，递延至转让该股权时纳税；股权转让时，按照股权转让收入减除股权取得成本以及合理税费后的差额，适用"财产转让所得"项目，按照20%的税率计算缴纳个人所得税。

股权转让时，股票（权）期权取得成本按行权价确定，限制性股票取得成本按实际出资额确定，股权奖励取得成本为零。

（二）享受递延纳税政策的非上市公司股权激励（包括股票期权、股权期权、限制性股票和股权奖励，下同）须同时满足以下条件：

1. 属于境内居民企业的股权激励计划。

2. 股权激励计划经公司董事会、股东会审议通过。未设股东会的国有单位，经上级主管部门审核批准。股权激励计划应列明激励目的、对象、标的、有效期、各类价格的确定方法、激励对象获取权益的条件、程序等。

3. 激励标的应为境内居民企业的本公司股权。股权奖励的标的可以是技术成果投资入股到其他境内居民企业所取得的股权。激励标的股票（权）包括通过增发、大股东直接让渡以及法律法规允许的其他合理方式授予激励对象的股票（权）。

4. 激励对象应为公司董事会或股东会决定的技术骨干和高级管理人员，激励对象人数累计不得超过本公司最近6个月在职职工平均人数的30%。

5. 股票（权）期权自授予日起应持有满3年，且自行权日起持有满1年；限制性股票自授予日起应持有满3年，且解禁后持有满1年；股权奖励自获得奖励之日起应持有满3年。上述时间条件须在股权激励计划中列明。

6. 股票（权）期权自授予日至行权日的时间不得超过10年。

7. 实施股权奖励的公司及其奖励股权标的公司所属行业均不属于《股权奖励税收优惠政策限制性行业目录》范围（见附件）。公司所属行业按公司上一纳税年度主营业务收入占比最高的行业确定。

（三）本通知所称股票（权）期权是指公司给予激励对象在一定期限内以事先约定的价格购买本公司股票（权）的权利；所称限制性股票是指公司按照

预先确定的条件授予激励对象一定数量的本公司股权，激励对象只有工作年限或业绩目标符合股权激励计划规定条件的才可以处置该股权；所称股权奖励是指企业无偿授予激励对象一定份额的股权或一定数量的股份。

（四）股权激励计划所列内容不同时满足第一条第（二）款规定的全部条件，或递延纳税期间公司情况发生变化，不再符合第一条第（二）款第 4 至 6 项条件的，不得享受递延纳税优惠，应按规定计算缴纳个人所得税。

二、对上市公司股票期权、限制性股票和股权奖励适当延长纳税期限

（一）上市公司授予个人的股票期权、限制性股票和股权奖励，经向主管税务机关备案，个人可自股票期权行权、限制性股票解禁或取得股权奖励之日起，在不超过 12 个月的期限内缴纳个人所得税。《财政部 国家税务总局关于上市公司高管人员股票期权所得缴纳个人所得税有关问题的通知》（财税〔2009〕40 号）自本通知施行之日起废止。

（二）上市公司股票期权、限制性股票应纳税款的计算，继续按照《财政部 国家税务总局关于个人股票期权所得征收个人所得税问题的通知》（财税〔2005〕35 号）、《财政部 国家税务总局关于股票增值权所得和限制性股票所得征收个人所得税有关问题的通知》（财税〔2009〕5 号）、《国家税务总局关于股权激励有关个人所得税问题的通知》（国税函〔2009〕461 号）等相关规定执行。股权奖励应纳税款的计算比照上述规定执行。

三、对技术成果投资入股实施选择性税收优惠政策

（一）企业或个人以技术成果投资入股到境内居民企业，被投资企业支付的对价全部为股票（权）的，企业或个人可选择继续按现行有关税收政策执行，也可选择适用递延纳税优惠政策。

选择技术成果投资入股递延纳税政策的，经向主管税务机关备案，投资入股当期可暂不纳税，允许递延至转让股权时，按股权转让收入减去技术成果原值和合理税费后的差额计算缴纳所得税。

（二）企业或个人选择适用上述任一项政策，均允许被投资企业按技术成果投资入股时的评估值入账并在企业所得税前摊销扣除。

（三）技术成果是指专利技术（含国防专利）、计算机软件著作权、集成电路布图设计专有权、植物新品种权、生物医药新品种，以及科技部、财政部、国家税务总局确定的其他技术成果。

（四）技术成果投资入股，是指纳税人将技术成果所有权让渡给被投资企业、取得该企业股票（权）的行为。

四、相关政策

（一）个人从任职受雇企业以低于公平市场价格取得股票（权）的，凡不符合递延纳税条件，应在获得股票（权）时，对实际出资额低于公平市场价格的差额，按照"工资、薪金所得"项目，参照《财政部 国家税务总局关于个人股票期权所得征收个人所得税问题的通知》（财税〔2005〕35号）有关规定计算缴纳个人所得税。

（二）个人因股权激励、技术成果投资入股取得股权后，非上市公司在境内上市的，处置递延纳税的股权时，按照现行限售股有关征税规定执行。

（三）个人转让股权时，视同享受递延纳税优惠政策的股权优先转让。递延纳税的股权成本按照加权平均法计算，不与其他方式取得的股权成本合并计算。

（四）持有递延纳税的股权期间，因该股权产生的转增股本收入，以及以该递延纳税的股权再进行非货币性资产投资的，应在当期缴纳税款。

（五）全国中小企业股份转让系统挂牌公司按照本通知第一条规定执行。

适用本通知第二条规定的上市公司是指其股票在上海证券交易所、深圳证券交易所上市交易的股份有限公司。

五、配套管理措施

（一）对股权激励或技术成果投资入股选择适用递延纳税政策的，企业应在规定期限内到主管税务机关办理备案手续。未办理备案手续的，不得享受本通知规定的递延纳税优惠政策。

（二）企业实施股权激励或个人以技术成果投资入股，以实施股权激励或取得技术成果的企业为个人所得税扣缴义务人。递延纳税期间，扣缴义务人应在每个纳税年度终了后向主管税务机关报告递延纳税有关情况。

（三）工商部门应将企业股权变更信息及时与税务部门共享，暂不具备联网实时共享信息条件的，工商部门应在股权变更登记3个工作日内将信息与税务部门共享。

六、本通知自 2016 年 9 月 1 日起施行。

中关村国家自主创新示范区 2016 年 1 月 1 日至 8 月 31 日之间发生的尚未纳税的股权奖励事项，符合本通知规定的相关条件的，可按本通知有关政策执行。

附件：

股权奖励税收优惠政策限制性行业目录

门类代码	类别名称
A（农、林、牧、渔业）	（1）03 畜牧业（科学研究、籽种繁育性质项目除外） （2）04 渔业（科学研究、籽种繁育性质项目除外）
B（采矿业）	（3）采矿业（除第 11 类开采辅助活动）
C（制造业）	（4）16 烟草制品业 （5）17 纺织业（除第 178 类非家用纺织制成品制造） （6）19 皮革、毛皮、羽毛及其制品和制鞋业 （7）20 木材加工和木、竹、藤、棕、草制品业 （8）22 造纸和纸制品业（除第 223 类纸制品制造） （9）31 黑色金属冶炼和压延加工业（除第 314 类钢压延加工）
F（批发和零售业）	（10）批发和零售业
G（交通运输、仓储和邮政业）	（11）交通运输、仓储和邮政业
H（住宿和餐饮业）	（12）住宿和餐饮业
J（金融业）	（13）66 货币金融服务 （14）68 保险业
K（房地产业）	（15）房地产业
L（租赁和商务服务业）	（16）租赁和商务服务业
O（居民服务、修理和其他服务业）	（17）79 居民服务业
Q（卫生和社会工作）	（18）84 社会工作
R（文化、体育和娱乐业）	（19）88 体育 （20）89 娱乐业
S（公共管理、社会保障和社会组织）	（21）公共管理、社会保障和社会组织（除第 9421 类专业性团体和 9422 类行业性团体）
T（国际组织）	（22）国际组织

说明：以上目录按照《国民经济行业分类》（GB/T 4754—2011）编制。

附录五　股权激励和技术入股个人所得税政策口径

1. 股权激励和技术入股所得税优惠政策出台的背景是什么？

答： 近年来，面对经济发展新常态的趋势变化和特点，国家实施创新驱动发展战略，加快推进以科技创新为核心的全面创新，加快科技成果向现实生产力转化，大众创业、万众创新形势不断高涨，科技成果转化积极性明显提高。在此过程中，为留住并激励优秀人才，越来越多的企业开始实施股权激励，相关税收政策也逐渐受到社会关注。

为深入推动国家创业创新战略的实施，大力推进供给侧结构性改革，充分调动科研人员创新活力和积极性，使科技成果最大程度转化为生产力，经国务院批准，对非上市公司符合条件的股权激励以及技术成果投资入股实行所得税递延纳税优惠，以有效降低股权激励税收负担，缓解科技成果转化过程中无现金流缴税困难。

2. 为贯彻落实国务院决定，税务总局采取了哪些措施？

答： 为贯彻落实国务院有关精神，9月20日，财政部、税务总局联合印发了《关于完善股权激励和技术入股有关所得税政策的通知》（财税〔2016〕101号，以下简称"101号文件"），对符合条件的非上市公司股权激励和技术入股实行所得税递延纳税优惠。随后，税务总局制发《关于股权激励和技术入股所得税征管问题的公告》（国家税务总局公告2016年第62号，以下简称"62号公告"），对有关政策细节和税收征管问题作了进一步明确。与此同时，税务总局制发了《关于做好股权激励和技术入股所得税政策贯彻落实工作的通知》（税总函〔2016〕496号），从组织领导、税收宣传、纳税服务、征收管理、分析应对等五个方面，制定10条工作措施，督促各地税务机关不折不扣抓好政策落实。

3. 此次股权激励和技术入股所得税优惠政策包括哪些内容？

答：此次政策调整主要包括三个方面：一是对非上市公司实施符合条件的股权激励实行递延纳税政策；二是将上市公司股权激励纳税期限适当延长，并扩大了适用人员范围；三是对企业或个人以技术成果投资入股实行递延纳税政策。

4. 此次税收优惠主要体现在哪些方面？

答：主要体现在以下四个方面：

一是缴税压力大大缓解。非上市公司实施符合条件的股权激励、企业和个人以技术成果投资入股，由于缺乏现金流，纳税人当期缴税可能存在一定压力。实施递延纳税，在转让股权时再缴税，将大大缓解股权激励行权和技术入股当期纳税的资金压力。同时，上市公司实施股权激励，纳税人可在12个月以内完税，也给纳税人筹措纳税资金预留了充裕时间。

二是纳税环节有效简化。对非上市公司实施符合条件的股权激励、企业和个人以技术成果投资入股，递延纳税的规定使两个征税环节合并，简化了纳税操作。

三是税收负担明显下降。对非上市公司实施符合条件的股权激励，调整为转让股权时统一按照"财产转让所得"项目，适用20%税率征收个人所得税，税负较之前最高45%税率明显下降。

四是适用范围充分扩大。与之前高新技术企业股权奖励、上市公司股权激励分期缴税等税收优惠相比，此次优惠适用范围不再有企业范围限制（除股权奖励外），激励对象也不再局限于高管人员。

5. 什么是股权激励？为什么股权激励要纳税？

答：与奖金、福利等现金激励类似，股权激励是企业以股权形式对员工的一种激励。企业通过低于市场价或无偿授予员工股权，对员工此前的工作业绩予以奖励，并进一步激发其工作热情，与企业共同发展。股权激励中，员工往往低价或无偿取得企业股权。对于该部分折价，实质上是企业给员工发放的非现金形式的补贴或奖金，应在员工取得时计算纳税，这也是国际上的通行做法。

6. 技术成果投资入股为什么要纳税？

答：技术成果投资入股，实质是转让技术成果和以转让所得再进行投资两笔经济业务同时发生。对于转让技术成果这一环节，应当按照"财产转让所得"项目计算纳税。

7. 什么是递延纳税？

答：股权激励在员工购买取得股权时需要计算纳税，技术成果投资入股当期也要计算纳税。但从实际来看，纳税人此时往往取得的是股权形式的所得，没有现金流，纳税存在一定的困难。递延纳税正是针对以上情况，将纳税时点递延至股权转让环节，即纳税人因股权激励或技术成果投资入股取得股权时先不纳税，待实际转让股权时再纳税。递延纳税的好处是解决纳税人纳税义务发生当期缺乏现金流缴税的困难。

8. 非上市公司实施股权激励的递延纳税政策是什么？

答：非上市公司实施符合条件的股权激励，纳税人可在股票（权）期权行权、限制性股票解禁、股权奖励获得时暂不纳税，待实际转让股权时，直接按照股权转让收入减除股权取得成本及合理税费后的差额，适用"财产转让所得"项目，按20%的税率计算缴纳个人所得税。

9. 股权激励都有哪些主要形式？

答：此次出台的股权激励递延纳税政策适用的股权激励形式，包括股票（权）期权、限制性股票和股权奖励，具体如下：

股票（权）期权是指公司给予激励对象在一定期限内以事先约定的价格购买本公司股票（权）的权利。员工在行权时，可根据公司的发展情况，决定是否行权购买股权。

限制性股票是指公司以一定的价格将本公司股权出售给员工，并同时规定，员工只有工作年限或业绩目标符合股权激励计划规定的条件后，才能对外出售该股权。

股权奖励是指公司直接以公司股权无偿对员工实施奖励。

10. 非上市公司实施股权激励享受递延纳税政策需要满足哪些条件？

答：需要在适用范围、激励计划、激励标的、激励对象、持有期限、行权期限、所属行业方面同时满足以下 7 个条件：

一是属于境内居民企业的股权激励计划。

二是股权激励计划经公司董事会、股东（大）会审议通过。未设股东（大）会的国有单位，经上级主管部门审核批准。股权激励计划应列明激励目的、对象、标的、有效期、各类价格的确定方法、激励对象获取权益的条件和程序等。

三是激励标的应为境内居民企业的本公司股权。股权奖励的标的可以是技术成果投资入股到其他境内居民企业所取得的股权。激励标的股票（权）包括通过增发、大股东直接让渡以及法律法规允许的其他合理方式授予激励对象的股票（权）。

四是激励对象应为公司董事会或股东（大）会决定的技术骨干和高级管理人员，激励对象人数累计不得超过本公司最近 6 个月在职职工平均人数的 30%。

五是股票（权）期权自授予日起应持有满 3 年，且自行权日起持有满 1 年；限制性股票自授予日起应持有满 3 年，且解禁后持有满 1 年；股权奖励自获得奖励之日起应持有满 3 年。上述时间条件须在股权激励计划中列明。

六是股票（权）期权自授予日至行权日的时间不得超过 10 年。这一条件仅针对股票（权）期权形式的股权激励。

七是实施股权奖励的公司及其奖励股权标的公司所属行业均不属于《股权奖励税收优惠政策限制性行业目录》范围。公司所属行业按公司上一纳税年度主营业务收入占比最高的行业确定。这一条件仅针对股权奖励形式的股权激励。

11. 第四个条件中 30% 的人数比例如何计算？

答：30% 比例的计算，按照实施股权激励的公司最近 6 个月在职职工平均人数计算。在职职工人数按照股票（权）期权行权、限制性股票解禁、股权奖励获得之上月起前 6 个月"工资、薪金所得"项目全员全额扣缴明细申报的平均人数确定。

【例1】 某企业2016年9月实施一项针对核心技术人员的股权激励计划，激励对象共20人。在其他条件符合规定的情况下，该企业的股权激励计划能否递延纳税？该企业2016年3月至8月"工资、薪金所得"个人所得税全员全额扣缴明细申报的人数分别为90人、95人、95人、100人、105人、105人。

【解析】 根据62号公告规定，在职职工人数，需要根据取得股权激励之上月起前6个月"工资、薪金所得"项目的明细申报人数确定。

该企业激励对象占最近6个月在职职工平均人数比＝20÷[(90＋95＋95＋100＋105＋105)÷6]≈20.34%＜30%。因此，该股权激励计划符合递延纳税人数比例限制的条件。

12. 上市公司股权激励如何计税？

答：上市公司股权激励计税方法不变，继续按照《财政部 国家税务总局关于个人股票期权所得征收个人所得税问题的通知》（财税〔2005〕35号，以下简称"35号文件"）、《国家税务总局关于个人股票期权所得缴纳个人所得税有关问题的补充通知》（国税函〔2006〕902号）（以下简称"902号文件"）、《财政部 国家税务总局关于股票增值权所得和限制性股票所得征收个人所得税有关问题的通知》（财税〔2009〕5号）、《国家税务总局关于股权激励有关个人所得税问题的通知》（国税函〔2009〕461号）等相关规定执行。此次政策调整，涉及上市公司股权激励的内容主要有三项：一是将股权奖励也纳入比照35号文件计税方法范围内；二是将原来可分期6个月缴税的人员范围，由高管扩至全体员工；三是将6个月缴税期限延长至12个月。

13. 个人以技术成果投资入股如何计税？

答：企业或个人以技术成果投资入股境内居民企业，如果被投资企业支付的对价全部为股权，企业或个人在现行相关税收政策的基础上，也可以选择适用递延纳税优惠政策。也就是说，企业和个人技术成果投资入股选择递延纳税政策有两个条件：一是入股的企业必须是境内居民企业；二是入股的被投资企业支付的对价100%为股权支付。若被投资企业支付的对价除股权外，还有现金，则不能选择递延纳税。

选择递延纳税的，在技术成果投资入股当期暂不纳税，待实际转让股票或股权时，按股权转让收入减去技术成果原值和合理税费后的差额计算缴纳所得税。

【例2】李某2016年9月以其所有的某项专利技术投资作价100万元入股A企业，获得A企业股票50万股，占企业股本的5%。若李某发明该项专利技术的成本为20万元，入股时发生评估费及其他合理税费共10万元。假设后来李某将这部分股权以200万元卖掉，转让时发生税费15万元，李某应如何计算纳税？

【解析】李某专利技术投资入股，有两种税收处理方式：一是按照原有政策，在入股当期，对专利技术转让收入扣除专利技术财产原值和相关税费的差额计算个人所得税，并在当期或分期5年缴纳；二是按照新政策，专利技术投资入股时不计税，待转让这部分股权时，直接以股权转让收入扣除专利技术的财产原值和合理税费的差额计算个人所得税。

按原政策计算：

李某技术入股当期需缴税，应纳税额＝（100万元－20万元－10万元）×20%＝14万元

转让股权时李某也需缴税，应纳税额＝（200万元－100万元－15万元）×20%＝17万元

两次合计，李某共缴纳个人所得税31万元。

按递延纳税政策计算：

李某入股当期无须缴税。

待李某转让该部分股权时一次性缴税。转让时应纳税额＝[200万元－（20万元＋10万元）－15万元]×20%＝31万元

虽然政策调整后，李某应缴税款与原来一样，但李某在入股当期无须缴税，压力大大减小，待其转让时再缴税，确保有充足的资金流。

【例3】接例2，若李某选择递延纳税后，李某最终仅以40万元合理价格将股权卖掉，假设转让股权时税费为5万元。则转让时李某该如何计税？

【解析】根据递延纳税相关政策，李某转让股权时，按照转让收入扣除技

术成果原值及合理税费后的余额,计算缴纳个人所得税。因此,虽然李某的股权转让收入较当初专利技术投资时作价降低了,但其仍根据股权转让实际收入计算个人所得税,李某技术成果投资入股风险大大降低。

应缴税款＝[40万元－(20万元＋10万元)－5万元]×20%＝1万元

14. 对员工低价从雇主处取得的股权,既不符合递延纳税条件,又不属于上市公司股权激励的,如何计税?

答: 根据101号文件规定,个人从任职受雇企业以低于公平市场价格取得股权的,如不符合递延纳税条件的,应当在个人取得股权当期按照"工资、薪金所得"项目计算缴纳个人所得税。具体计税时,按照个人实际出资额低于公平市场价格的差额确定应纳税所得额,参照35号文件有关规定计算纳税。同时,62号公告对于公平市场价格的确定进行了明确,上市公司股票按照股票当日的收盘价确定,非上市公司股权依次按照净资产法、类比法、其他方法确定。其中,净资产按照上年年末净资产确定。

15. 新三板挂牌公司实施股权激励,该适用哪个政策?

答: 101号文件第四条第(五)项规定,全国中小企业股份转让系统挂牌公司按照通知第一条规定执行。也就是说,在新三板或其他产权交易所挂牌的企业,属于非上市公司,应按照非上市公司相关税收政策执行。

16. 员工在一个纳税年度内,多次取得不符合递延纳税条件的股权形式的工薪所得,税收上该如何处理?

答: 62号公告规定,对于员工在一个纳税年度中多次取得不符合递延纳税条件的股权形式工资薪金所得的,与递延纳税股权分别计算,具体计税方法参照902号文件第七条规定执行。也就是说,对一年内多次取得的股权形式工资薪金,需合并后再按照上述计税方法计算纳税。

17. 个人持有递延纳税非上市公司股权期间公司在境内上市了,税收上如何处理?

答: 纳税人因获得非上市公司实施符合条件的股权激励而选择递延纳税的,自其取得股权至实际转让期间,因时间跨度可能非常长,其中会出现不少变数。如果公司在境内上市了，员工持有的递延纳税股权，自然转为限售股。根据101号文件第四条第（二）项规定，相关税收处理应按照限售股相关规定执行。具体包含三方面：

一是股票转让价格，按照限售股有关规定确定。

二是扣缴义务人转为限售股转让所得的扣缴义务人（即证券机构），实施股权激励的公司、获得技术成果的企业只需及时将相关信息告知税务机关，无须继续扣缴递延纳税股票个人所得税。

三是个人股票原值仍按101号文件规定确定，也就是说，转让的股票来源于股权激励的，原值为其实际取得成本；来源于技术成果投资入股的，原值为技术成果原值。若证券机构扣缴的个人所得税与纳税人的实际情况有出入，个人需按照《财政部 国家税务总局 证监会关于个人转让上市公司限售股所得征收个人所得税有关问题的通知》（财税〔2009〕167号）规定，向证券机构所在地主管税务机关申请办理税收清算。

18. 非上市公司实施股权激励递延纳税期间不符合优惠条件了，税收上如何处理？

答：根据101号文件和62号公告规定，非上市公司实施股权激励递延纳税期间，非上市公司情况发生变化，不再符合7项递延纳税条件中第4至6项的，不能继续享受递延纳税优惠，应在情况发生变化的次月15日内按不符合条件的计税方法计算纳税。

19. 个人持有递延纳税股权期间取得转增股本收入，税收上如何处理？

答：依据税法，企业以未分配利润、盈余公积、资本公积转增股本，需按照"利息、股息、红利所得"项目计征个人所得税。同时，根据《财政部 国家税务总局关于将国家自主创新示范区有关税收试点政策推广到全国范围实施的通知》（财税〔2015〕116号），中小高新技术企业转增股本，个人股东可分期5年缴税。但是，个人持有递延纳税股权期间，发生上述情形的，根据101号文件第四条第（四）项规定，因递延纳税的股权产生的转增股本收入，应在当期缴纳税款。

20. 递延纳税股权财产原值应该如何确定？

答： 根据 101 号文件，非上市公司股票（权）期权的财产原值按照行权价确定，限制性股票按照实际出资额确定，股权奖励的原值为零，技术成果投资入股的财产原值即为技术成果的原值。若纳税人同时取得了多项享受递延纳税政策的股权，应按照加权平均法计算财产原值，并且不与其他方式取得的股权成本合并计算。

对于单独取得股票（权）期权、限制性股票、股权奖励或以技术成果入股，财产原值的确定并不困难。对于同时取得多项享受递延纳税政策的股权，主要应把握两点：一是需要按照加权平均法进行统筹计算；二是与其他方式出资取得的股权进行分别计算。

【例4】赵某为 A 企业核心技术人员。2016 年 9 月，赵某以个人发明的专利技术作价 100 万元入股 A 企业，取得 A 企业股票 20 万股，该技术成果原值为 10 万元，赵某选择了递延纳税。2017 年 6 月，赵某以自有房屋作价 50 万元，取得 A 企业股票 5 万股。2017 年 10 月，赵某出资 60 万元自股东林某手中购买 A 公司股票 5 万股。此外，2017 年 1 月份，A 企业实施了符合条件的股票期权激励，赵某于 2020 年 5 月份以 8 元/股的价格行权获得 5 万股，赵某选择了递延纳税。赵某的股票原值如何计算？

【解析】根据政策规定，赵某递延纳税部分的股票和非递延纳税部分的股票分别计税，原值也分开计算。

递延纳税股权部分：赵某递延纳税的股票由以技术成果投资入股和股票期权两部分构成。

递延纳税的股票原值＝技术成果的原值＋股票期权的行权总价＝10 万元＋8 元/股×5 万股＝50 万元

递延纳税的股票每股原值＝50 万元÷（20 万股＋5 万股）＝2 元/股

非递延纳税股权部分：赵某非递延纳税的股票由房屋投资入股和直接购买两部分构成。根据《股权转让所得个人所得税管理办法（试行）》（国家税务总局公告 2014 年第 67 号发布，以下简称"67 号公告"）规定，这两部分的股票原值也需要进行加权平均计算。在不考虑其他因素情况下，赵某非递延纳税的股票原值按如下方法计算：

非递延纳税的股票原值＝50万元＋60万元＝110万元

非递延纳税的股票每股原值＝110万元÷（5万股＋5万股）＝11元/股

【例5】接例4，假如赵某此前在2018年6月份以8元/股的价格行权取得股票1万股，并当期缴纳了个人所得税，则如何计算股票原值？

【解析】由于该部分股票已经缴纳了个人所得税，因此不与递延纳税的股票部分进行合并，应与非递延纳税的股票进行加权平均计算。

赵某的非递延纳税的股票原值＝8元/股×1万股＋110万元＝118万元

赵某递延纳税的股票原值仍为50万元。

21. 递延纳税股权实际转让时，该如何计算纳税？

答：根据101号文件规定，实际转让股权时，视同递延纳税优惠政策的股权优先转让。

【例6】接例4，若赵某2021年8月以100万元转让了5万股，其他税费忽略不计，如何计算纳税？

【解析】根据政策规定，转让时视同递延纳税的股票优先转让，因此赵某应纳的个人所得税按如下方法计算：

应纳税所得额＝100万元－2元/股×5万股＝90万元

应纳税额＝90万元×20%＝18万元

【例7】接例4，若赵某2021年8月以600万元转让30万股给B企业，其他税费忽略不计，如何计算纳税？

【解析】赵某递延纳税的股票共25万股，非递延纳税的股票共10万股。若赵某转让了30万股，则视同递延纳税的部分全部转让，非递延纳税的部分转让了5万股。

对于A企业而言，此时需要考虑代扣赵某个人所得税的问题。具体计算如下：

递延纳税部分的股票转让收入＝600万元÷30万股×25万股＝500万元

递延纳税部分应纳税额＝（500万元－50万元）×20%＝90万元

赵某非递延纳税的部分股票，具体计算如下：

非递延纳税部分的股票转让收入＝600万元÷30万股×5万股＝100万元

非递延纳税部分应纳税额＝（100万元－11元/股×5万股）×20%＝9万元

22. 以递延纳税的股权进行了非货币性资产投资，税收上如何处理？

答：个人以股权进行非货币性资产投资，《财政部 国家税务总局关于个人非货币性资产投资有关个人所得税政策的通知》（财税〔2015〕41号）规定可以分期5年缴纳。但个人以技术成果投资入股选择递延纳税的，根据101号文件第四条第（四）项规定，个人以递延纳税的股权进行非货币性资产投资，须在非货币性资产投资当期缴纳税款。

23. 个人享受股权激励和技术入股税收优惠需要办理哪些手续？

答：对于个人来讲，无论取得的是非上市公司符合条件的股权激励或上市公司股权激励，还是以技术成果投资入股，都无须本人到税务机关办理备案。相关备案手续由实施股权激励或接受技术成果投资入股的企业向税务机关报备。

个人取得非上市公司实施的符合条件的股权激励或者以技术成果投资入股享受递延纳税的，根据101号文件和62号公告的规定，需要在股票（权）期权行权、限制性股票解禁、股权奖励获得、被投资企业取得技术成果并支付股权的次月15日内办理递延纳税备案，并且在每个纳税年度终了后30日内，还要向税务机关报送《个人所得税递延纳税情况年度报告表》。

个人取得上市公司实施的股权激励享受延期纳税的，需要在股票（权）期权行权、限制性股票解禁、股权奖励获得的次月15日内办理延期纳税备案。

24. 办理税收备案需要提交哪些资料？

答：非上市公司实施符合条件的股权激励，备案时需提交《非上市公司股权激励个人所得税递延纳税备案表》、股权激励计划、董事会或股东大会决议、激励对象任职或从事技术工作情况说明、本企业和股权激励标的企业上一个纳税年度主营业务收入构成情况说明（仅限股权奖励）等资料。

上市公司实施股权激励，备案时需提交《上市公司股权激励个人所得税延期纳税备案表》、股权激励计划、董事会或股东大会决议等资料。

个人以技术成果投资入股，备案时需提交《技术成果投资入股个人所得税递延纳税备案表》、技术成果相关证书或证明材料、技术成果入股协议、技术成果评估报告等资料。

25. 递延纳税股权转让时，企业如何扣缴个人所得税？

答：101号文件规定，企业实施股权激励或个人以技术成果投资入股，以实施股权激励或取得技术成果的企业为个人所得税扣缴义务人。也就是说，虽然缴纳税款时点递延了，但企业扣缴义务并没有因此而消除。

需要注意的是，根据个人所得税法及67号公告相关规定，个人转让非上市公司股权，以受让方为扣缴义务人。这也意味着，个人转让股权，若为递延纳税的股权，由实施股权激励和取得技术成果投资入股的企业代扣代缴税款；对于非递延纳税的股权，则仍按照67号公告的相关规定，由受让方代扣代缴税款，并在被投资企业所在地申报缴纳。

例7中，赵某转让股权最终需要缴纳的个人所得税，90万元由A企业进行代扣代缴，9万元由B企业代扣代缴。

附录六　关于国有控股混合所有制企业开展员工持股试点的意见

为全面贯彻党的十八大和十八届三中、四中、五中全会精神，落实"四个全面"战略布局和创新、协调、绿色、开放、共享的发展理念，根据《中共中央 国务院关于深化国有企业改革的指导意见》（中发〔2015〕22号）有关要求，经国务院同意，现就国有控股混合所有制企业开展员工持股试点提出以下意见。

一、试点原则

（一）坚持依法合规，公开透明。依法保护各类股东权益，严格遵守国家有关法律法规和国有企业改制、国有产权管理等有关规定，确保规则公开、程序公开、结果公开，杜绝暗箱操作，严禁利益输送，防止国有资产流失。不得侵害企业内部非持股员工合法权益。

（二）坚持增量引入，利益绑定。主要采取增资扩股、出资新设方式开展员工持股，并保证国有资本处于控股地位。建立健全激励约束长效机制，符合条件的员工自愿入股，入股员工与企业共享改革发展成果，共担市场竞争风险。

（三）坚持以岗定股，动态调整。员工持股要体现爱岗敬业的导向，与岗位和业绩紧密挂钩，支持关键技术岗位、管理岗位和业务岗位人员持股。建立健全股权内部流转和退出机制，避免持股固化僵化。

（四）坚持严控范围，强化监督。严格试点条件，限制试点数量，防止"一哄而起"。严格审批程序，持续跟踪指导，加强评价监督，确保试点工作目标明确、操作规范、过程可控。

二、试点企业条件

（一）主业处于充分竞争行业和领域的商业类企业。

（二）股权结构合理，非公有资本股东所持股份应达到一定比例，公司董事会中有非公有资本股东推荐的董事。

（三）公司治理结构健全，建立市场化的劳动人事分配制度和业绩考核评价体系，形成管理人员能上能下、员工能进能出、收入能增能减的市场化机制。

（四）营业收入和利润 90% 以上来源于所在企业集团外部市场。

优先支持人才资本和技术要素贡献占比较高的转制科研院所、高新技术企业、科技服务型企业（以下统称"科技型企业"）开展员工持股试点。中央企业二级（含）以上企业以及各省、自治区、直辖市及计划单列市和新疆生产建设兵团所属一级企业原则上暂不开展员工持股试点。违反国有企业职工持股有关规定且未按要求完成整改的企业，不开展员工持股试点。

三、企业员工入股

（一）员工范围。参与持股人员应为在关键岗位工作并对公司经营业绩和持续发展有直接或较大影响的科研人员、经营管理人员和业务骨干，且与本公司签订了劳动合同。

党中央、国务院和地方党委、政府及其部门、机构任命的国有企业领导人员不得持股。外部董事、监事（含职工代表监事）不参与员工持股。如直系亲属多人在同一企业时，只能一人持股。

（二）员工出资。员工入股应主要以货币出资，并按约定及时足额缴纳。按照国家有关法律法规，员工以科技成果出资入股的，应提供所有权属证明并依法评估作价，及时办理财产权转移手续。上市公司回购本公司股票实施员工持股，须执行有关规定。

试点企业、国有股东不得向员工无偿赠与股份，不得向持股员工提供垫资、担保、借贷等财务资助。持股员工不得接受与试点企业有生产经营业务往来的其他企业的借款或融资帮助。

（三）入股价格。在员工入股前，应按照有关规定对试点企业进行财务审计和资产评估。员工入股价格不得低于经核准或备案的每股净资产评估值。国有控股上市公司员工入股价格按证券监管有关规定确定。

（四）持股比例。员工持股比例应结合企业规模、行业特点、企业发展阶段等因素确定。员工持股总量原则上不高于公司总股本的30%，单一员工持股比例原则上不高于公司总股本的1%。企业可采取适当方式预留部分股权，用于新引进人才。国有控股上市公司员工持股比例按证券监管有关规定确定。

（五）股权结构。实施员工持股后，应保证国有股东控股地位，且其持股比例不得低于公司总股本的 34%。

（六）持股方式。持股员工可以个人名义直接持股，也可通过公司制企业、合伙制企业、资产管理计划等持股平台持有股权。通过资产管理计划方式持股的，不得使用杠杆融资。持股平台不得从事除持股以外的任何经营活动。

四、企业员工股权管理

（一）股权管理主体。员工所持股权一般应通过持股人会议等形式选出代表或设立相应机构进行管理。该股权代表或机构应制定管理规则，代表持股员工行使股东权利，维护持股员工合法权益。

（二）股权管理方式。公司各方股东应就员工股权的日常管理、动态调整和退出等问题协商一致，并通过公司章程或股东协议等予以明确。

（三）股权流转。实施员工持股，应设定不少于 36 个月的锁定期。在公司公开发行股份前已持股的员工，不得在公司首次公开发行时转让股份，并应承诺自上市之日起不少于 36 个月的锁定期。锁定期满后，公司董事、高级管理人员每年可转让股份不得高于所持股份总数的 25%。

持股员工因辞职、调离、退休、死亡或被解雇等原因离开本公司的，应在 12 个月内将所持股份进行内部转让。转让给持股平台、符合条件的员工或非公有资本股东的，转让价格由双方协商确定；转让给国有股东的，转让价格不得高于上一年度经审计的每股净资产值。国有控股上市公司员工转让股份按证券监管有关规定办理。

（四）股权分红。员工持股企业应处理好股东短期收益与公司中长期发展的关系，合理确定利润分配方案和分红率。企业及国有股东不得向持股员工承诺年度分红回报或设置托底回购条款。持股员工与国有股东和其他股东享有同等权益，不得优先于国有股东和其他股东取得分红收益。

（五）破产重整和清算。员工持股企业破产重整和清算时，持股员工、国有股东和其他股东应以出资额为限，按照出资比例共同承担责任。

五、试点工作实施

（一）试点企业数量。选择少量企业开展试点。各省、自治区、直辖市及计划单列市和新疆生产建设兵团可分别选择5～10户企业，国务院国资委可从中央企业所属子企业中选择10户企业，开展首批试点。

（二）试点企业确定。开展员工持股试点的地方国有企业，由省级人民政府国有资产监督管理机构协调有关部门，在审核申报材料的基础上确定。开展试点的中央企业所属子企业，由国有股东单位在审核有关申报材料的基础上，报履行出资人职责的机构确定。

（三）员工持股方案制定。企业开展员工持股试点，应深入分析实施员工持股的必要性和可行性，以适当方式向员工充分提示持股风险，严格按照有关规定制定员工持股方案，并对实施员工持股的风险进行评估，制定应对预案。员工持股方案应对持股员工条件、持股比例、入股价格、出资方式、持股方式、股权分红、股权管理、股权流转及员工岗位变动调整股权等操作细节作出具体规定。

（四）员工持股方案审批及备案。试点企业应通过职工代表大会等形式充分听取本企业职工对员工持股方案的意见，并由董事会提交股东会进行审议。地方试点企业的员工持股方案经股东会审议通过后，报履行出资人职责的机构备案，同时抄报省级人民政府国有资产监督管理机构；中央试点企业的员工持股方案经股东会审议通过后，报履行出资人职责的机构备案。

（五）试点企业信息公开。试点企业应将持股员工范围、持股比例、入股价格、股权流转、中介机构以及审计评估等重要信息在本企业内部充分披露，切实保障员工的知情权和监督权。国有控股上市公司执行证券监管有关信息披露规定。

（六）规范关联交易。国有企业不得以任何形式向本企业集团内的员工持股企业输送利益。国有企业购买本企业集团内员工持股企业的产品和服务，或者向员工持股企业提供设备、场地、技术、劳务、服务等，应采用市场化方式，做到价格公允、交易公平。有关关联交易应由一级企业以适当方式定期公开，并列入企业负责人经济责任审计和财务审计内容。

六、组织领导

实施员工持股试点，事关国有企业改革发展大局，事关广大员工切身利益，各地区、各有关部门要高度重视，加强领导，精心组织，落实责任，确保试点工作规范有序开展。国务院国资委负责中央企业试点工作，同时负责指导地方国有资产监督管理机构做好试点工作，重要问题应及时向国务院国有企业改革领导小组报告。首批试点原则上在2016年启动实施，各有关履行出资人职责的机构要严格审核试点企业申报材料，成熟一户开展一户，2018年年底进行阶段性总结，视情况适时扩大试点。试点企业要按照要求规范操作，严格履行有关决策和审批备案程序，扎实细致开展员工持股试点工作，积极探索员工持股有效模式，切实转换企业经营机制，激发企业活力。各有关履行出资人职责的机构要对试点企业进行定期跟踪检查，及时掌握情况，发现问题，纠正不规范行为。试点过程中出现制度不健全、程序不规范、管理不到位等问题，致使国有资产流失、损害有关股东合法权益或严重侵害企业职工合法权益的，要依法依纪追究相关责任人的责任。

金融、文化等国有企业实施员工持股，中央另有规定的依其规定执行。国有科技型企业的股权和分红激励，按国务院有关规定执行。已按有关规定实施员工持股的企业，继续规范实施。国有参股企业的员工持股不适用本意见。

附录七　关于试点创新企业实施员工持股计划和期权激励的指引[①]

为服务国家创新驱动发展战略，做好创新企业试点工作，支持纳入试点的创新企业（以下简称"试点企业"）实施员工持股计划和期权激励，发挥资本市场服务实体经济的作用，制定本指引。

一、关于上市前实施的员工持股计划

（一）试点企业首发上市前实施员工持股计划的应当体现增强公司凝聚力、维护公司长期稳定发展的导向，建立健全激励约束长效机制，有利于兼顾员工与公司长远利益，为公司持续发展夯实基础。原则上符合下列要求：

1. 试点企业实施员工持股计划，应当严格按照法律、法规、规章及规范性文件要求履行决策程序，并遵循公司自主决定，员工自愿参加的原则，不得以摊派、强行分配等方式强制实施员工持股计划。

2. 参与持股计划的员工，与其他投资者权益平等，盈亏自负，风险自担，不得利用知悉公司相关信息的优势，侵害其他投资者合法权益。

员工入股应主要以货币出资，并按约定及时足额缴纳。按照国家有关法律

[①] 试点企业应当是符合国家战略，科技创新能力突出并掌握核心技术，市场认可度高，属于互联网、大数据、云计算、人工智能、软件和集成电路、高端装备制造、生物医药等高新技术产业和战略性新兴产业，且达到相当规模的创新企业。其中，已在境外上市的大型红筹企业，市值不低于2000亿元；尚未在境外上市的创新企业（包括红筹企业和境内注册企业），最近一年营业收入不低于30亿元且估值不低于200亿元，或者营业收入快速增长，拥有自主研发、国际领先技术，在同行业竞争中处于相对优势地位。试点企业具体标准由中国证监会制定。
证监会成立科技创新产业化咨询委员会，充分发挥相关行业主管部门及专家学者作用，严格甄选试点企业。咨询委员会由相关行业权威专家、知名企业家、资深投资专家等组成，按照试点企业标准，综合考虑商业模式、发展战略、研发投入、新产品产出、创新能力、技术壁垒、团队竞争力、行业地位、社会影响、行业发展趋势、企业成长性、预估市值等因素，对申请企业是否纳入试点范围作出初步判断。

法规，员工以科技成果出资入股的，应提供所有权属证明并依法评估作价，及时办理财产权转移手续。

3.试点企业实施员工持股计划，可以通过公司制企业、合伙制企业、资产管理计划等持股平台间接持股，并建立健全持股在平台内部的流转、退出机制，以及股权管理机制。

参与持股计划的员工因离职、退休、死亡等原因离开公司的，其间接所持股份权益应当按照员工持股计划的章程或相关协议约定的方式处置。

（二）员工持股计划符合以下要求之一的，在计算公司股东人数时，按一名股东计算；不符合下列要求的，在计算公司股东人数时，穿透计算持股计划的权益持有人数：

1.员工持股计划遵循"闭环原则"。员工持股计划不在公司首次公开发行股票时转让股份，并承诺自上市之日起至少36个月的锁定期。试点企业上市前及上市后的锁定期内，员工所持相关权益拟转让退出的，只能向员工持股计划内员工或其他符合条件的员工转让。锁定期后，员工所持相关权益拟转让退出的，按照员工持股计划章程或有关协议的约定处理。

2.员工持股计划未按照"闭环原则"运行的，员工持股计划应由公司员工组成，依法设立、规范运行，且已经在基金业协会依法依规备案。

（三）试点企业应当在招股说明书中，充分披露员工持股计划的人员构成、是否遵循"闭环原则"、是否履行登记备案程序、股份锁定期等。保荐机构、发行人律师应当对员工持股计划是否遵循"闭环原则"，具体人员构成，员工减持承诺情况，规范运行情况及备案情况进行充分核查并发表明确意见。

二、关于上市前制定、上市后实施的期权激励计划

试点企业存在上市前制定、上市后实施的期权激励计划的，应体现增强公司凝聚力、维护公司长期稳定发展的导向。原则上符合下列要求：

（一）有关激励对象条件，激励计划的必备内容与基本要求，激励工具的

定义与权利限制，行权安排，回购或终止行权，实施程序，信息披露等内容参考《上市公司股权激励管理办法》的相关规定执行。

（二）期权的行权价格由股东自行商定确定，但原则上不应低于最近一年经审计的净资产或评估值。

（三）试点企业全部在有效期内的期权激励计划所对应股票数量占上市前总股本比例原则上不得超过15%。

（四）试点企业在审核期间，不应新增期权激励计划。

（五）试点企业在制定期权激励计划时应充分考虑实际控制人稳定，避免上市后期权行权导致实际控制人发生变化。

（六）激励对象在试点企业上市后行权认购的股票，应承诺自行权日起三年内不减持，同时承诺上述期限届满后比照董事、监事及高级管理人员的相关减持规定执行。

（七）试点企业应当充分披露期权激励计划的相关信息，揭示期权激励计划对公司经营状况、财务状况、控制权变化等方面的影响。

本指引自公布之日起施行。《非上市公众公司监管指引第4号——股东人数超过200人的未上市股份有限公司申请行政许可有关问题的审核指引》与本指引不一致的，按本指引执行。